1980년대 한국사회 연구

한국학중앙연구원 편

이완범
박호성
정용욱
김광운
이길상

2005
백산서당

Rethinking Modern Korean History 26
The Korean Society, 1979~1989

Lee Wan-Bom
Associate Professor, The Academy of Korean Studies

Park Ho-Sung
Senior Research Fellow, Research Institute of Peace Studies

Chung Yong-Wook
Professor, Seoul National University

Kim Gwang-Oon
Research Fellow, National Institute of Korean History

Lee Gil-Sang
Professor, The Academy of Korean Studies

2005
BAIKSAN Publishing House

한국현대사의 재인식 26

1980년대 한국사회 연구

발간사

　1980년대를 살펴보지 않고 오늘날 한국사회의 민주주의에 대해 정확히 인식할 수는 없다. 민주화에 대한 기대 속에서 출발했던 1980년이었지만 이내 군부독재가 재등장했으며 끊임없는 민주화 열기에 힘입어 1987년 6월 민주주의로 가는 길이 열렸다. 한국의 1980년대는 정치적 · 사회적 · 경제적 · 문화적 제반 측면에서 질적 변화가 두드러졌던 시기로 평가된다. 이 시기의 변화는 사회변동의 일반적 원칙이나 보편적 법칙의 자연스러운 발현이거나 아니면 세계사의 거대한 흐름에 따른 불가피한 변화가 아니라 우리 민족 구성원들이 당시의 특수한 상황에 대한 주체적 이해에 기초하여 의도적으로 만들어 낸 변화였다.

　한국문화를 통하여 한국사의 진수를 연구하기 위해 1978년에 설립된 한국정신문화연구원은 1980년대에 그 초석을 마련하고, 2004년 말 한국학중앙연구원으로 이름을 바꾸면서 재도약의 발판을 마련하고자 노력하고 있다. 2001년 이래로 1980년대 한국사회를 연구하는 팀을 꾸려 나가고 있으며 그 결과물로『1980년대 한국사회 연구』라는 제목으로 책을 간행하고자 한다.

　이 책에서는 먼저 이완범 교수가 1979년 10월부터 1980년 초까지의 정치변동을 다룬다. 1980년대를 독자적 시기구분이 가능하게 한 배경으로의 1979년 말의 정치변동이 중요하기 때문이다. 1979년 10·26과 12·12 과정에서 과연 미국의 개입이 있었는지를 추적해 보고자 했다. 한미관계가 일관성이 있다는 가설을 설정하여 1979~80년의 정권교체는 다른 시기의 정치변동과 비교할 때 어떤 차이점과 공통점을 가지고 있는지 설명할 것이다. 그런 기반에서 한·미관계가 일관성이 있는지 없는지 검증할 수 있다.

박호성 박사는 1980년대 한국 민주주의의 전개를 제도, 의식, 생활의 측면에서 조망하고 있다. 1980년대를 거치면서 한국정치는 상당한 변화를 겪었다는 사실은 누구나 인정하고 있다. 1979년 10월 유신체제 종말 이후 1980년 봄 소생의 기미를 보였던 민주주의는 곧이어 등장한 신군부세력에 의해 무산되었지만 이에 저항했던 민주화운동 세력은 1980년대 한국 민주주의의 버팀목이었다. 민주화운동 세력은 1980년대에 사회 각 부문과 영역으로 확산되었으며 한국정치를 민주화시키는 데 가장 중요한 역할을 수행했다. 그러나 군사정권은 사회발전에 걸맞은 국민의 민주화요구를 철저히 외면했으며, 그 결과 1960년 4·19혁명 이후 30년에 가까운 세월이 흐른 뒤에 1987년 6월의 대규모 민주항쟁이 폭발했다.

이어 정용욱 교수는 1980년 5월 광주민주화운동의 역사적 정착 과정을 논구하였다. 광주민주화운동은 발생 당시에는 폭도들의 '소요'로 규정되었으나 현재는 공식적으로 '광주민주화운동'으로 자리매김되었으며 한국 사회의 민주화운동을 집약한 것으로 평가되고 있다. 그런데 이러한 인식의 전환 과정은 진상 규명을 둘러싼 여러 노력 끝에 이루어졌다. 광주민주화운동은 이제 고난과 격동으로 점철한 한국현대사의 중요한 부분이 되고 있지만, 오늘까지도 여전히 해결해야 할 역사적·현실적 과제를 안겨 주고 있다고 정 교수는 평가하고 있다. 광주항쟁은 항쟁의 폭발적 성격이나 민중의 광범하고 헌신적인 참여, 이들이 1980년 5월 18일 이후 열흘간 보여주었던 투쟁의 역동성과 지속성 등으로 인해 한국 현대 사회운동사에서 하나의 뚜렷한 봉우리가 되었다. 또 진압과정에서 자행된 학살과 테러로 아직도 많은 사람들이 상처와 응어리를 간직하고 있다.

김광운 박사는 1980년대 민주화운동을 1987년 6월민주화운동을 중심으로 살펴보고 있다. 6월민주화운동의 힘으로 대한민국은 민간정부를 세웠고 민주화와 개혁을 추진했다. 지난 시기의 민주적 성과가 있다면 그것은 6월민주화운동으로 표출했던 민주화를 위한 국민의 요구에서 비롯된 것이라고 평가했다. 따라서 이 운동은 우리 시대의 민주주의와 개혁의 원천이자 원동력이라는 것이다.

마지막으로 이길상 교수는 1980년대 교사운동의 전개과정을 살펴보면서 다음과 같은 결론을 도출했다. 1980년대의 시대적 요청, 그리고 학생운동을 통해 배양된 사회운동 능력의 신장에 따라 교사들도 사회변화를 능동적으로 추진하려는 정치세력화의 길을 걷게 된 것이 바로 1980년대였고, 그 결실이 1989년에 결성된 전국교직원노동조합(전교조)이었다. 전교조는 80년대 교사운동의 가시적 성과이기도 하지만, 또한 우리 나라 교사운동의 한계를 다양하게 노정시킨 사례이기도 하다는 것이다.

이러한 1980년대 한국에 대한 정치적, 역사적, 교육학적인 다차원(multi-track)적 연구를 통해 그 당시 사회에 대한 종합적 인식이 가능할 것이다. 1980년대 한국사회 연구에 대한 학문적 연구물이 그렇게 많지 않은 상황에서 이 책의 발간은 연구의 활성화에 조그마한 기여를 할 것으로 기대한다. 2001년부터 한국정신문화연구원의 사업에 참여하시고 옥고를 제출해 주신 여러 선생님의 노고에 감사드린다.

2005년 4월 6일
저자 일동을 대표하여
이완범

1980년대 한국사회 연구 / 차 례

발간사 · 5

박정희정부의 교체와 미국, 1979~1980 / 이완범 ················13
 1. 머 리 말 · 13
 2. 정권교체와 미국: 1961년까지 미국의 한국에 대한 개입사 개괄 · 20
 3. 1979년 박정희정권의 상황과 미국: 10·26과 미국 · 26
  1) 박정희시대 막바지의 상황 · 26
  2) 김영삼 총재 제명과 한미관계 · 29
  3) 10·26과 한미관계 · 34
  4) 10·26 직후 미국의 즉각적 대응 · 64
 4. 12·12 '쿠데타적 사건'과 미국 · 68
  1) 12·12사태 개관 · 68
  2) 과도기와 미국의 대응: 최고목표로서의 안정과 하위목표로서의 민주화 · 73
 5. 1980년 미국의 대응 · 77
  1) 12·12에 대한 공식항의 · 77
  2) 미국의 전두환 제거계획과 역쿠데타 모의, 1980년 1월 말~2월 초 · 78
  3) 광주항쟁과 미국 · 84
 6. 맺 음 말 · 91

1980년대 한국 민주주의의 전개: 제도, 의식, 생활의 측면에서 / 박호성 ·· 113
  1. 머리말: 문제의 접근 · 113
  2. 1980년대 초 민주주의의 성취수준: 제도, 의식, 생활의 측면에서 · 116
  3. 1980년대 민주주의의 전개: 시기별 고찰 · 121
     1) 1980년대 초 유신독재의 종식과 '서울의 봄' · 121
     2) 1980~1987년 전두환정부 출범 이후 6월항쟁까지 · 124
     3) 1987년 6월항쟁 이후 노태우정부 초기까지 · 139
  4. 1980년대 민주화의 추진동인: 정치행위자를 중심으로 · 156
  5. 1980년대 말 한국 민주주의의 성취수준: 성과와 한계 · 165

광주민주화운동의 역사적 정착과정 / 정용욱 ·································· 177
  1. 머 리 말 · 177
  2. 광주민주화운동 성격논의 및 광주민주화운동 계승운동 · 179
  3. 광주민주화운동의 진상규명, 보상, 명예회복 · 191
  4. 맺 음 말 · 203

1987년 6월민주화운동 연구 / 김광운 ·· 209
  1. 1987년 6월민주화운동에 대한 분석시각과 연구동향 · 209
  2. 6월민주화운동의 전개과정 · 215
  3. 6월민주화운동을 둘러싼 쟁점 · 221
  4. 6월민주화운동의 특징과 의의 · 226

1980년대 교사운동의 전개과정 / 이길상 ·································· 233
  1. 문제의 제기 · 233
  2. 역사적 경험 · 235
    1) 해방과 조선교육자협회 사건 · 235
    2) 4·19와 교원노동조합 · 238
  3. 1980년대 교사운동 · 243
    1) 80년대 초반의 교사운동: 사건으로서의 교사운동 · 243
    2) 민주화추진교사협의회: 조직운동으로서의 교사운동 · 246
    3) 민주교육추진전국교사협의회: 민주화시대의 교사운동 · 248
  4. 전국교직원노동조합: 민족, 민주, 인간화교육을 위한 투쟁 · 251

1) 결　성 · 251
2) 정권의 탄압 · 255
3) 합법성 쟁취투쟁으로의 전환 · 259
4) 1989년 전교조운동에 대한 자체 평가 · 261
5) 합법성 획득과정 · 262
5. 맺음말: 1980년대 교사운동의 공과 · 263

박정희정부의 교체와 미국, 1979~1980

이 완 범

1. 머리말

　1945년 해방 직전부터 본격 개시된 현대 한미관계는 점진적으로 변해 왔다. 해방 직후 한국의 정권수립 과정부터 미국은 직접적인 개입자로 기능하거나 혹은 간접적인 조정자·후견자로서 한국정치의 막후에 있었다. 공개적인 성명을 발표하여 압력을 가할 때도 있었고, 비밀공작을 통해 특정인을 지원하기도 했으며, 여·야간의 타협을 도모하는 조정자의 역할을 비밀리에 혹은 공개적으로 수행하기도 했다. 미국은 전환기의 거의 매 국면마다 중요한 역할을 수행했지만, 언제나 "한국인의 뜻에 따랐으며 내정에 직접 개입하지는 않았다"고 사후에 변명했다. 한국 현대정치사를 보다 심층적으로 이해하기 위해서는 미국이 한국정치에 끼친 영향에 대한 1차자료에 토대한 연구가 필요하며, 이는 정권교체기의 박정희시대도 예외가 아니다.
　1948년 8·15정부수립 과정에서 50년대의 이승만 제거계획, 60년

4·19, 61년 5·16, 79년 10·26, 80년 5·17 등 정권교체기에 미국은 일정한 역할을 행사했다. 전환기에 미국이 한국정치에 개입했을 것이라는 사실은 기존 연구에서도 지적되고 있으나, 미국의 비밀해제 문서와 한국자료를 교차 비교해 엄밀하게 실증한 연구는 아직 없다. 박정희시대 말기를 연구하는 데 필수적인 미국 자료는 메릴랜드(Maryland)주 컬리지 팍(College Park)의 내셔널 아카이브(The National Archives. 국립문서보관소 약칭 NARA 혹은 NA[1]) 기밀문서와 1986년에 완공된 카터기념도서관(Jimmy Carter Library and Museum: 내셔널 아카이브 체계에 의해 운영됨[2]) 자료이다. 미국 국립문서보관소는 1950년대와 60년대에 해당되는 한국관계 비밀자료를 이미 1970년대 이후에 공개했으며, 최근에는 70년대 자료 등을 공개하고 있다. 1970년대 중반 박정희정부의 핵개발 의지를 제어했던 포드행정부의 비밀문건이 1998년에 비밀 해제된 것이다.[3]

---

1) 정식 명칭은 The National Archives and Records Administration(약칭 NARA)인데 정확한 번역은 '국립문서기록관리청'이다. 우리 학계에서는 '국립문서보관소'라고 부르며 방선주 선생은 National Records Center(국가기록보존소: 메릴랜드주 Suitland 소재)와 구별하기 위해 '국립공문서관'으로 번역한다. 方善柱, "美國 國立公文書館 國務部文書槪要,"『국사관논총』79집(1998) 참조. 미국에서는 '내셔널 아카이브'라고 부르는데, 본 연구에서는 내셔널 아카이브라는 원어를 주로 사용하고자 한다.

2) *Historical Materials in the Jimmy Carter Library,* 1st ed. (Atlanta: Jimmy Carter Library, National Archives and Records Administration, 1992). 이 목록을 검색해 보면 아직 한국관계 비밀문서가 해제되지 않았음을 알 수 있다.

3) Department of State, "Telegram," October 1974~January 1976, National Archives; "최근 비밀 해제된 美 외교문서에 나타난 朴正熙 核개발 저지 공작,"『월간조선』(1998년 11월), 166-185쪽. 박정희는 대덕에 독자적인

특히 카터와 박정희의 관계는 한국 현대정치사의 가장 중요한 주제 중의 하나이다. 카터는 1976년 11월 미국 대통령선거에서 전임 대통령 포드와의 경쟁에서 승리한 이후 제3세계 외교에서 인권문제를 강력히 제기했다. 한편 제3세계 나라들은 이에 대해 민족주의적 경향을 보이는 외교로 대응했다. 한국의 경우 특히 유신체제의 인권탄압 상황에 주목했던 카터는 이를 강하게 비판하면서 특유의 도덕외교(moral diplomacy)를 수행했다.4) 이에 더해 주한미군 철수문제까지 제기하며 한국정부를 압박했다.5) 한미관계는 해방 후 최악의 국면으로 악화됐다. 결국 1979년 10월 26일 박정희가 권좌에서 물러나면서 한미갈등은 진정됐으며, 1981년 이후 레이건정부의 수립으로 한미관계는 다시 밀월에 이르게 됐다.

이 과정에서 미국이 어떤 영향력을 행사했는지는 아직 베일에 가려 있다. 따라서 최근 공개된 미 국무부 문서6)와 공개될 것으로 기대되는 새로운 비밀문서를 색인할 필요가 있다. 한국정치에 미친 미국의 영향력을 사실적으로 규명하는 데는 미국의 비밀자료 연구가 필수적이다. 이러한 작업을 통해 숨겨진 새로운 사실을 발견할

핵 재처리시설을 건설하려는 등 미국의 핵우산에서 벗어나려고 했다.
4) 정용석, 『카터와 남북한』(단국대학교 출판부, 1979), 175-195쪽.
5) 최규장, "미국의 대외정책 결정과정에 관한 연구: 주한미군 철수과정의 변화과정(1976~79)을 중심으로," 고려대 정외과 박사학위 논문, 1991에 의하면 카터의 철군결정은 트루먼의 한국전쟁 파병결정과 달리 공개적인 논의를 거친 공개외교의 결과였다고 한다.
6) Department of State, "The Collection of Telegrams between U.S. Department of State and U.S. Embassy in Seoul, South Korea," 1979-1980, Filed by Tim Shorrock, the Gwangju Documents Collection, Government Documents and Information Center, Mudd Library, Yale University.

수 있을 것으로 기대한다. 특기할 만한 기존 연구로는 박선원(Sun-Won Park) 박사의 2000년도 영국 워릭대(University of Warwick) 박사학위 논문 "The Dynamics of Triangular Intra-alliance Politics: Political Interventions of the United States and Japan toward South Korea in Regime Transition 1979-1980"이 있다.7) 카터행정부 시대의 한미관계에 대해서는 김명섭, "1970년대 후반기의 국제환경 변화와 한미관계: 카터행정부의 외교정책을 중심으로," 한국정신문화연구원 편, 『1970년대 후반기의 정치사회변동』(백산서당, 1999), 11-91쪽을 참고할 수 있다. 그런데 이들 기존 연구에서는 정권교체기의 한미관계에 대해 보다 심화된 탐구를 하고 있지는 않다. 따라서 본 연구에서는 1979년 10·26 '박정희 대통령 시해사건'(십이륙사건, 십이륙정변, 박정희대통령시해사건 등으로 불린다)과 12·12 '쿠데타적 사건'(12·12군사반란, 12·12하극상, 12·12쿠데타, 12·12 쿠데타적 사건 등으로도 칭한다)을 전후한 시기의 한미관계를 중점적으로 탐구할 예정이다.

'사료분석을 통한 실증적 검증'을 주요한 방법으로 삼는 역사적 접근법(historical approach)을 사용해서 문제를 보고자 한다. 이 문제에 관한 사실확인이 아직 미흡한 상태이므로 미간행 내부문서와 공간된 외교문서, 증언 등에 의존한 '역사적 고증'방법과 연대기적 서술(chronological description) · 서사적 방법(narrative method)이 가장 설득력 있고 유용한 방법론이라고 생각한다. 역사적 연구방법은 과거에 일어났던 일을 문헌자료 중심으로 찾아내고, 그것을 비판적으로 평가해서 어떤 일이 일어났는가는 정확히 기술하는 동시에 그 일들 사

---

7) 또한 그의 "Belief Systems and Strained Alliance: The Impact of American Pressure on South Korean Politics and the Demise of Park Regime in 1979," *Korea Observer*, Vol.34, No.1 (Spring 2003), pp.87-112도 있다.

이의 관계성8)을 추출해 내는 방법이다.9) '정치인의 역할'과 '저력'

8) 그렇다고 이론적 방법론이 추구하는 인과관계 등을 밝히는 것은 아니고, 사실관계를 확인하는 차원에 치중한다.
9) 편년체적 역사구성(a chronological composition of history)은 그 단순한 방법적 특성 때문에 복잡·정교한 몰역사적 분석기법이 흔히 범하기 쉬운 '인과관계 혼동의 오류'를 범하지 않는다는 장점이 있다. 서사적·이야기체식 서술방법(narrative method)은 기원전 5세기경 역사가 투키디데스(Thucydides)가 『펠로폰네소스 전쟁사』(History of the Peloponnesian War)를 서술했을 때부터 등장했다. 사회구조적 역사와 계량적인 과학적 역사학이 주류적 접근의 위치를 가지고 경쟁하고 있는 현재 시점에서도 여전히 논의되고 있는 대안적 접근이다. 이야기체식 접근은 사회구조적 접근과 계량적인 과학적 역사학 모두를 비판하지만 이 방법에 어떤 뚜렷한 방법론적 지향이 있는 것은 아니다. 사료를 경험적 방법으로 분석(analysis)하기보다는 연대기적으로 재구성·서술(description)해 진실을 복원하는 방법 이상의 것이 아니기 때문이다. Lawrence Stone, "The Revival of Narrative: Reflection on a New Old History," *Past and Present: A Journal of Historical Studies*, No.85(Nov. 1979); Lawrence Stone, *The Past and the Present* (London: RKP, 1981), pp.74-96에서 재수록. 로렌스 스톤, "서술식 역사의 부활: 낡은 신사학에 대한 반성," 이광주·오주환 공편, 『역사이론』(문학과지성사, 1987), 181-212쪽; Larry J. Griffin, "Narrative, Even-Structure Analysis, and Causal Interpretation in Historical Sociology," *American Journal of Sociology*, Vol.98, No.5 (March 1993), pp.1097-1098. 이 접근에 대한 마르크스주의적인 사회구조적 접근의 비판은 E. J. Hobsbawm, "The Revival of Narrative: Some Comments," *Past and Present: A Journal of Historical Studies*, No.86 (Feb. 1980), pp.3-8에 나와 있다. 이야기체식 접근법을 사례연구와 연결시켜 case/narrative approach를 population/analytic approach와 대비시켜 보는 견해는 다음에 있다. Andrew Abbott, "What Do Case Do?: Some Notes on Activity in Sociological Analysis," Charles C. Ragin & Howard S. Becker, eds., *What is a Case?* (Cambridge: Cambridge University Press, 1992), pp.62-68; 윤민재, "한국의 현대 국가형성과정에서 중도파의 위상에 관한 연구, 1945~1950," 서울대 사회학과 박

(심층동인) 등을 연구하는 '국제관계사 방법론'10)이나 실증주의적인 '이론적 분석'(theoretical analysis)의 유용성은 인정할 수 있지만, 이들 방법론은 역사연구의 초보적 전제인 사실확인 작업을 한 연후에 적용해야 할 것이다. 철저한 자료수집을 토대로 사실관계를 발굴하고 체계적으로 정리해 균형 있는 해석, 실증적 분석과 연구가 무엇보다 선행돼야 할 작업영역이라고 생각한다. 따라서 이 연구에서는 이론적 방법론을 제한적으로 원용하는 수준에 그치고자 한다.

그런데 문제는 진실이 객관적 사료에 드러나지 않고 숨겨져 있는 경우가 종종 있다는 것이다. 따라서 사실확인 작업을 거친 후에는 더욱 고차원의 단계로 넘어갈 필요가 있다. 이를 위한 방법론이 바로 주관적 방법인 '비판적 해석'이다. 해석학(hermeneutics)적 방법은 주관적인 행동(action)과 객관화된 사실(fact) 뒤에 실재하면서도 숨겨진 의미(meaning)와 진실을 규명해 내는 유용한 도구이다.11) 따

사학위 논문, 1999, 37쪽.

10) 국제관계사 방법론의 입문서라고 할 수 있는 Pierre Renouvin et Jean-Baptiste Duroselle, *Introduction à l'Histoire des Relations Internationales* (Paris: Librairie Armand Colin, 1964); 이기택 역, 『국제정치사 이론』(박영사, 1987), v쪽에 의하면 외교사는 정부간의 관계에 치중하는 데 비해 국제관계사적 방법은 외교에 심층적으로 작용하는 영향력, 즉 심층동인[Les forces profondes. 직역하면 '심오한 세력'이지만 르누뱅의 의도에 충실하게 '국가의 저력'이라 의역할 수 있다. 홍순호, "국제관계사 연구의 방법론," 『한국 국제관계사 이론: 시대상황의 역학구조』(대왕사, 1993), 37-57쪽 참조]을 중시한다. 외교사, 국제정치사, 국제관계사 개념의 차이점에 대해서는 홍순호, "한국외교사의 연구방법과 방향," 한국정치외교사학회 편, 『한국정치학에 있어서의 역사적 접근의 현황과 방향』(대왕사, 1993), 200-202쪽 참조.

11) 해석학은 17세기 유럽에서 성서를 해석하기 위해 처음 등장해 Schleier-

라서 객관적 사료 가운데 합리적으로 설명되지 않는 부분이 드러 났을 때 해석의 방법을 과감히 채용해 숨겨진 의미를 이해하려고 노력할 수 있다. 그러나 이러한 '주관적 이해'의 방법은 보조로 채택해야 한다. 왜냐하면 이러한 방법의 남용은 학문적 업적 자체를 상대화시키고 객관적 자료의 신빙성을 의심하게 하므로 우선 문서

macher, Dilthey, Heidegger, Gadamer, Bollnow, Ricoeur, Habermas 등에 의해 계승됐다. 실증주의적 사회과학자들은 인과율에 따라 객관적 사실을 설명·분석하는 자연과학의 방법을 그대로 도입했다(방법론적 일원주의). 이들은 인간의 객관적 행태(behavior)를 탐구의 대상으로 삼았다. 이에 맞서 해석학적 사회과학자들은 사회과학에 객관적 법칙은 있을 수 없고 단지 인간의 주관적 행위가 있을 뿐이라고 주장했다. 따라서 자연과학 방법론으로 인간을 연구하는 것은 불가능하며 사회과학의 특수한 방법을 사용해야 한다는 방법론적 다원주의를 채택했던 것이다. 해석학자들은 각 개인의 상이한 역사·문화경험에 의해 형성된 전이해(Vorverständnis, preconception, 선입견, 원초적 인식)에 영향받은 주관적 행동(handeln, action)을 해석을 통해서 이해(verstehen, understanding)하려고 한다. 사회과학의 탐구대상은 적극적·주체적·사회적 행동이므로 소극적·객관적 행태의 차원으로 환원시킬 수 없다는 것이다. *Elementarkurs Philosophie* (Düsseldorf : Econ Verlag, 1977); 백승균 역, 『철학적 해석학』(경문사, 1982); Otto Pöggler, *Hermeneutische Philosophie* (1972); 박순영 역, 『해석학의 철학』(서광사, 1993); Josep Bleicher, *Contemporary Hermeneutics as Method, Philosophy and Critique* (London: RKP, 1980); Mark E. Kann, 『현대정치학의 이해: 정치이론과 연구방법』, 한흥수·김영래 공역(대왕사, 1986), 20-21쪽. 칸은 현상의 의미를 해석하는 과정에 대해 ① 감정이입(empathy), ② 이론적 해석(theoretical interpretation), ③ 상상적 재구성(imaginative reconstruction), ④ 검증 재구성(testing reconstruction) 등의 4단계 과정을 제시한 바 있다. Mark E. Kann, *Thinking about Politics: Two Political Science* (New York: West Publishing, 1980), pp.174-179. 한편 자연과학도 '기술' 방법을 채용하기 때문에 '자연과학적 설명'과 '역사적 기술'의 양분법이 현대 사회과학에서는 상당부분 해소됐다는 주장도 있다.

를 통해 실증한 연후에 진실이 은폐됐다는 확증이 설 때 제한적으로 적용할 것이다.

당시 국내에서 발간된 신문과 잡지 등의 사료들은 계엄 당시 신군부의 통제 아래서 사실을 담아 내고 있지 못하므로 사료비판을 통해서 숨은 사실을 찾아야 할 것이다. 예를 들어 1980년 8월 27일 전두환이 대통령으로 당선되자 미 대통령 카터는 강경한 어조의 서한을 보내 한국에서 정치 자유화가 다시 계속돼야 한다고 말했으나, 중앙일보와 동아일보 등 한국 언론들은 각각 "한반도 안정, 미국에 중요"라든가 "카터의 서한: 새 정부 출범 환영" 등의 헤드라인을 써서 왜곡 보도했다.12)

2. 정권교체와 미국: 1961년까지
미국의 한국에 대한 개입사 개괄

미국은 자국에 우호적인 국가를 수립한다는 목표를 가지고 1945년 한국에 개입하기 시작했는데, 한반도가 적대세력의 손에 넘어가거나 적어도 그럴 위험이 있는 회색지대로 남아 있도록 방관하

---

12) "1980년 5월 광주에서 일어난 사건에 대한 미국정부 성명서," 1989년 6월 19일, 존 위컴(John Adams Wickham, Jr.), 『12·12와 미국의 딜레마: 전 한미연합사령관 위컴 회고록』(From the '12/12' Incident to the Kwangju Uprising: Korea on the Brink, 1979-1980), 김영희 감수, 유은영 외 공역(중앙M&B, 1999), 319-320쪽.

지는 않았다. 1945년부터 48년 사이의 미군정 3년간은 한국에 혁명이 일어날 가능성이 있었던 시기였으므로 공산정부(=친소정부) 수립 방지에 일차적 목적을 두었었다. 이런 맥락에서 미 국무부는 공산화를 방지하기 위해 1946년 중반 이후 좌우합작을 지원했으며 진보적 개혁을 지향했던 것이다.13) 그러나 중간파가 대중의 지지를 얻지 못하고 미국의 뜻대로 움직여 주지 않자 1947년 후반 이후 이승만 세력과 '정략결혼'을 할 수밖에 없었다. 미 국무부는 현지 미군정 등 다른 기관보다 더 이승만을 비판적으로 인식했지만, 종국적·총체적으로 봤을 때 미국은 그를 지지하는 것 외에 별다른 뚜렷한 대안이 있을 수 없었다.

건국 직후 이승만 대통령과 한국민주당(약칭 한민당)이 결별하고 이승만이 미국의 뜻에 따라 행동하지 않자, 미국은 이승만을 확고하게 지지하기보다는 한민당을 비롯한 야당의 '합리주의적 온건파'(와 자유당 내 온건파: 1950년대 후반기) 세력을 대안으로 고려하게 됐다. 1950년대 전반기에는 그 개입의 방안이 보다 노골적이었는데, 1952년 정치파동 직후 장면 혹은 이종찬 장군을 적극 밀어 주려고 시도한 것이나 1953년 5월 이승만을 제거하려는 상비계획(Plan Everready)을 수립했던 것이 그 예이다. 물론 이승만 제거계획을 진전시키지는 않았다. 미국은 이승만의 대일 강경노선이 한일관계 정

---

13) 외견상으로는 개혁적으로 보이는 국무부 '용공분자'(이승만의 표현임. 미국식 명칭으로는 liberals)들의 좌우합작 지원정책은 본질적으로는 '반공정권 유지'라는 목적에 봉사하는 수단이었다. 그러나 이승만은 좌우합작 지원정책을 공산주의를 지원하는 것으로 간주하고 이를 비판했다. 그런데 미국의 뜻대로 합작파가 국내 정치세력을 포괄하지 못하자 냉전의 심화와 함께 지원 자체가 철회됐다.

상화를 통해 동북아지역의 안정을 보장하려는 미국의 입장과 배치된다고 판단했으며, 이러한 견해차이가 그의 제거를 고려하게 하는 한 요인이기도 했다.14)

그러다가 1950년대 후반기가 되면 한국의 독립국가도 그 체제가 정비되자 이전 시기와 같은 노골적인 내정개입 안은 입안되지 않았으며, 대신 여야의 갈등을 조정하면서 '개혁세력'을 지원하는 식의 '포스트 이승만' 대비책을 입안했던 것이다. 미국의 한국정치에 대한 후견인 역할은 이때부터 본격적으로 시작됐다. 1950년대 후반기는 이승만의 장기집권으로 파생되는 정치위기가 국가존립을 무너뜨릴지도 모른다는 관측이 대두되던 시기였다.

미국은 자유당 강경파 중심의 극우세력이 주도하여 이끌어 가는 정국의 상황이 자칫 공산주의 세력을 유리하게 만드는 정치적 위기로 발전할 것을 우려했다. 따라서 자유당 온건파가 진보적 개혁을 시도하여 공산화를 방지할 필요성이 있다고 판단했다. 1958년 국가보안법 파동에서 자유당 온건파가 주도권을 행사하지 못하자, 미국은 1960년에 이르면 합리주의적 야당이 진보적 개혁을 행해 공산화가 방지될 수 있기를 기대했다.15)

---

14) 이런 맥락에서 당시 주한 미 대리대사 그린은 이승만 하야소식이 전해지자 매우 기뻐했다고 회고했다. 정용석, "20년만에 공개하는 4·19, 5·16비화: 마샬 그린(당시 주한 미 대리대사)인터뷰," 『신동아』(1982년 4월), 128쪽.

15) 이재봉 교수는 1950년대 후반에 이르면 미국이 이전까지 견지했던 이승만정권에 대한 일방적 지지정책을 철회했는데, 반드시 이것이 원인은 아니었지만 결과적으로는 이승만정권의 붕괴로 연결됐다고 주장했다. 이재봉, "4월혁명과 미국의 개입," 한국정치학회 월례발표회 발표논문(1995. 3), 7-11쪽. 그런데 미국의 이승만정권에 대한 1950년대 후반 이전의 정책도 일방적 지지정책은 아니었던 측면이 있다. 한편 사회구조적으로 본

이는 1946년의 좌우합작 지원에서 그 뿌리를 찾을 수 있는 국무부의 반혁명적인 개혁추진 정책이다. 그러나 결국 미국의 기대는 달성되지 못하고 4·19라는 혁명적 방법에 의한 정권교체가 일어났으며 미국은 혁명이 공산주의자들에 의해 이용당할 가능성이 있다고 우려하는 '혁명 콤플렉스'를 가지고 있었다.

결국 미국은 이승만의 하야를 강권했다. 미 외교문서에 의하면 1960년 4월 26일 10시 40분에 시작된 이승만과 맥카나기 대사의 대화에서 맥카나기는 "국민이 원한다면 하야하겠다"는 이승만의 성명에 대해 유보조항이 명확하지 않음을 날카롭게 비판했다.16) 또한 맥카나기는 젊은 사람에게 권력을 넘기라고 직접적으로 권유했다.17) 물론 이승만의 조건 부 하야성명은 맥카나기를 만나기 전인 10시 30분에 발표된 것이었지만18) 26일 성명 발표 직전에 맥카나기, 매그루더(Magruder) 유엔군사령관, 드 실바(Silva) 미국 중앙정보

다면 이승만정권 초기에는 사회구조가 미분화되어 있었다. 그러나 말기에 들어서 이승만체제는 경직화되고 부패의 정도도 심화됐으므로 분화된 구조에 효과적으로 대처하지 못해 결국 몰락할 수밖에 없었다는 것이다. 국가보안법 개정을 둘러싼 본 연구자의 한미관계 연구는 다음과 같다. 이완범, "1950년대 후반기의 정치위기와 미국의 대응: 1958년의 국가보안법 개정파동을 중심으로,"『1950년대 후반기의 한국사회와 이승만정부의 붕괴』(오름, 1998. 8), 137-191쪽.

16) "Telegram From the Embassy in Korea(McConaughy) to the Department of State," Seoul, April 26, 1960, FRUS, 1958-1960, Vol. XVIII, p.641.
17) Ibid, p.643.
18) 따라서 이승만의 하야는 미국의 압력에 의한 것이 아니라는 주장도 있다. 이상우,『군부와 광주와 반미』(서울: 청사, 1988), 215-216쪽, 230-235쪽; 이한우, "4-19시위대 대표 유일라 씨의 시간대별 증언,"『월간조선』(1995년 4월), 197-201쪽.

국 한국책임자 등이 김정렬 국방장관을 경유해 전화를 걸어 압력을 가하기 시작했다. 맥카나기는 9시 10분 김정렬과의 통화에서 사태가 매우 심각하므로 "즉시 이 대통령을 만나서 학생대표단 면담, 선거 재실시에 관련된 성명발표, 이 대통령의 향후 정치적 역할에 대한 고려 등을 건의하라"고 강력히 권고했다. 이에 김정렬 장관은 대통령을 만난 후 10시 15분에 맥카나기에게 전화를 걸어 "만약 국민이 원한다면 사임하겠다"는 성명이 발표될 것이라고 알렸다. 따라서 미국의 압력은 김정렬을 통해 전달되었다고 할 수 있다.19) 이승만은 26일 오전 학생대표를 만나 미국의 직접적 압력을 받기 전이지만 김정렬에 의한 미국의 간접적 압력을 받은 후에 하야를 표명했다고 할 수 있다. 또한 조건부 하야가 맥카나기의 직접적 압력으로 무조건 사임으로 바뀌었으므로 미국은 내정에 개입했다고 할 수 있다.20)

---

19) 맥카나기의 김정렬과의 전화에 의한 압력은 "Telegram From the Embassy in Korea(McConaughy) to the Department of State," Seoul, April 26, 1960, *FRUS*, 1958-1960, Vol. XVIII, pp. 639-640에 상술되어 있다.

20) 그렇지만 미국의 아이젠하워 대통령은 4월 27일 부정선거에 대한 우려를 우호적인 태도로 표명했을 뿐 어떠한 개입도 한 적이 없다고 말했다. "Telegram From the Embassy in Korea(McConaughy) to the Department of State," Seoul, April 28, 1960, *FRUS*, 1958-1960, Vol. XVIII, p. 647. 이러한 논쟁에 대해서는 이재봉, "4월혁명, 제2공화국, 그리고 한미관계," 백영철 (편),『제2공화국과 한국민주주의』(서울: 나남, 1996), 86-90쪽 참조. 그런데 4·19의 분수령을 이루었던 4월 25일 대학교수단 데모는 미국 대사관의 신분 보장을 받고 이루어졌다는 임창순 교수의 증언이 있다. "좌담: 4월혁명의 현재적 의의," 사월혁명연구소 (편),『한국사회변혁운동과 4월혁명』1 (서울: 한길사, 1990), 408쪽. 또한 미국이 4·19당시 한국군의 정치적 중립화에 영향을 미쳤다는 견해도 있다. 이철순, 앞의 논문, 380쪽.

이러한 강권을 통해 혁명을 개량화할 수 있었고 허정 과도정부의 파괴확대 방지, 질서회복 노력21)을 지지했으며 장면정부의 수립을 후원했다. 그러나 장면정부가 사회개혁의 열기를 잠재우지 못하자 미국은 여러 가지 대안(contingency plan22))을 고려했다.23) 박정희의 군사쿠데타는 그러한 대안 중의 하나였다. 미국이 박정희의 계획을 처음부터 후원했다는 증거는 없지만, 쿠데타세력에 대한 무력진압이 가능했음에도 불구하고 이를 시행하지 않았다는 사실에서 미국은 "혁명을 불러일으킬 수 있는 무능력한 정부"보다는 "혁명을 억압할 능력을 가진 안정된 정부"를 선호했다고 할 수 있다. 1961년 5·16 직후 미국정부는 박정희의 좌익전력 때문에 즉각적인 승인은 하지 않았지만 그가 반공을 국시로 내걸자 사실상의 승인절차를 밟아 나갔다.24)

---

21) "Telegram from the Embassy in Korea (McConaughy) to the Department of State," Seoul, April 28, 1960, *FRUS*, 1958-1960, Vol.XVIII, p.647.

22) 미국은 세계 각 지역에서 각각의 시나리오를 가지고 대비하면서 대안을 만들었다. 제2차 세계대전 직후 중동에서 미국의 대안에 대해서는 다음의 연구가 있다. Michael J. Cohen, *Fighting World War Three from the Middle East: Allied Contingency Plans, 1945-1954* (Portland, OR: Frank Cass, 1997); Bruce R. Kuniholm, "Feature Review: Contingency Plan, Intelligence, Vital Interest, and Reality," *Diplomatic History*, Vol.24, No.1 (Winter 2000), pp.145-149.

23) 이완범, "장면과 정권교체: 미국의 대안고려와 그 포기 과정을 중심으로, 1952-1961,"(John Myon Chang and the US Contingency Plan, 1952-1961), 『한국민족운동사연구』 제34집 (2003년 3월), 5-70쪽.

24) 이완범, "제1차 경제개발 5개년계획의 입안과 미국의 역할, 1960~1965," 『1960년대의 정치사회변동: 한국현대사의 재인식 10』(백산서당, 1999), 39-50쪽.

맥도널드의 평가에 의하면 1952년 부산정치파동 때 장면을 권좌에 앉힐 수도 있었는데 미국은 그렇게 하지 않기로 결정했고, 이승만의 개헌에 대해 항의하지도 않았다. 그 후 미국은 합법적 절차를 중시하는 것으로 역할을 제한했다는 것이다. 예를 들면 1960년 대통령권한대행으로 허정을 임명한 것이라든가 윤보선을 군정기간 대통령으로 유지했던 것이 그것이다.25) 그렇지만 이러한 사후설명은 결과론적 변명에 불과하며, 합법적 절차를 벗어나는 이승만 제거계획 수립이나 5·16쿠데타 방조 등의 예도 있으므로, 단지 비법적 계획을 실행할 명분이 부족해서 미국의 맘에 쏙 드는 개입을 자제했다는 설명이 타당하다고 할 것이다.

그렇다면 박정희정권 출범 이후 1979년 정권이 교체될 때 미국의 개입은 어떻게 이루어졌는지 장을 달리하여 살펴보고자 한다.

3. 1979년 박정희정권의 상황과 미국: 10·26과 미국

1) 박정희시대 막바지의 상황

1961년 5·16군사쿠데타로 집권한 박정희는 18년간 권좌에 있으

---

25) Donald S. MacDonald, *U.S.-Korean Relations from Liberation to Self-Reliance, The Twenty-Year Record: An Interpretive Summary of the Archives of the US Department of State for the Period 1945 to 1965* (Boulder, CO: Westview, 1992).

면서 1인 집권의 권위주의를 계속 강화해 나아갔다. 특히 헌정질서를 파괴하면서 1972년 10월에 등장한 유신체제는 억압적인 비민주적 정치를 심화시키는 계기가 됐다.26) 결국 1970년대 후반으로 넘어오면서 그 동안의 정치·경제적 모순이 폭발하기 시작했다. 경제적으로는 중화학공업에 대한 무리한 투자로 경제상황이 악화돼 있었다. 중화학공업화의 추진은 이 부문에 대한 중복·과잉투자로 인한 효율성 상실과 소비재 품목 품귀라는 이중의 문제를 야기했다. 이는 곧 인플레이션으로 연결됐는데, 1979년의 소비자물가 상승률은 한국경제의 고성장전략 추진과정에서 그 유례가 없는 18.3%에 달했다. 고도성장으로 1인 장기집권의 정당성을 보상받으려 했지만 독재와 인플레이션 등으로 인해 민심은 체제로부터 등을 돌렸다. 또한 수출주도형 공업화에 의한 고도성장 전략은 노동자와 농민의 상대적 희생을 전제로 한 것이었는데, 경제위기 심화과정에서 이들 계층의 소외감도 점차 커지면서 이들의 생존권요구도 거세졌다.

이러한 상황에서 재야세력과 야당은 반독재 민주화운동과 민중의 생존권투쟁을 계속 전개해 나아갔다. 1972년 유신 출범부터 긴급조치와 계엄, 재야인사의 구속 등이 계속됐으나 민주화의 방향을 거스를 수는 없었던 것이다. 특히 1978년과 79년은 정치·경제적 모순이 정치적 위기로 연결된 시기였다. 1978년 동일방직사건과 함평고구마수매사건 등의 생존권투쟁은 민주화운동의 수준을 급격히

---

26) 박정희는 1961년 쿠데타 직후부터 구미의 자유민주주의를 그대로 도입하자는 윤보선 등의 정치인을 사대주의적 구정치인으로 매도했으며, 유신 후 한국적 민주주의론이나 민주주의 토착화를 주장할 때에는 자유를 일부 유보해야 한다고 주장했다. 구범모, "체제의 윤리에 관한 사유," 『서울평론』 제9호(1974. 1. 10), 28-29쪽.

고양시켰다. 그 해 12월 12일 제10대 국회의원 총선거에서 야당인 신민당이 32.8%의 득표율을 올려 여당인 공화당의 득표율 31.7%를 앞지르게 됐는데, 이는 민심이반 현상이 표출된 사례인 것이다. 이에 집권여당은 위기감을 갖게 됐으므로 극단적인 강경대응 외에 다른 대응책을 찾지 못했다. 1979년 안동교구 가톨릭농민회 오원춘 사건은 유신정권과 가톨릭 세력의 정면충돌을 야기했다.

불안정한 국내외 상황에서 일어난 1979년 8월의 YH사태는 이전부터 지속된 노동소요가 절정에 이른 사건이었다. YH무역은 소규모 수출업체로서 그 회사의 사장이 체불임금을 지불하지 않고 미국으로 도피한 상태였다. YH노조의 여공들은 생존권 보장을 위해 당시 김영삼(金泳三) 총재의 지도로 정권에 대해 강경투쟁을 전개하던 신민당사에서 농성을 벌였다. 경찰은 8월 11일 여공들을 강제해산하기 위해 당사 내로 진입했는데, 이 과정에서 여공 김경숙이 건물 옥상에서 투신해 사망했다.[27] YH사태는 소규모의 비체제적 노사갈등에 불과했으나 정권에 대한 도전이 조직화되는 상황에서 일어났기 때문에 일종의 기폭제 역할을 했다. 야당을 비롯한 전 민주화운동 세력과 유신정권 사이에 첨예한 대립을 야기했던 것이다.

---

27) 당시 구자춘 내무장관과 신현확 보사부장관은 소관 부서의 책임자로서 시간을 두고 대화로 해결하자는 안을 가지고 있었는데, 김재규 정보부장이 두 장관과 상의도 없이 밤중에 치안본부장에게 직접 강제해산을 명령함으로써 투신자살의 불상사가 발생했다고 한다. 국내정국을 극한적 경색상태로 몰아넣은 책임이 김재규에게 있었으므로 그후 시국대책회의에서도 가끔 박정희로부터 "강경조치만 쓰면 시국이 조용해지느냐"고 공개적으로 질책을 받았다고 한다. 따라서 김재규가 10·26 후 '민주인사'인 양하는 것이 놀라운 일이라고 김정렴은 평가했다. 김정렴, 『아 박정희: 김정렴 정치회고록』(중앙M&B, 1997), 336-337쪽.

2) 김영삼 총재 제명과 한미관계

그런데 1979년 10월 4일 김영삼 신민당 총재의 제명문제에서도 한미간의 갈등이 절정에 달했다. 김영삼은 유신철폐의 선명한 기치를 내걸며 중도통합론을 표방한 이철승을 1979년 5월의 전당대회에서 누르고 신민당의 새로운 대표로 등장했다. 당시 중앙정보부장 김재규와 차지철은 김영삼을 낙선시키기 위한 정치공작을 진행했으나 실패했다. 차지철은 이를 김재규의 무능으로 돌렸으며[28] 이는 후일 부마사태 진압 실패와 함께 박정희에게 무능하다며 질책을 받게 될 때 인용되는 한 사건이었다.

총재에 당선한 김영삼은 박정희 대통령의 사임을 요구했고, 외신 기자클럽 회견에서 통일을 위해 김일성을 만날 용의가 있다고 표명했다. 한국정부는 이에 김영삼의 축출을 기도했다. 중앙선거관리위원회는 신민당 대의원 2명이 전당대회 당시 투표권이 없음을 선언했고, 김영삼의 정적인 이철승계의 인물들이 전당대회 결과의 무효를 제소해 법원은 김영삼의 총재직 박탈을 결정했다.

국회는 더 나아가 김영삼의 1979년 9월 16일자 미국 <뉴욕타임스>지 회견내용이 국가를 모독했다는 이유로 10월 4일 그의 국회 의원직을 박탈했다. 김영삼은 <뉴욕타임스> 동경 특파원인 헨리 스톡스 기자와의 인터뷰에서 소수독재의 박정희정권에 대한 미국의 지지를 종식해야 한다고 미국정부에 촉구했다. 김영삼은 "미국이

---

28) 조갑제, 『박정희의 마지막 하루』(월간조선사, 2005), 71쪽.

근본적으로 독재체제인, 그래서 국민으로부터 점점 외면당해 가고 있는 정부와 민주주의를 열망하는 다수 국민 가운데서 명백한 선택을 해야 할 시기가 왔다"고 주장했다. 그는 이어 "카터 대통령이 한국에 옴으로써 박대통령에게 커다란 선물을 안겨 준 셈"이라면서, "카터는 한국에 와서 박대통령의 위신을 높여 줌으로써 박대통령에게 반대세력을 말살할 용기를 주었다"고 말했다. 김총재는 주한 미대사관에도 화살을 겨냥하여 "서울의 미국대사관에는 많은 직원이 있으나 그들의 접촉범위에는 놀랄 만한 한계가 있다"고 말하고, "내가 미국관리들에게 미국은 공개적이고 직접적인 압력을 통해서만이 박대통령을 제어할 수 있다고 말할 때마다, 그들은 한국의 국내정치 문제에 간여할 수 없다고 대답해 왔다"고 밝혔다. 김영삼은 이어 "이것은 납득이 가지 않는 논리다. 미국은 우리를 보호하기 위해 3만 명의 주한미군을 파견하고 있는데, 그것은 국내문제에 대한 간여가 아니란 말인가"라고 반문했다.29)

이 회견은 국내정국을 요동치게 했다. 여당인 공화당과 유정회는 김총재의 회견내용을 사대주의로 규정하고 정기국회에서 문제삼을 것을 분명히 했다. 유정회는 공개질의를 통해 "주한미군의 성격을 내정간섭으로 본 것은 북괴의 상투적 주장과 일치된다고 보지 않는가? 궁극적으로 한국정부가 미국 통제하에 예속되어야 한다는 뜻인가? 미국정부가 직접적인 압력으로 한국정부를 다스려야 한다는 주장은 확신인가 실언인가"라고 따졌다.30) 결국 대한민국 국회는 1979년 10월 4일 수백 명의 무술경위가 출동한 가운데 본회의장

---

29) *New York Times*, September 16, 1979; 강인섭, 『4·19 그 이후: 군-정계-미국의 장막』(동아일보사, 1984), 288쪽.

30) 조갑제, 『박정희의 마지막 하루』(월간조선사, 2005), 125쪽.

아닌 여당의원 총재실에서 여당의원만으로 본회의를 열어 김총재 제명안을 기습 처리했다.

미 국무부 대변인 호딩 카터는 김총재를 제명한 것에 대해 심심한 유감을 표한다면서 "이러한 행위는 민주적인 정부의 원칙과 일치하지 않는다"고 말했다. 또한 미국정부는 한국정부가 김영삼 총재를 국회에서 제명한 것에 대한 불만의 표시로 글라이스틴(William H. Gleysteen, Jr.) 대사를 1979년 10월 6일까지 워싱턴으로 오도록 소환했다. 이는 1958년 12월 한국국회에서 일어난 국가보안법 개정파동을 둘러싼 유감표시로 다울링(Walter Dowling) 주한 미대사를 1959년 1월 17일(워싱턴 시각) 미국으로 소환한[31] 이래 20년 만에 처음 있는 일이었다.[32] 그러나 소환은 그리 오래 가지 않았고 안보·군사 면이나 경제부문에서는 여전히 긴밀한 관계가 유지됐다.[33] 1979년 10월 16일 글라이스틴은 한·미 고위군사관계자회의(한미안보회의) 참석과 박대통령 면담을 위해 방한하는 헤럴드 브라운(Herald Brown) 국방장관을 수행해 다시 한국에 돌아왔다. 브라운은 안보문제보다 한국의 국내정치 문제에 더 관심과 임무를 갖고 움직였다.

---

31) 이완범, "1950년대 후반기의 정치위기와 미국의 대응: 1958년의 국가보안법 개정파동을 중심으로," 『1950년대 후반기의 한국사회와 이승만정부의 붕괴』(오름, 1998. 8), 172-173쪽.

32) 김명섭, "1970년대 후반기의 국제환경 변화와 한미관계: 카터행정부의 외교정책을 중심으로," 한국정신문화연구원 편, 『1970년대 후반기의 정치사회변동』(백산서당, 1999), 72쪽. 김교수는 다울링 소환 후 1년 4개월 만에 4·19가 일어났다면서 글라이스틴의 소환도 후일 그런 결과를 낳은 것처럼 비교했다. 한·미 행정부간의 계속적인 갈등은 박정희정부의 위상을 약화시키는 의도하지 않은 결과를 초래했다는 것이다.

33) 강인섭, 『4·19 그 이후: 군-정계-미국의 장막』(동아일보사, 1984), 290쪽.

그와 글라이스틴은 한국의 정치상황에 대해 우려를 표명하는 카터의 친서를 박대통령에게 전달했다. 브라운은 10월 18일 박대통령과의 만남에서 좀더 민주적인 정치노선을 취하지 않을 경우 한미 안보동맹이 영향받을 수도 있다고 경고했다. 브라운은 "야당과의 대화를 재개함으로써 전면적인 탄압이 임박했다고 걱정하는 국내외의 인사들을 안심시켜 줄 것"을 요청했는데 이것이 박정희의 심기를 건드렸다고 한다.34) 카터 대통령의 친서에는 정치적 억압과 인권탄압이 가져올 결과에 대한 경고성 메시지가 포함되어 있었다.35)

박대통령은 미국측의 공개적 비난과 특히 대사의 소환, 그리고 언론을 동원한 여론 악화에 대해 강력 반발했다. 박대통령은 한국 정부의 자세를 옹호하면서도 악화되고 있는 사회불안에 어떻게 대처해야 할지 망설이는 것 같았다고 글라이스틴은 사후에 회고했다. 핵심참모들도 대응방안을 놓고 분열돼 있을지도 모를 일이었다. 박정희의 그런 상태를 본 적이 없었으므로 글라이스틴은 이상한 느낌이 들었다. 글라이스틴은 차지철을 비롯한 강경론자들의 두각을 의식했다고 역시 사후에 회고했다. 차지철이 대통령 주위사람을 압도하여 그의 라이벌 김재규의 격분을 낳았다는 것이다.36)

한편 김영삼 총재의 국회의원직 제명은 국내에 더 큰 파장을 일으켰다. 정부는 야당까지도 제도권 정치의 틀 밖으로 내모는 형국을 초래했던 것이다. 그 동안 쌓였던 국민의 불만이 김영삼 축출을

---

34) 조갑제, 『박정희의 마지막 하루』(월간조선사, 2005), 127쪽.

35) *Time*, November 5, 1979.

36) 윌리엄 H. 글라이스틴(William H. Gleysteen, Jr.), 『알려지지 않은 역사: 전 주한미국대사 글라이스틴 회고록』(*Massive Entanglement, Marginal Influence: Carter and Korea in Crisis*), 황정일 역(중앙M&B, 1999), 88-89쪽.

계기로 폭발했는데 그 핵심지역은 부산과 마산 등이었다. 1979년 10월 부산과 마산, 창원 등지에서 시위가 벌어졌는데, 이것이 유신체제의 종말을 초래케 한 부마사태로서 이 지역은 김영삼 총재의 근거지이기도 했다. 10월 15일의 시위는 부산대학교의 학생시위로 시작됐다. 15일의 시위는 주동자들이 연행됨으로써 확산되지 못했으나 본격적인 시위는 16일부터 이루어졌다. 16일 교내에서 집회를 가진 부산대 학생들이 시내로 진출했고 이에 동아대, 고려신대, 고등학생, 전문대생 등의 학생에다 일반시민까지 가세했다. 3,000여명의 시위대는 게릴라식으로 경찰과 충돌했고 자정에 이르도록 격렬한 시위를 계속했다. 17일에는 부산대에 휴교령이 내려졌으나, 날이 어두워지면서 시위는 더욱 확산됐다. 시민들의 호응 속에서 시위군중은 경찰서, 파출소, 세무서, 동사무소, 신문사, 방송국 등에 투석했다. 정부의 발표에 의하면 16~17일 동안 경찰차량 6대가 전소되고 12대가 파손됐으며 21개 파출소가 파손 또는 방화됐다. 18일 자정에는 부산시 일원에 비상계엄령이 선포되고 공수부대 등의 군병력이 투입되어 시위군중을 진압했다. 18일에는 경남 마산 일원으로 시위가 확산됐다. 경남대에 무기휴교령이 내려진 가운데 오후 6시경부터 시작된 시위는 곧 2,000명의 시위군중을 이루어 공화당사를 공격하고 파출소, 신문사, 방송국, 법원, 검찰청, 동사무소 등에 피해를 입혔다. 19일 밤에도 마산·창원지역에 이러한 사태가 계속되자 20일 마산·창원에 위수령을 발동했다.

3) 10·26과 한미관계

대외적으로는 미국의 카터행정부가 1977년에 출범하면서 이전부터 지속됐던 한미갈등은 심화됐다. 1972년 유신체제 등장, 주한미군 철수, 1960년대 말부터 문제가 되기 시작한 코리아게이트, 김대중 납치사건, 긴급조치 등의 인권문제[37] 등을 둘러싸고 수많은 갈등이 있었다. 그 결과 미국에게 한국은 사활적 이해가 걸린 곳이 아니라 베트남과 같은 골치덩이에 불과하다는 인식이 생겨났다.[38] 미국은 박정희정권을 베트남과 동일시했던 것이다.[39] 카터는 출범 직후부터 미군철수라는 카드를 이용해 한국의 인권상황을 개선하려 했으나 박정희 대통령은 이를 거부해 한미간의 갈등은 증폭됐

---

37) 카터 대통령은 1977년 5월 22일 미국의 노트르담대학교에서 한국의 김수환 추기경, 도날 라몬트 승정, 폴 안즈 추기경 등과 함께 명예박사학위를 수여받으면서 제3세계의 인권에 관한 강연을 했다. 당시 한국의 반체제 잡지『대화』는 이 연설을 번역하여 전재했다. 지미 카터, "인권을 거부하는 통치자의 주장을 거부한다: 인권은 미 외교정책의 기본방향[원칙]," 『대화』(1977년 8월), 150-160쪽.

38) 포드행정부 때인 1976년 8월 18일 북한의 '도끼 만행사건'이 일어났다. 북한은 자신의 도발에 대해 미국이 곧 보복할 것으로 전망했다. 이렇게 된다면 곧이어 열릴 '비동맹회의'에서 북한에 대한 동정과 미군·핵무기의 철수를 요구하는 북한의 주장에 대해 다른 나라들의 지지를 얻을 수 있을 것이라고 생각했다.『외국에서 본 오늘의 북한』(문화공보부, 1976), 7-8쪽; 서울신문사 편, 『주한미군』(서울신문사, 1978), 387-389쪽.

39) 박선원, "냉전기 한미일관계에 대한 체계이론적 분석," 『한국정치외교사논총』 제23집 1호(2001. 8), 332쪽.

다.40) 카터는 1976년 6월 선거유세 중에 모든 주한미지상군이 1980년까지 철수돼야 한다는 공약을 발표했고, 대통령이 된 후 작성된 1977년 5월 5일자 대통령 검토각서(a Presidential Review Memorandum)를 통해 3단계 점진적 철군을 안으로 만들었다.41) 미 2사단과 지원부대는 점진적으로 철군해야 한다는 것이었는데 1978년 회계년도 말까지 6,000명 이하의 1연대가 철군하며 1980년까지 9,000명 이하의 2연대가 철군하여야 한다는 것이었다.42)

또한 박정희는 후술하는 바와 같이 자주국방을 달성하기 위해 핵무기를 개발하려고 시도하면서 미국을 자극했다. 이 와중에 박정희 정부는 냉전체제 양대축의 하나인 적성국 소련과의 관계개선을 시도하는 등43) 미국과 갈등하게 되었다. 독자적인 외교력을 축적하

---

40) 한국정부는 주한미군 철수에 대비해야 했다. 박봉식, "주한미지상군 철수 이후의 한미관계 전망"(국토통일원, 1979), 21쪽에 의하면 1978년에 3,460명이 철수했으며, 1979년 당시 주한미군 전체가 철수한다는 설과 미 제2사단의 보병병력만 철수한다는 설이 있었다고 한다. 1978년 당초 6,000명의 철군계획이 있었다고 한다. 서울신문사 편, 『주한미군』(서울신문사, 1978), 407쪽.

41) 1단계는 1개 여단 1978년 말까지의 철군, 둘째로 지원군, 그리고 세 번째로 마지막 전투여단과 미군사령부의 철수(1982년)였다. U.S. House of Representatives, the Subcommittee on International Organizations of the Committee on International Relations, *Investigation of Korean-American Relations*, 95th Congress, 2nd Session (Washington, D.C.: USGPO, Oct. 31, 1978); 미하원국제관계위원회 국제기구소위원 회 편, 『프레이저 보고서』, 서울대학교 한미관계연구회 역(실천문학사, 1986), 113쪽.

42) "US Policy in Korea," May 5, 1977, PD 12 Presidential Review Memoranda (PRM) And Presidential Directives (PD), Jimmy Carter Library & Museum; http://jimmycarterlibrary.org/documents/pd12.pdf. 1991년 7월 8일에 비밀해제됨.

려 했던 것이다. 인권문제와 주한미군 철수, 자주국방과 핵무기 등 핵심이슈는 이후 양국 간에 계속 현안이 되었다. 이에 박동선(朴東宣)사건(코리아게이트)44)까지 겹쳐 한미관계는 더욱 악화됐다. 존슨행정

---

43) 박준규 공화당 의장이 유럽 방문시(1976-1977년 경, 일자 미상) 의도적으로 모스크바 공항에 잠시 내린 사건이 발생했다. 또한 1978년 4월 21일 대한항공(KAL) B 707 여객기(KE 902편)가 소련 무르만스크 남쪽 200마일 빙판에 착륙한 사건이 발생했다. 이 때 소련은 기장·항법사를 제외(4월 30일 송환)한 전원을 송환했는데 24일 박정희 대통령은 대한항공기사건에 대한 소련의 우호적인 조치에 사의를 표하는 특별담화를 발표했다. 한편 신현확 보건사회부 장관(1975년 12월-1978년 12월 재임)은 1978년 9월 3일 소련 타쉬켄트에서 열린 세계보건사회부장관대회에 한국각료로는 처음 참석해 소련과 관계 개선을 시도했다. 현재의 시각에서 보면 대소 접근이라 보기 어려운 '해프닝' 정도였지만 경직된 냉전시대와 유신시대에 일어났기 때문에 이것은 분명히 의도적인 변화이며 대소 접근 노력이라고 할 수 있다. 이러한 대소접근 분위기는 미국을 자극해 보다 많은 원조를 얻어내고 미군을 계속 주둔케 하려 했던 측면도 있지만 대미 자주권을 확보하려 했던 노력의 일환으로도 평가할 수 있다.

44) 재미교포 박동선이 미국 의회에서 한국 지지를 얻기 위해 불법 로비활동을 전개하다가 법망에 걸려들었다. 주한미군 철수를 지연시키거나 가능한 한 철수 전에 미국의 충분한 군사원조를 확보할 목적으로 지나친 로비활동을 벌이다가 미국 사직당국에 고발돼 한국의 이미지가 크게 손상됐다. 미국정부는 박동선의 소환, 김동조 주미대사의 의회 출석증언을 요구했다. 그러나 한국정부는 박동선사건과는 아무런 관계가 없다며 미국측 요구에 불응했다. 이 사건은 한미관계를 정치적으로 폭발 일보직전까지 몰고 갔으나, 박동선의 미국 소환응낙과 김대사의 서면증언으로 타협을 보았다. 박동진 외무장관은 1977년 3월 21일 미 NBC-TV와의 회견에서 "주권국가의 국내문제에 대한 미국 등 어떠한 외국의 간섭도 환영하지 않는다"고 선언했다. 박동선사건을 계기로 한미관계는 변하기 시작했다. 미국은 한국을 단순한 반공의 보루로만 보지 않게 됐고, 한국은 고도 경제성장을 기반으로 미국을 '동반자'로 간주하기 시작했다. 김원모,

부 때의 한미 밀월관계는 카터행정부 때 최악의 관계로 발전했다.45)

그런데 1979년 6월말-7월 초 카터의 방한은 전술한 김영삼의 표현대로 박정희에게는 선물이었다. 6월 30일 청와대에서 열린 확대오찬 파티에서 박정희가 한반도 안보문제를 40분간이나 설파하자 진력이 난 카터는 참모들에게 주한미군을 철수하자고 주장하였다고 한다. 그러나 밴스, 브라운 국방장관, 글라이스틴, 홀브룩 등의 반대로 카터는 철수 주장을 철회하였다.46) 결국 한국 내의 여론과 새로운 국제정세의 변화로 1979년 7월 20일 카터는 주한미군 철수 논의를 중지(사실상 중단)시켰던 것이다.47) 이렇게 갈등은 미봉되었

『한미수교 백년사』(한국방송사업단, 1982), 245-246쪽. 1974~75년 한국의 중앙정보부는 미 의회 로비채널을 박동선에서 볼티모어의 사업가 김한조로 넘기려고 했다. 한국정부는 박동선의 활동을 미국이 주시한다고 생각해 박동선의 이용가치가 감소하고 있다고 판단했기 때문이다. 이 과정에서 미국은 박동선사건을 폭로하기 시작했다. U.S. House of Representatives, the Subcommittee on International Organizations of the Committee on Inter- national Relations, *Investigation of Korean-American Relations*, 95th Congress, 2nd Session (Washington, D.C.: USGPO, Oct. 31, 1978); 미하원국제관계위원회 국제기구소위원회 편, 앞의 책, 22-24, 78-81쪽.

45) 정용석, 『카터와 남북한』(단국대학교 출판부, 1979), 220쪽.
46) 1979년 6월 30일 오찬에 대해 같은 날 오후 4시에 미 국방부 차관보 아마코스트는 그것은 비극이었다(It's a disaster.)고 손장래 합참 전략기획국장에게 말했다고 한다. "손장래 인터뷰," 『MBC 이제는 말할 수 있다: 79년 10월, 김재규는 왜 쏘았는가』, 2004년 4월 4일 방송.
47) "The White House Statement by the President on Korean Troop Withdrawals," July 20, 1979, 김상훈 (편), 『한국과 국제관계』 (서울: 아성출판사, 1984), pp. 162-164. 이 성명은 1979년 2월의 철수중지를 재확인하는 성명으로 미 제2사단 전투병력철수는 계속 중지하며, 1980년말까지

으나 잠재화되었다. 정상회담이 오히려 양국 관계를 악화시켰다는 평가도 있다. 뉴욕타임스는 1979년 10월 28일 10·26 사건 해설기사에서 박정희의 강경정책이 미국의 비판을 받자 한국의 군부와 중앙정보부를 당혹케 하였었다고 기술했다. 한미갈등의 결과 미국이 박정희를 제거했다는 가설도 제기되어 있는 것이다. 공화당 원내총무를 지낸 김용태는 대덕연구단지에서의 핵무기 개발 때문에 박정희가 미국과 갈등했으며 그것이 마침내 10·26사태까지 발전하고 말았다고 주장했다.48)

박정희의 자주국방49)을 위한 핵무기 개발의욕50)이나 백곰미사일

지원부대의 소규모의 감축은 있을 것이나, 기타 부대철수의 시기 및 속도는 1981년도에 재검토할 계획이라고 나와 있다. 미군의 철수정책 철회는 한국의 핵무기 개발문제에게 기인한 측면도 있다. 그런데 핵무기 개발문제는 한미간의 안보관계가 위기에 빠질 정도로 심각한 것은 아니었다. 그러나 한미간의 핵갈등은 실제보다 과대평가되었으며 1970년대 후반 미국은 한국의 핵개발 능력을 실제보다 과대 평가했다. 조갑제 기자를 만난 글라이스틴(10·26사건 당시 미국 대사)은 박정희의 원폭개발 계획도 1979년 무렵에는 핵재처리시설 도입의 포기로써 완전히 동결되어 있었기 때문에 걱정하지 않고 있었다고 했다. 조갑제, "내 무덤에 침을 뱉어라: 제1부 최후의 24시간 (II) [22] 미국대사와 정보부장의 밀담," 『월간조선』, in http://pep.postech.ac.kr/solbut/mune/chosun/01_22.htm, 검색일 2002년 2월 23일. 한편 1981년 레이건 행정부는 철수계획을 백지화시켰다. 김일영-조성렬, 『주한미군: 역사-쟁점-전망』 (서울: 한울, 2003), 90쪽.
48) 김용태, 『자서록』 제1권 (서울: 집문당, 1990), 243-244쪽.
49) 미국은 '자주'라는 말이 민족주의에 바탕을 둔 것이라고 생각했다. 미국이 제3세계 혁명을 연상하여 불온시했던 사조가 바로 민족주의였다.
50) 조철호, "박정희 핵외교와 한미관계 변화," 고려대학교 정외과 박사학위 논문(2000. 12), 175-176쪽에 의하면 1970년대 중반 이후 박정희 핵외교(1977년 중반 이전의 독자적 핵무기개발 가능성을 강조한 핵정책과

개발 등 자급자족적인 군수물자 생산능력을 키우려는 의욕은 군수물자를 판매하려는 미국에게 손실을 초래할 것이었다. 만약 박정희의 뜻대로 자주국방이 실현되면 미국의 한국에 대한 영향력은 감소될 것으로 전망됐다. 따라서 미국이 박정희를 제거하려 했다는 것이다. 사실 인권탄압을 중지하라는 요구는 한국을 압박하기 위한 표면적 이유일 뿐 본질적으로는 핵-미사일 개발을 무산시키려 하였던 것이다.

박정희의 미사일·핵개발은 다음과 같이 진행됐다. 1970년 늦여름과 초겨울에 한국정부 고위관리들이 계획된 주한미군 철수속도를 늦추기 위해 회합을 가졌다. 결국 국방과학연구소와 무기개발위원회가 설립됐다. 박정희 대통령은 1971년 주한 미7사단의 일방적인 철수로 자주국방을 더욱 적극적으로 추진하게 됐다. 이를 위해 1971년 기관총 및 박격포, 수류탄 등을 1972년까지 개발하는 '번개사업'을 추진하는 한편 극비리에 핵무기 개발과 이를 운반하기 위한 장거리 지대지미사일 개발도 진행했다. 박정희의 미사일 개발 극비지시가 내려진 것은 1971년 12월 24일이었다.[51] 박정희는 당시 청와대 오원철 중화학공업 및 방위산업담당 수석비서관을 통해 1단계로 1975년까지 지대지미사일의 국산화를 목표로 하되 사정거리는 200km 내외로 하라고 지시했다.

이에 따라 국방과학연구소(ADD)를 중심으로 개발팀이 구성되어 '항공공업계획'이라는 위장명칭으로 1973년경부터 본격적인 지대지미사일 개발이 시작됐다. 사정거리 500km의 미국 퍼싱급 미사일을

1977년 중반 이후 한국의 이중적 핵력 개발정책)는 한미관계를 후견적 동맹관계에서 성숙한 동반자 동맹관계로 전환시켰다고 한다.
51) 미사일개발에 관여했던 구상회 박사 등의 증언.

1978년까지 개발하는 것이 목표였다. 이에 따라 개발팀은 미국의 도움 없이는 불가능하다고 판단해서 지대지 공격도 가능한 미 나이키 허큘리스 지대공미사일을 모방하기로 했다. 개발팀은 나이키 허큘리스 미사일 제조회사인 맥도널 더글러스(MD)사로부터 기술도입을 추진했다. 그러나 이 기술도입은 미국정부의 강력한 반대에 부딪혀 어려움을 겪었으며, 우여곡절 끝에 1975년 12월 MD사와 1단계 계약을 체결해 나이키 미사일의 지대지 성능개량을 위한 기술자료를 얻을 수 있었다. 개발팀은 특히 미사일 추진체 제조의 핵심장비인 연료와 산화제를 고르게 섞는 대형 혼합기 구입에 어려움을 겪었다. 300갤론 용량의 혼합기가 필요했는데 미국 외에는 구입선이 없었으나, 미국은 우리의 대형 유도탄 개발에 대해 강한 반대입장을 고수했다. 미국은 결국 한국정부에 압력을 가해 1976년 1월 프랑스의 SGN사와 맺었던 재처리시설 건설계약을 파기하게 했으며, 이 과정에서 한국정부는 포기의 대가로 미국으로부터 경제적·군사적 지원을 얻으려고 했다.

박정희의 핵개발에 대해 주한미군 철수에 맞서 자주국방을 달성하려던 민족주의적 시도로 평가하는 견해도 있다.[52] 또한 코리아게

---

[52] 전두환의 핵개발 포기와 1991년 노태우의 비핵지대화 등으로 핵주권을 포기하는데 박정희의 과도한 자주국방 추구가 도리어 미국을 자극해 남북관계도 악화시키는 부메랑으로 돌아왔다는 평가도 있다. 한편 박정희가 한국의 잠재력을 과시했기 때문에 오늘날 미국으로부터 그나마 대접받는 것 아니냐는 평가도 있다. 당시 청와대에서 군수산업을 담당했던 한 비서관은 "박정희의 장거리 유도탄 개발의 성공과 핵무기 개발의 집념이 역설적으로 카터의 주한미군철수를 막는데 기여한 것으로 드러난다"면서 "가령 1979년 1월 미 상원 군사위원회의 '샘넌 보고서'는 '한국정부의 핵무기 개발을 막기 위해서라도 주한미군의 철수를 반대한다'고

이트에 대해서도 "박정희의 핵개발을 막기 위한 카터의 압박작전"이었다는 견해도 역시 민족주의적 평가이다. 그러나 코리아게이트는 박정희의 인권탄압과 독재를 옹호해 줄 미국 국회의원을 얻기 위한 것이었으므로53) 철저히 박정희 개인의 집권연장을 위한 것이었고 애국적 동기에서 시작된 것이 아니며 주한미군 철수를 막기 위한 것이라는 수사는 명분에 불과한 부차적인 목적이었다. 또한 냉전이 데탕트로 전환되던 이 시기에 홀로 군비확장 노선으로 치달은 것은 "북한의 위협에 대응한다"는 명분에도 불구하고 반역사적 행위였다고 할 수 있다. 미 NSC 13을 리뷰한 1977년 1월 26일의 카터의 메모란덤에 의하면 주한미지상군의 감축 외에 한국의 핵개발 의도와 미사일 기술획득 의도 등도 논의해야 할 주제였다.54)

그런데 한국정부는 그 이후에도 핵개발을 포기하지 않았으며 1978년 프랑스와 재처리시설에 관한 협의를 재개했다. 미국은 카터

밝힌 바 있다"고 말했다. 반면 서울대 조동준 박사는 '자주의 자가당착'이라는 개념을 사용해 "1970년대 박정희 정부의 자주국방은 동맹 상대국인 미국의 방기 위험에 대응하기위한 (불가피한) 선택"이라고 평가하면서도 "1970년대 한국의 자주국방은 북한의 군사화를 초래해 1980년대 초반 한국의 대외안보가 약화되었고 북한의 핵무기 추구로 이어졌다"고 말했다. 임을출, "미국이 박정희 피살의 배후?: 핵-미사일 개발 둘러싸고 폭발 직전으로 걷잡을 수 없이 치달았던 1970년대 후반의 한-미관계," 『한겨레 21』 제546호 (2005년 2월 15일), 77쪽.

53) 문명자, 『내가 본 박정희와 김대중』(말, 1999), 321쪽.
54) "Korea," January 26, 1977, PRM 13, Presidential Review Memoranda (PRM) And Presidential Directives (PD), Jimmy Carter Library & Museum; http://jimmycarterlibrary.org/documents/prmemorandums/prm13.pdf. 2000년 4월 25일에 비밀해제됨.

대통령이 지스카르 데스탱 프랑스 대통령과 직접 담판해 그 협상을 다시 중단시켰다.55)

미 행정부의 박정희에 대한 불편한 감정은 여러 차례 표출됐기 때문에 미국에 의한 박정희 제거설은 그 증거부족에도 불구하고 아직도 풍문으로 나돌고 있다. 10·26 당시 미 국무부 아시아태평양 담당차관보로서 한반도 정책실무 책임자였던 리처드 홀브룩(Richard Holbrooke)은 10·26이 일어나기 4년 전인 1975년 9월 7일자 미 『뉴욕타임스 메거진』에 박대통령 교체 불가피론을 시사한 글을 기고했다.56) 1973년부터 1975년까지 서울 주재 CIA 책임자를 역임한 도널드 그레그는 1976년 10월 미 텍사스대학교의 학생들 앞에서 행한 연설에서 "한국의 정권이 현재와 같이 정치를 해나간다면 임기 중 반쯤에 가서 쿠데타로 타도될 것"이고 "1978년 박정희 대통령이 다

---

55) 돈 오버도퍼, 『두개의 코리아』(중앙일보사, 1998), 78쪽. 박정희는 1981년 10월 1일 국군의 날 행사 때 핵무기를 세계 만방에 선보인 후 그 날 사임할 것이라고 말했다는 것이다. 이는 1979년 1월 선우련 공보비서관에게 하야성명 작성을 부탁하며 한 말인데, 박정희는 1981년 상반기 중 핵무기 제조를 완료할 수 있을 것이며, 그렇게 되면 김일성이 감히 남침할 엄두를 못 낼 것이라고 말했다고 한다. 노재현, 『청와대비서실』 2(중앙일보사, 1993), 108-109쪽. 그런데 임방현 수석비서관의 회고에 의하면 그렇게 낮은 직급의 비서관에게 말했을 가능성은 없으며, 자신은 미사일에 관한 말은 들었지만, 핵무기에 대해서는 전혀 들은 바 없다고 한다("임방현 선생과의 인터뷰," 2002. 11. 4). 강창성 전 보안사령관도 박정희가 1978년 9월 자신에게 핵무기 개발의 95%가 완료됐으며, 1981년 상반기부터는 핵무기 생산이 시작될 것이라고 말했다고 증언했다. 이런 말들이 사실이라면 박정희는 핵무기에 자신의 진퇴를 걸만큼 집착했으며, 핵무기를 대북 억지력 차원으로 간주했음을 알 수 있다.

56) 김교식, 『다큐멘타리 박정희』 1(평민사, 1990), 167쪽.

시 선출된다면 6년 임기를 살아서 채우지 못할 것"이라고 예언했다. 6년간의 임기를 고수하려 한다면 아마도 임기 도중에 쿠데타로 타도될 것이라고 말했다는 것이다.57) 박정희도 10·26이 나기 두 달 전쯤 평생을 국가 기간산업에 헌신해 온 측근인사에게 "내가 살면 얼마나 더 살겠어. 미국이 나를 가만히 놔두지 않을 텐데"라고 말했다고 한다.58)

박정희의 퇴진을 요구한 정권에 대한 직접적인 도전이었던 부마사태는 강경진압에 의해 일단 해결됐으나 그 대응 방식을 둘러싼 집권층 내부의 갈등을 야기해 10·26사태를 발생시켰다. 차지철(車智澈) 대통령 경호실장은 부마사태에 관한 강경진압을 주장했으며, 중앙정보부장 김재규는 상대적으로 온건한 입장이었고, 양인은 서로 경쟁적인 입장이었다. 박정희 대통령이 차지철의 입장을 수용해 강경진압을 채택하자 차지철의 견제로 진퇴위기에 몰린 김재규가 1979년 10월 26일 밤 7시 40분경 서울 종로구 궁정동 중앙정보부 안가(安家)에서의 만찬 도중에 박정희와 차지철을 살해했다.59) 당시

---

57) *New York Times*, December 23, 1976; 김창수, "한미관계, 종속과 갈등," 한국정치연구회 (편), 『박정희를 넘어서』 (서울: 푸른숲, 1998), 356쪽; 정진석, 『총성 없는 전선』 (서울: 한국문원, 1999), 108쪽; Tim Shorrock, "The US Role in Korea in 1979 and 1980," revised web edition, in http://www.kimsoft.com/korea/kwangju3.htm (검색일 2004년 4월 15일), p.18. 그러나 한 인터뷰에서 그레그는 박정희의 장기집권에 대해 언급했을 뿐 쿠데타에 대해서는 말하지 않았다고 주장했다. 그는 만약 박정희가 마지막 임기에 나서지 않았다면 오늘날 한국의 영웅이 되었을 것이라고 평가했다.

58) 정진석, 위의 책, 179쪽.

59) 아이러니칼하게도 대통령 경호실장 차지철은 『암살사』(대통령경호실, 1978)를 제작하여 대통령 암살에 대비했다. 경호실원에게 배부된 이 책

합동수사본부장 전두환의 특보를 지냈던 이건개의 회고담에서 이러한 평가가 나와 있다.

> 차지철과 김재규 두 사람 사이에는 10년 이상 쌓여온 사적인 구원(舊怨)이 있었다. 대통령의 신임을 놓고 두 사람은 끊임없이 갈등하고 싸웠다. 10·26 직전에 이미 권부 내에선 김재규가 정보부장직에서 잘리는 방향으로 분위기가 흘러가고 있었다. 그래서 장관 중에는 '김재규가 잘리면 내가 중정부장을 할 수 있겠다'고 생각한 사람이 있었다. 이런 사람들이 차지철 쪽에 바짝 붙어서 김재규를 압박하고 있었다. 10·26 사건은 비대해진 대통령 권력의 주변에서 측근끼리 암투하다 터진 사건이었다.60)

김재규는 군 후배인 차지철의 월권과 자신에 대한 무시, 그리고 차지철에 대한 대통령의 편애를 견딜 수 없었다. 김재규는 대통령

277쪽에는 북한 공작원의 침투와 관련된 대목이기는 하지만 '대통령 측근 근무자'의 행동을 단속할 것이 강조됐다. 이와 같은 책자의 제작과 배포가 경호실 권한의 고유범위 내에 있는지 아닌지 검토해야 할 것이다. 왜냐하면 1974년 8월 15일 육영수 여사 피격사건으로 사임한 박종규 경호실장의 후임으로 부임한 차지철이 1978년부터 비선을 두는 등 월권을 자행했으며, 결국 10·26이 터졌다는 평가가 있기 때문이다. 이러한 평가는 김정렴, 『아 박정희: 김정렴 정치회고록』(중앙M&B, 1997), 334-339쪽에 있다.

60) 조성관, "문세광, 경호실장 쏘려다 육 여사 맞췄다" 육영수 여사 피살·박정희 대통령 시해사건 수사한 이건개 전 의원 "10·26 사건은 측근들 암투서 비롯된 것… 박대통령·육여사, 최후까지 의연했다," 『주간조선』 제1843호 (2005년 2월 28일), http://weekly.chosun.com/wdata/html/ news/200502/20050224000015.html.

에게 사표를 내든지 담판을 하여 차지철의 월권을 저지시켰어야 했는데 그 수모를 참기만 했다. 대통령이 워낙 어렵게 보이기도 했으며 자신의 논리가 부족하기도 했다. 울분이 발산되지 못했기 때문에 폭발성을 증가했으며 결정적인 시점에 폭발했던 것이다.61)

그날도 박정희는 부마사태의 책임을 중앙정보부의 정보부재에 돌렸으며 차지철도 중앙정보부의 무능함을 지적했다. 10·26사태 직후 최규하(崔圭夏) 과도정부는 제주도를 제외한 전국에 비상계엄을 선포했으며, 10월 말 군부 고위층은 유신헌법의 폐기를 결정했다. 결국 이 사건으로 유신체제가 무너지고 전두환정권이 수립되는 계기가 됐다.

10·26사건은 유신체제의 몰락을 가져온 한국현대사의 중요사건이라고 할 수 있으며 12·12와 연결됐다. 10·26사태는 유신체제를 무너뜨린 획기적인 사건이었지만 김재규가 주장하는 바와 같이 '민주화를 위한 의거'는 아니었다.62) 이전부터 민주화를 지속적으로 주장하던 인사가 아닌 김재규가 암살 30분 전 경호실 경호원의 암살을 지시하는 과정에서 박흥주 대령에게 '자유민주주의를 위하여'라고 말했으며 김영삼 총재 제명 대처 과정과 부마사태 진압 과정에서 야당과 대화에 나서는 등 미국식 민주주의에 기울었다지만63)

---

61) 조갑제는 그렇다고 김재규가 총을 겨눌 수는 없었을 것이라며 대의에 목숨을 건 사람들을 존경하는 마음을 가지고 있던 남다른 사람이 김재규라고 평가했다. 조갑제, 『박정희의 마지막 하루』(월간조선사, 2005), 115-116쪽.

62) 金大坤, 『10·26과 金載圭』(이삭, 1985); 김대곤, 『김재규 X-파일: 유신의 심장 박정희를 쏘다』(산하, 2005)에 의하면 만약 김재규가 10·26 이후 살아남았다 해도 민주주의가 더 앞당겨졌을지 의문이라고 주장된다.

63) 조갑제, 『박정희의 마지막 하루』(월간조선사, 2005), 88, 107-110쪽. 그렇

의거 운운하는 것은 자신의 행동을 합리화하기 위하여 급조한 명분에 불과한 것이었다. 또한 김재규와 그 하수인들인 중앙정보부 요원들이 조직적으로 가담하기는 했지만 치밀하게 계획된 것은 아니었으며, 차지철과의 개인감정이 표출된 돌발행동이며 우발적인 범행이었던 면이 있다.

김재규는 10·26 당시 연회가 있었던 중앙정보부 안가 나동 본관에서 50미터 떨어진 별관으로 뛰어가 무기를 가져왔다는 사실에서 사전 계획이 없었음을 알 수 있다. 박홍주, 박선호 등 김재규의 부하들은 30분 전에야 경호원을 제압하라는 명령을 받았다고 한다. 김재규는 10월 26일 오후 4시 10분경 차지철로부터 궁정동 중앙정보부 안가에서 대통령을 모시고 회식이 있으니 준비하라는 전화를 받고 대통령을 살해하겠다는 생각을 가졌다. 따라서 4시 40분경 정승화 육군 참모총장에게 전화를 걸어 같은 안가에서 저녁을 먹으면서 조용히 시국 얘기를 하자며 겹치기 약속을 했다. 만약 살의가 없었다면 같은 시간 같은 장소에서 두 가지 약속을 계획하지 않았을 것이다. 정승화의 힘을 빌려 군부를 장악하려던 일종의 계획이었다.64) 또한 당일 김재규는 궁정동 안가에서 미리 기다리고 있었는데 김계원 비서실장은 다른 사람들보다 먼저 도착했다. 김재규는 평소 형처럼 모시던 김계원에게 차지철을 해치워야겠는데 어떻게 생각하냐고 물었다.65) 김계원은 김재규가 흔히 하던 얘기라서 이

다고 그가 일관성 있게 온건론에 기울었던 것은 아니었다. YH사태 때 경찰 투입이라는 강수를 두어 여공의 투신을 가져왔으며 1979년 8월 긴급조치 10호를 발의할 것을 주장하기도 했다. 위의 책, 113-114쪽.
64) 조갑제, 『박정희의 마지막 하루』(월간조선사, 2005), 48쪽.
65) 조갑제, 『박정희의 마지막 하루』(월간조선사, 2005), 70쪽.

말을 농담처럼 받아들였다고 주장했다. 김재규는 10월 28일 합동수사본부 수사관들 앞에서 쓴 1차진술서에서 차지철로부터 겪었던 수모를 가장 먼저 지적했다.66)

사건 후 궁정동 작전을 지휘했던 박선호 중앙정보부 의전과장이 연회장에서 시중을 들고 있던 두 여인(심수봉, 심재순)에게 각각 20만원이 든 돈 봉투를 주고 차에 태워 집에 보냈는데 대통령이 사살당하는 것을 목격한 두 사람을, 아무 감시역도 붙이지 않고 현장에서 이탈하게 했다는 것은 이 사건이 사전에 치밀하게 계획된 거사가 아니라 홧김에 우발적으로 발생했다는 사실을 입증한다.67) 만약 그 날 현장에서 차지철이 김재규의 심기를 자극하지 않았다면 살의를 접었을 가능성도 있다. 4시 40분 정승화를 초대할 때 살의를 지펴 가고 있었지만 확정된 의지는 아니었다.68) 또한 대통령 시해 후 김재규 일당은 중앙정보부로 가려 했으나 북한의 도발을 우려한 김재규의 말을 듣고 수행비서 박흥주 대령이 육군본부가 있는 용산으로 가는 것이 어떠냐고 건의하자 남산 중앙정보부로 이미 향했던 차를 돌렸다고 한다.69) 우왕좌왕했다는 것이다. 만약 남산으로 갔더라면 그

---

66) 또한 조만간 그가 중정부장에서 물러날 것이라는 것에 대해서도 불만을 갖고 있었다고 진술했다. 그런데 시간이 지날수록 김재규는 차지철에 의한 수모를 빼고 '민주회복'을 1차 동기로 대치시킨다. 조갑제, 『박정희의 마지막 하루』(월간조선사, 2005), 61-62쪽.

67) 그런데 이 순간 국방부 장관실에 있던 김재규의 구상에 따르면 두 여인은 감금해 두어야 하는 것으로 되어 있었다. 조갑제, 『박정희의 마지막 하루』(월간조선사, 2005). 이 사건을 두고 조갑제는 김재규가 과감했지만 치밀하지 못했다고 평가했다. 조갑제, "신재순 증언-박정희의 최후 모습," http://monthly.chosun.com/ (검색일: 2005년 2월 13일).

68) 조갑제, 『박정희의 마지막 하루』(월간조선사, 2005), 84쪽.

69) 그런데 이 대목에서 미국과의 관련성이 제기되기도 한다. 미군이 도와

렇게 힘없이 체포되지 않았을 가능성이 있었다. 이러한 사실들에서 사전 계획이 없음이 반증되고 있으며 만약 계획이 있었다면 이후의 국면은 김재규에게 유리하게 흘러갔을 가능성이 있었다.

초기에 수사를 담당했던 인사는 집권의지가 없었던 단독적이며 우발적 범행이라고 단정했는데, 나중에 전두환 합수부장은 '계획적 내란음모'라고 수사결과를 발표했다.

그런데 우발적으로 범행했을지라도 일이 커지자 범행 직후 집권의지를 가지기도 했다. 김재규는 일을 저지른 직후 스스로 혁명이라고 평가했는데 김계원 비서실장에게 국방부 벙커에서 혁명위원회를 조직하자고 제안하기도 했다는 것이다.70) 중앙정보부의 국장을 역임했던 인사의 표현대로 계획적인 것이라기에는 너무 엉터리이고 우발적으로 보기에는 너무 치밀한 것이었다.71) 김재규는 재판 과정에서 이미 6개월 전인 1979년 4월에 박대통령을 쏘려고 계획했다가 10월로 미루었다고 주장했다. 실제로 그 해 4월 궁정동에서 똑같은 대통령 만찬을 벌이면서 육해공 3군 총장을 동시에 초청한 적이 있었던 것으로 밝혀졌다. 또한 10·26 사건 3일 전에는 친척들을 장충동 정보부장 공관에 불러 자기가 평소 써둔 '민주, 민권, 자유, 평등' '자유민주주의' 등 붓글씨를 전해주며 훗날 후손에게 전해달라고 부탁하기도 했던 것으로 드러났다.72) 게다가 김재규가 손위 동서 최세현 박사와 동생 김항규에게 '박정희를 제거해야 한다'는 심경을 피력했

줄 것이라고 생각해서 남산으로 가지 않고 용산으로 갔다는 것이다.
70) "김계원 전 비서실장 인터뷰," 『MBC 이제는 말할 수 있다: 79년 10월, 김재규는 왜 쏘았는가』, 2004년 4월 4일 방송.
71) 김충식, 『정치공작사령부: 남산의 부장들』, 2 (동아일보사, 1992), 341쪽.
72) 정희상, "마침표 없는 '총성의 진실,'" 『시사저널』 798호 (2005년 2월 8일).

다 하므로 그의 제거 생각이 10월 26일에 갑자기 형성된 것은 아닌 것이라고 할 수 있다. 그렇지만 그는 이러한 심경을 미국을 포함한 어느 누구에게도 발설하지는 않았다고 한다.73) 따라서 우발과 계획(모의)의 중간쯤에서 우발에 보다 가까운 것이라고 할 것이다.

김재규는 육군 참모총장 정승화와 사전모의는 하지 않았으며, 단지 '거사 후 연대'를 시도하기 위해 10·26 당일 궁정동 안가의 별실에 초대돼 있었다. 그러나 정승화는 연대를 거부해 쿠데타로 진행되지도 못했으며 결국 신군부가 집권하는 빌미를 만들어 주었다. 10·26으로 민주화가 되기보다는 권위주의 통치가 연장됐던 것이다. 대통령의 시해는 박정희의 독재를 무너뜨릴 수 있는 최후의 수단이었으며 미국과의 유대를 유지시키고 자유민주주의를 회복시켜 나라를 구하기 위해 저격했다는 김재규의 명분론('우국적 거사론')에 설득력이 전혀 없는 것은 아니지만, 대통령의 최측근 인사가 살해했다는 것도 동양적인 유교윤리에 벗어나는 것이었다. 후속정권도 이러한 역사적 선례를 용인할 수는 없는 노릇이었다. 결국 '대통령이 되려는 과대망상증 환자에 의한 내란 목적 사건'이라고 기소했던 신군부세력에 의해 김재규 일당은 '내란목적살인'이라는 죄목으로 사형되고 10·26사태에 대한 법적 심판은 일단락되었다. 당시 재판부 중에서 내란의 증거는 없으므로 단순한 우발적 일반살인이라고 평가하는 소수의견이 있었다.74) 내란이라는 법적 심판은

---

73) 오성현, 『비운의 장군 김재규』 (미래출판사, 2004), 159-160쪽.
74) 1980년 4월16일 재판은 대법원 전원합의체로 넘어갔다. 5월 20일 이영섭 대법원장을 재판장으로 하고 대법원 판사 14명이 참여한 최종 판결에서 항소는 8대 6으로 기각되었다. 신군부의 압력에 굴하지 않고 내란죄 불성립 의견을 낸 양병호 민문기 임항준 김윤행 서윤홍 정태원 판사는 보안사에 의해 법복을 벗었다. 이들의 소수 의견은 그 후 10여 년간 공

그렇다 하더라도 역사적 평가는 다를 수 있다. 10·26의 마무리 과정에서 12·12사태가 일어나는 등 민주화가 지체되기도 했지만, 10·26 자체는 민주화를 요구한 부마사태로 촉발됐고, 보다 장기적으로는 유신체제의 붕괴와 군부독재 종식의 한 계기가 됐다는 차원에서 그 역사적 의의를 구할 수 있을 것이다.

백악관 안보회의의 일본·한국·아세안 담당위원 니콜라스 플라트와 국무부 한국과장 로버트 리치도 10·26 직전 한국에 들어와 움직였다. 확인되지는 않았지만 카터 방한 이후 10·26사건이 일어나기까지 서울에는 미 CIA요원이 대폭 증원됐다는 설이 있었다. 1979년 6월 카터의 방한 때 같이 왔던 미 CIA요원 250명은 박정희가 죽을 때까지 남아 있었다는 것이다.[75] 글라이스틴을 비롯한 미국의 관계자들은 분주히 움직이면서 가까운 장래에 한국에서 어떤 정치적 변동이 일어날지도 모른다는 예측을 하고 있었다고 한다. 그리고 미국은 이러한 정치변동에 대해 모종의 예방조치를 취하고 있었다는 소문도 있다.[76] 또한 소련의 <쁘라브다>(Pravda)지 10월 28일

개되지 못했다. 당시 선임이던 대법원 양병호 판사는 보안사에 끌려가 사흘간 온갖 수모를 당했다. 양변호사는 이렇게 말했다. "고등군법회의에서 넘어온 모든 자료를 샅샅이 뒤져도 내란을 꾀했다는 법적 증거는 없었다. 군부가 대법원에 그런 식으로 압력을 행사하지 않고 기록을 꼼꼼히 검토했더라면 군법회의의 판결이 깨져서 고등군법회의에 환송되어 내란을 입증할 조사를 다시 했든지 일반 살인으로 고쳐 나와 대법원 재판을 다시 했을 것이다. 김재규의 운명은 일반 살인죄를 적용하더라도 당시 시국 분위기로 보아 사형으로 갔을 것이다. 그러나 민주 회복을 위해 그런 살인을 했다고 평가받아 역사에 남았을 것이라고 본다." 정희상, "마침표 없는 '총성의 진실,'"『시사저널』798호 (2005년 2월 8일).

75) 김진국·정창현,『www.한국현대사.com』(민연, 2000), 229쪽.
76) 이상우,『군부와 광주와 반미』(청사, 1988), 211-212쪽.

자는 다음과 같이 보도했다. 통신사들은 남한에서의 정세확대로 인한 미국의 불만을 표시하기 위해 소환됐던 미국대사가 서울로 돌아오자마자 즉시 독재자가 살해됐다는 사실에 관심을 기울이고 있다. 정확하게 박정희가 살해되기 몇 시간 전에 미국대사와 '괴뢰'를 살해한 남한 중앙정보부장의 만남이 있었다는 사실도 주목하고 있다.77) 그렇지만 같은 소련 신문의 그후 보도에서 미국의 논평자들이 '계획적인 살해'였다고 단정했다는 기사(10월 30일자 논평)가 나올 뿐 미국 개입에 대한 더 진전된 증거를 보이지는 못했다.

글라이스틴과 김재규의 사전 밀담설이 돌자 글라이스틴은 이 소문을 강력하게 부인했다.78) 또한 미 CIA의 한국지부장인 브루스터(Robert Brewster)는 10월 16일과 18일 부마사태가 일어나자 요원들을 급파하는 등 이를 주시했으나, 다른 도시로 확산되지 않자 10월 21일부터 24일까지 경주 등지에 가족여행을 떠났으며, 이틀 후 10·26이 터지자 매우 당황했다는 것이다. 조갑제 월간조선 차장은 이러한 증언에 입각해 CIA와 김재규는 공모하지 않았다고 단정해 '미 CIA 사주설'을 부정했다.79) 그런데 1979년에 김재규는 글라이스틴과 CIA 서울지부장 로버트 브루스터를 특별히 자주 만났다. 브루스터와 글라이스틴은 1978년 하반기에 김재규를 의례적으로 만났으며, 김재규는 만남에 만족해하는 것 같았다고 글라이스틴은 회고했

---

77) 『쁘라브다의 대한관련 기사집』, 1979. 1. 1 - 12. 31 (서울: 한국외국어대학교 소련 및 동구문제연구소, 1981), 69쪽.

78) 정경모 선생은 "박정희: 권력부상에서 비극적 종말까지,"『역사비평』(1991년 여름), 246쪽에서 비록 이 소문의 진부를 확인할 수 없지만, 미국이 10·26으로 이란과 같은 극렬한 반미정권이 출현하는 것은 방지할 수 있었다고 평가했다.

79) 조갑제, "심층취재: 주한 미8군사령부,"『월간조선』(1988년 8월), 232쪽.

다.80) 미국측은 온건하고 충직한 김재규를 대화창구로 삼아 박정희 대통령에게 의사를 전달하고 있었다. 윌리엄 클락(William Clark) 전 미대사관 정치참사관은 김재규가 민주주의에 대해 말을 많이 한, 민주주의에 대해 관심 있는 특이한 중앙정보부장이라고 평가하면서 그를 통해 박정희 대통령에게 인권 메시지를 여러 번 전달했다고 한다.81) 이런 대화 자리에서 오고 가는 이야기의 대부분은 박정희의 인권탄압에 대한 미국측의 불만과 비판을 둘러싼 것이었다. 이런 대화를 통해서 김재규 정보부장이 자극이나 격려 또는 암시를 받았을 가능성이 있다.82) 따라서 김재규는 집권에 성공하면 미국도 나를 도와줄 것이라는 정도의 생각은 했을 가능성이 있다.

글라이스틴, 브루스터와 김재규의 마지막 만남(아마도 9월 26일로 추정됨)에서 유신체제 전복에 대해 말했다고 김재규는 재판과정에서 주장했다. 이에 글라이스틴은 김영선 당시 1심 군사재판 재판관에게 그런 말을 한 적이 없다며 김재규와의 대화기록을 전달하기도 했다.83) 미 국무부의 자료에 의하면 9월 26일 김재규와의 만남에서 한국정치에 대한 논평을 요구받은 글라이스틴은 "한국정치는 양극화될 위험이 있고 평화로운 정권 이양이 어려운 상황입니다. 현 헌법과 정치조직으로는 평화적 정권 이양이 어려울 것입니다"

---

80) 윌리엄 H. 글라이스틴, 앞의 책, 66쪽.

81) *The U. S. Foreign Affairs Oral History Collection*; 『MBC 이제는 말할 수 있다: 79년 10월, 김재규는 왜 쏘았는가』, 2004년 4월 4일 방송.

82) 조갑제, "내 무덤에 침을 뱉어라: 제1부 최후의 24시간(II) [22] 미국대사와 정보부장의 밀담," 『월간조선』, http://pep.posttech.ac.kr/solbut/mune/chosun/01_22.htm, 검색일 2002. 2. 23.

83) 윌리엄 H. 글라이스틴, 앞의 책, 99쪽.

라고 대응했을 뿐이라는 것이다.[84]

또한 '한 전직 미국 대사'(슈나이더[Richard Sneider] 혹은 글라이스틴: 1978. 6부터 1981. 7까지 대사 역임)가 김재규에게 박대통령은 "너무 오래 권력에 매달려 있다"고 말했다고 김재규는 심문과정에 주장했으며 이는 미국의 군사정보 보고서에도 실렸다. 이에 대해 슈나이더에게 문의했던 글라이스틴은 워싱턴에 "슈나이더 대사와 나 어느 누구도 김재규나 누구에게 박정권은 이제 얼마 남지 않았다거나 박대통령의 실각을 용인한다는 신호를 보낸 적이 없다"는 점을 명백히 밝혔다고 한다.[85] 글라이스틴과 슈나이더는 인권이나 정치문제로 비판적 입장을 취할 때도 박정권에 대한 미국정부의 계속적인 지지를 천명해 왔다는 것이다.[86] 암살이 발생한 지 약 한 달 후 글라이스틴은 본국에 보낸 전문에서 한국에서는 미국 개입설이 아직도 사라지지 않고 있다면서, "그러나 내가 전임자인 스나이더에게도 확인해 봤지만, 스나이더와 나는 김재규를 포함한 어느 한국인에게도 미국정부가 박정권의 종말이 임박한 것으로 판단했다든가 혹은 박대통령의 제거를 묵인할 것이라든가 하는 신호를 보낸 적이 없다고 단호하게 말할 수 있다"고 보고했다. 전두환은 1979년 12월 14일 글라이스틴과 만난 자리에서 박대통령 암살에 미국을 연관시키는 주장을 해서 글라이스틴의 분노를 샀다고 한다.[87]

---

84) Telegram from Gleysteen to Secretary of State, "Subject: Charges of U. S. Complicity in President Park's Death," Seoul 17592, Nov. 19, 1979.

85) Tim Shorrock, "The US Role in Korea in 1979 and 1980," revised web edition, in http://www.kimsoft.com/korea/kwangju3.htm (검색일 2004년 4월 15일), p.18.

86) 윌리엄 H. 글라이스틴, 앞의 책, 96-97쪽.

이 자리에서 전두환은 먼저 글라이스틴 대사에게 미국이 박정희 대통령 시해사건과 연관이 있다고 공격했다. 이때의 상황을 글라이스틴 대사는 비밀전문 11번째 항에 이렇게 기술했다.

> 전두환은 ### 사실 또한 알게 됐다고 말했다. 본인은 우리측이 10·26사건에는 어떤 관련도 없으며, 박대통령 시해로 인해 정의를 약화시키는 어떠한 시도도 하지 않았다는 것을 단호하고 강경하게 전달했음. (### 부분은 비밀해제에서 제외된 부분임)[88]

글라이스틴 대사는 자신의 회고록에서 "전두환 장군과의 만남에서 내가 단 한 차례 화를 냈던 것으로 기억하는 것은, 미국이 박대통령 시해사건과 관련돼 있다고 우리를 근거 없이 비난하는 전장군의 콧대를 꺾어 놓았을 때이다"라고 회고했다.

또한 1980년 3월 전두환은 그의 정보장교들에게 김재규가 박대통령 살해에 미국을 연루시켰다면서 비판적 발언을 하기도 했다.[89] 또한 1980년 2월 27일 정승화의 생일날 위컴 사령관이 생일축하 카드를 보내자 전두환은 비상국무회의의 이름으로 미국측에 강한 유감의 뜻을 표명했다. 10·26사건에 미국이 개입돼 있다는 소문이 파다한 판에 미8군사령관이 이 사건 관련혐의로 수감중인 피의자에게 격려의 글을 보냈다는 것은 의혹을 불러일으킬 수 있는 호재라

---

87) Tim Shorrock, "The US Role in Korea in 1979 and 1980," revised web edition, in http://www.kimsoft.com/korea/kwangju3.htm (검색일 2004년 4월 15일), p. 19.

88) 이홍환 편, 『미국 비밀문서로 본 한국현대사 35장면』(삼인, 2003), 24쪽. 혹시 '핵개발'이 지워진 것은 아닐까 한다.

89) 윌리엄 H. 글라이스틴, 앞의 책 130, 99쪽.

고 전두환은 판단했던 것이다.90) 미국은 정승화를 호의적으로 평가했으며91) 전두환의 경우는 그렇지 않았다.

12·12의 주역 전두환은 오히려 김재규의 미국 배후설을 다른 각도에서 이용했던 것이다. 아니면 당시 소문으로 존재하던 '미국배후설'을 신봉했을 가능성도 있다. 그렇지 않았으면 미국대사를 만나 직접 이러한 얘기를 하지 않았을 것이다. 미국대사가 자기를 그렇게 좋지 않게 보고 있음을 사전에 알고 있었으므로 전두환은 비교적 확신에 가득 찼을 것으로 추정된다. 그렇지만 전두환은 1979년 11월 5일 박정희 암살에 대한 공식발표에서는 이에 대해 전혀 언급하지 않았다.92)

박정희 서거 직후 미 대사관의 제임스 V. 영 무관보는 자료철에서 과거의 정보보고와 해외전보들을 검토해 봤지만 박정희에 대한 물리적 위험을 나타내는 어떤 기록도 찾지 못했다.93) 따라서 슈나이더, 글라이스틴, 브루스터 등이 김재규를 지원했을 가능성은 없다. 하우스만은 회고록에서 "김재규는 박대통령과 동향인이며, 박대통령과 사관학교 동기이며, 그리고 박대통령이 직접 양육한 인물이기 때문에 어느 한국인도 김이 박대통령을 쏠 수 있을 것이라고 생각할 수 없었다.…… 하물며 미국인이 김재규에게 그런 부추김을

---

90) 정진석, 『총성 없는 전선』(한국문원, 1999), 124-125쪽. 위컴은 의례적인 실수였다고 변명했다.
91) 정진석, 위의 책, 109쪽.
92) "General Chun Doo Hwan, Statement on Park Assassination," November 5. 1979, Harold C. Hinton, *Korea under New Leadership: The Fifth Republic* (New York: The Praeger, 1983), pp.101-109.
93) 돈 오버도퍼, 앞의 책, 116쪽.

한다는 것은 생각할 수도 없지 않은가"라고 적고 있다.[94]

Steve Shagan은 그의 소설 *Circle*[『π=10.26回歸』, 김자동 (역) (서울: 일월서각, 1984), 301쪽]에서 김재규 부장이 심복을 미 CIA에 보내 박 대통령을 살해하겠다는 계획을 밝히고 동의를 받았다고 적었으나 이는 소설일 뿐이다. 당시로서는 그런 계획을 꾸려나갈 여유가 없었으며, 중앙정보부 내에 차지철 경호실장이 운영하는 정보팀이 2중 첩자로 들어와 있었으며 청와대 내에도 중앙정보부 직원들이 박혀 있는 등 상호감시를 하고 있었으므로 김재규가 그의 계획을 가족 외에 부하들에게 발설한다는 것은 바로 보고되는 성질이기 때문에 거의 불가능했다고 할 수 있다. 단지 한국의 청와대 등 요소 요소를 도청하고 있던 미 CIA가 안가에서의 움직임을 시해 당일 감지했을 가능성은 희박하지만 있을 수는 있으나, 만약 감지했다 하더라도 방치해 둘 수밖에 없었을 것이다. 미 CIA가 김재규와 적극적으로 협조했다면 탄로날 수밖에 없을 것이라고 판단했을 것이며 당일 알게 된 사실을 시간적으로도 협조할 수 없는 형편이었다. 또한 만약 미국이 협조했다면 사후 처리가 그렇게 엉성하게 진행되어 김재규 부장이 불과 몇 시간 안에 잡혀가 일사천리로 군사재판이 진행되고 급히 처형되지는 않았을 것이다. 따라서 김재규의 가족과 변호인들은 하나같이 미국의 개입 없이 이루어졌다는 주장을 펴왔던 것이다.[95]

따라서 미국이 개입했다는 음모의 증거는 발견할 수 없으며 음모의 주체가 양심선언을 할 가능성은 거의 없으므로 모든 것이 확실하게 밝혀지기 어렵겠지만, 음모의 가능성은 거의 없었던 것으로 추정된다. 그렇지만 미국이 공개적으로 유신정권의 종말을 말하지는 않

---

94) 짐 하우스만·정일화, 『한국대통령을 움직인 미군대위: 하우스만 증언』 (한국문원, 1995), 19쪽.

95) 오성현, 『비운의 장군 김재규』 (서울: 미래출판사, 2004), 160-161쪽.

았을지라도, 박정권이 민심을 거스르고 있는 것에 대해 우려를 표시한 적은 여러 번 있었고 경고성 메시지도 공개적으로 보냈으므로, 김재규의 주관적 행동에 간접적인 도움을 주었을 가능성은 여전히 남아 있다.

또한 미국이 모종의 상황이 일어날 것에 대비해 준비를 했다는 정황증거는 여러 군데에서 발견되고 있다. 이렇게 준비했기 때문에 박대통령 사망이라는 엄청난 충격에 미국은 별로 당황하지 않을 수 있었다고 할 수도 있다.

10·26 전에 글라이스틴은 다음과 같은 보고서를 본국에 보냈다.

> 한국의 제도권 내에서도 정부의 강경한 정책이 한국을 어디로 이끌어 갈지에 대한 우려가 널리 확산돼 있는 것을 보고 나는 깜짝 놀랐다. 각계각층의 거의 모든 사람들이 우리에게 우려를 표명했다. 그들은 또 박대통령이 듣기 좋은 얘기만 하는 측근들의 말에만 귀를 기울임으로써 판단력이 흐려졌다는 말을 서슴없이 하고 있다.[96]

이 시기 '좋은 얘기만 하는 측근' 중 대표적 인사는 역시 대통령 경호실장 차지철이었다.

주한미군 철수, 코리아게이트, 인권탄압 등을 둘러싼 미국과 박대통령의 잦은 충돌이 그의 권위를 약화시켜 결국 암살의 원인으로 작용하지 않았느냐는 시각도 있다. 당시 박대통령 국제정치담당 특별보좌관이었던 김경원 박사는 한국 중앙정보부가 미 행정부, 의회, 언론 등에 나타나는 박대통령에 대한 부정적 정보를 알고 있었다고 지적하면서, "김재규 중앙정보부장이 박대통령을 제거하면

---

96) 돈 오버도퍼, 앞의 책, 114쪽.

(미국으로부터) 환영받을 것으로 확신했을 가능성도 없지 않다"고 말했다. 글라이스틴은 김재규의 과격한 행동(암살)이 일종의 광기에서 비롯된 것으로 확신하면서도 미국의 반(反)박정희 분위기가 김재규의 그런 행동을 부추겼을 가능성도 인정하고 있다.97) 글라이스틴은 김재규를 여러번 만나 박정희의 정책에 대한 미국의 반대분위기를 전달했으며 1979년 6월 20일자 전문에서 "김재규는 우리가 무엇을 말하는지 명백하게 이해했다"고 평가했다.98) 글라이스틴은 카터 방한 때를 포함한 여러 차례의 인권문제 관련협상에서 한국측 협상대표로 활동한 김재규가 "미국측의 속마음을 잘못 읽었다"고 말했다. 글라이스틴은 또 "김재규가 우리가 그를 '하얀 모자를 쓴 사람'(좋은 사람)으로 보고 있는 것으로 생각했다. 어떤 점에서 그것도 사실이었다. 그러나 그에 대한 우리의 근본적인 시각은 그가 '검은 머리 위에 흰 모자를 쓴' 중앙정보부장이라는 것이었다. 어쨌든 그의 착각이 그런 미친 결정을 내리는 데 영향을 미쳤을 것으로 생각한다"고 말했다.99)

김재규의 수사과정에서 뜻하지 않게 김재규의 배후(미국)가 드러나자 내란음모로 수사방향이 바뀌게 됐다는 설도 있다. 김재규가 보안사 지하실(혹은 법정 진술)에서 했다는 "나의 배후에는 미국이 있다"는 확인할 수 없는 한마디가 10·26은 김재규와 미국의 '합작'

---

97) Claude A. Buss, *The United States and the Republic of Korea: Background for Policy* (Stanford: Hoover Institute Press, 1982), p.136.

98) Tim Shorrock, "The US Role in Korea in 1979 and 1980," revised web edition, in http://www.kimsoft.com/korea/kwangju3.htm (검색일 2004년 4월 15일), p. 18.

99) 돈 오버도퍼, 앞의 책, 116쪽.

이라는 주장으로 증폭됐는가 하면, 박정희는 '반미주의자'로 묘사 되기도 했다는 견해도 있다.100) 또한 미국은 사태를 배후 조종한 후에 일부러 방관했고, 그들의 배후증거를 없애기 위해 업무 실행자 김재규의 빠른 처형을 요구(이때 미국은 김대중의 사형집행 저지, 김재규의 처형을 전두환정권의 승인과 맞바꾸려 했다고 한다)했으며, 전두환은 선고 한 달 만에 처형(1980. 5. 24)했다는 설도 있다.101) 이러한 추측은 하나의 가설일 뿐 설득력 있는 증거를 제시하지 못하는 약점이 있다. 강신옥 변호사는 인터뷰에서 만약 미국이 배후에 있었다면 "김의 죽음을 방관했을 리 없다. 실제 당시 내가 미 대사관을 공식 방문해 김의 구명운동에 나서 줄 것을 요구했을 때 미 대사는 '남의 나라 내정에 관여할 수 없다'는 입장이었다. 김의 거사에 미국이 관련됐을 것이라는 것은 호사가들이 하는 얘기라고 본다. 김이 미국의 하수인이라는 점은 발견하지 못했다"고 말했다.102)

그렇지만 미국의 박정희에 대한 비판적 태도는 미국이 의도했던 것은 아닐지라도 김재규의 박정희 암살에 영향을 미친 것은 사실이다. 김재규는 법정진술에서 박정희 암살의 5가지 이유 중 하나를

---

100) "2000년 김재규가 부활한다: 사망 20주기 맞아 재평가 목소리 커져, 명확히 功過 가릴 제4심 재판 요구," 『뉴스메이커』 제376호(2000. 6), http:// newsmaker.kyunghyang.com/main376.htm, 검색일 2002. 2. 23. 김성진은 "그는 반미주의자였는가," 김성진 편, 『박정희시대』(조선일보사, 1994), 157쪽에서 박정희는 반미주의자는 아니고 소박한 민족주의자였으며 국난기의 한국을 이끌어 간 혁명전사였다고 평가했다.

101) "10·26은 김재규가 한 것인가 미국이 한 것인가(2000)," http://my.netian. com/~astetic/pds/document/pds-document-2000.htm, 검색일 2002. 1. 5, 2-3쪽.

102) "인터뷰: 당시 변호 맡았던 강신옥 변호사," 『뉴스메이커』 제376호 (2000. 6), http://newsmaker.kyunghyang.com/main376.htm, 검색일 2002. 2. 23.

'미국과의 관계개선'으로 꼽았던 것이다.103) 또한 그는 유신체제 이후 한미관계가 건국 이래 가장 나쁘므로 미국이 한국을 한시적으로나마 버리지 않을까 우려했다고 토로했다.104) 그런데 글라이스틴은 조갑제 기자에게 박정희의 원폭 개발계획도 1979년 무렵에는 핵재처리시설 도입 포기로써 완전히 동결되어 있었기 때문에 걱정하지 않았다고 2002년에 토로했다.105) 이에 비해 조갑제 기자는 김재규가 글라이스틴의 영향을 받아 미국의 논리에 설득되어 박정희식 통치에 대해 회의하면서 심지어는 박정희의 자주국방을 잠꼬대라고 주장하는 등 친미파가 되어 있었다고 평가했다. 따라서 10·26 무렵 미국식 민주주의를 신봉하는 김영삼·김재규에 의해 한국적 민주주의를 신봉하는 박정희는 견제를 받았다고 할 수 있다.106) 김영삼은 그의 의원직 제명을 가져왔던 뉴욕타임즈와의 인터뷰에서 미국이 내정간섭이라도 해야 한다고 주장했던 것이다. 따라서 한미관계의 어려움은 김재규의 대통령 살해 이유 중의 하나가 되었다. 즉 한미관계의 균열은 결국 박정희의 말로를 재촉하였다고 할 수 있

---

103) 오창헌, 『유신체제와 현대한국정치』(오름, 2001), 278-280쪽; 이정식, 『인간 김재규』(Paoli, PA: C. S. Lee, 1980), 89쪽. 김재규는 유신체제가 유지될 경우 미국이 한시적으로 한국을 버릴지도 모른다고 생각했다는 것이다.

104) 김재홍 편, 『박정희 살해사건 비공개진술』 상(동아일보사, 1994), 131쪽.

105) 조갑제, "내 무덤에 침을 뱉어라: 제1부 최후의 24시간 (II) [22] 미국대사와 정보부장의 밀담," 『월간조선』, in http://pep.postech.ac.kr/solbut/mune/chosun/01_22.htm, 검색일 2002년 2월 23일; 조갑제, 『박정희의 마지막 하루』(월간조선사, 2005), 128쪽.

106) 조갑제, 『박정희의 마지막 하루』(월간조선사, 2005), 129-132쪽.

다.

그런데 1970년대 말 정권교체기 미국은 그 영향력이 매우 제한적이었다고 사후에 회고했다. 10·26 당시 미국은 박정희에 대해 비판적이었지만 김재규와 공모하거나 그를 사주하지는 않았으며,[107] 12·12와 1980년의 광주에서도 압력을 가한다든가 조언을 하는 정도였지[108] 직접적으로 개입하지는 않았다는 것이다. 미국이 정권교체

---

[107] "글라이스틴이 국무장관급에게"(1979. 11. 19), 윌리엄 H. 글라이스틴, 앞의 책, 291쪽. 이 전문의 요지는 다음과 같다. "박대통령의 죽음에 미국이 관련돼 있다는 의심이 한국에서 끈질기게 나돌고 있다. 일본과 미국 언론은 미국이 박정희정부를 비판한 것은 쿠데타 음모자들에게 모종의 신호를 보내기 위한 것이었다고 쓰고 있다. 김재규도 앞으로 재판에서 나와 나의 전임자들이 자신에게 박대통령을 공격하라고 부추겼다는 주장을 하고 나올 가능성이 있다. 우리는 그런 일을 하지 않았다. 나는 한국 내의 어떤 사람들이나 조직들에게 박정희정권이 1년 이상 유지될지 의심스럽다는 말을 하고 다녔다는 비난을 듣고 있다. 나는 그런 대화를 한 적이 없다. 그러나 우리가 박대통령의 행동을 공개적으로 비판한 것 때문에 한국인들이 우리의 비판을 오해하여 박정희의 최후가 다가오고 있다든지 그가 사라지는 것에 대하여 미국이 좋아하지 않을 이유가 없다든지 하는 식으로 생각했을 가능성이 있다." 또한 전 주한미군사령관이자 미 육군참모차장인 존 베시는 10월 25일 인터뷰에서 "한미관계가 예상할 수 없는 방향으로 발전하고 있다는 것은 의심할 여지가 없지만, 가령 특수한 사건(particular event)이 일어난다 하더라도 현재의 한미관계는 깨지지 않는다"고 밝혔다. 한편 10월 26일 저녁 7시 42분 미국의 오키나와 공군기지 제7함대 주둔 미군이 비상경계 태세에 들어가고 90대의 항공기를 탑재한 미 항공모함 커티호크호가 3척의 순양함을 이끌고 동지나해에서 동해로 전속력 항진을 하고 있는 가운데 김재규가 박정희를 암살했다고 한다. 김홍석, "한국 정치변혁기와 미국의 역할," 김창수 외, 『한미관계의 재인식』 2(두리, 1991), 72쪽.

[108] "1980년 5월 광주에서 일어난 사건에 대한 미국정부 성명서"(1989. 6.

기와 광주항쟁 당시 독재권력을 지지했다는 평가에 대해 당시 미국은 한국에서 일어나는 사태에 대해 극히 미미한 영향밖에 미칠 수 없었다고 해명했다.109) 미국은 한국에서 가능한 정도까지는 민주주의를 증진할 수 있기를 바랐지만, 한국의 국내정치 방향에 영향을 미치는 데 미국이 결정적 역할을 할 수 없음을 알고 있었다는 것이다.110) 한국에 대한 미국의 영향력이 부분적으로는 발휘되기도

---

19), 존 위컴, 앞의 책, 312쪽.

109) 위의 글, 321쪽.

110) 위의 글, 297쪽. 이 성명서에 의하면 미국이 성공했던 것은 김대중의 감형 정도였다. 그나마 이 감형은 레이건행정부 직후 전두환의 미국 국빈방문과 맞바꾼 것이라는 설이 제기돼 있다. 김대중의 감형은 일종의 정치적 흥정카드였다는 것이다. 위의 글, 321쪽. 카터 대통령은 김대중이 체포된 1980년 5월 18일의 1년 전에 만난 적이 있어서 그의 사정에 대해 개인적 관심을 가지고 있었으므로 미국은 그를 상당히 의식했다. 한국 당국은 미국 관리가 김의 재판을 방청할 수 있게 해 달라는 강경한 요구를 받아들일 수밖에 없었다. 미국은 재판 후 김대중에 대한 기소내용을 억지(far-fetched)라고 발표했다. 김대중에 대한 미국정부의 의식은 다음 전문들에서도 확인된다. "글라이스틴이 홀브룩(Richard Holbrooke)과 리치에게"(1980. 9. 5), 윌리엄 H. 글라이스틴, 앞의 책, 306-307쪽; "글라이스틴이 국무장관급에게"(1980. 12. 4), 윌리엄 H. 글라이스틴, 앞의 책, 308-309쪽. 그런데 전두환의 방미는 장거리미사일 포기에 대한 대가라는 설도 있다. Hyung-A Kim, *Korea's Development under Park Chung Hee: Rapid Industrialization, 1961-1979* (London: Routledge Curzon, 2004), pp.201, 220. 그러나 전두환 대통령의 첫 미국방문 10일 전인 1981년 1월 22일 글라이스틴 대사가 헤이그 미 국무장관에서 보낸 "레이건·전두환 회담을 위한 협의사항 제안"이라는 2급 비밀 전문에 의하면 김대중 감형[정치발전]과 핵 비확산이 복합된 결과였다고 할 수 있다. 이흥환 편, 앞의 책, 46-49쪽. 따라서 핵·미사일문제를 강조하는 김형아 박사의 견해는 수정돼야 한다. 실제로 카터는 1980년 12월 1일자로 전두환 대통령에

했지만, 미 관리들은 한국정치인들 사이에 사활적인 이해관계가 걸린 핵심적인 문제에 대해서는 미국의 영향력이 제한돼 있음을 깨달아야 했다.111) 글라이스틴 주한 미대사가 박대통령 암살사건 직후 본국에 보낸 보고서에서 "1979년의 한국은 미국이 집권 초기 박정권에 개헌을 강요할 수 있었던 1960년대 초의 한국과는 다르다는 사실을 명심해야 한다"고 기술했다. 1960년대에는 미국이 초기 박정권에 대한 헌법개정 강요가 성공했지만 1979년 10월 28일 현재 한국은 상황이 다르다고 평가했던 것이다.112) 그후 주한 미대사관과 미국정부가 한국에 영향력을 미치려 할 때는 과거의 비밀접근과 공작을 통한 직접적이고 명시적인 압력과는 달리 간접적인 압력 수단(예컨대 공개성명, 상징적 회동의 거부 등)을 사용해야 했다.

글라이스틴은 1980년 1월 29일자 "한국: 미 대사의 정책평가" 전문에서 "주한미군 철수문제와 코리아게이트, 무역균형 문제 등 양국간 주요현안은 기본적으로 1979년에 해결됐다"고 평가했다. 이런 안정된 상황에서 10·26과 12·12라는 "새로운 국면(a new ballgame)에 직면하여 지난 몇 년과는 전혀 달리 한국 국내문제에 미국이 직접 개입해야 할 상황"이라고 적고 있다.113) 이 문서만 놓고 본다면 미

게 외교적이지만 직설적인 친서(이홍환 편, 앞의 책, 59-60, 262-265쪽)를 보내 감형을 강권하는(urge) 등 김대중의 감형에 대단히 집착했으며, 이에 대해 레이건에게 특별히 부탁까지 했다고 한다.

111) 돈 오버도퍼, 앞의 책, 112쪽.
112) "글라이스틴이 국무장관급에게"(1979. 10. 28), 윌리엄 H. 글라이스틴, 앞의 책, 290쪽; Tim Shorrock, "The US Role in Korea in 1979 and 1980," revised web edition, in http://www.kimsoft.com/korea/kwangju3.htm (검색일 2004년 4월 15일), pp.19-20.
113) 이홍환 편, 앞의 책, 31-32쪽.

국은 한미간의 불편한 문제를 매듭지었으므로 10·26 직전을 최악의 상황으로 간주하고 있지는 않았다고 할 수 있다. 따라서 이 문서에 의하면 10·26을 배후에서 조종했을 가능성은 그렇게 많지 않다고 할 수 있다.

4) 10·26 직후 미국의 즉각적 대응

10·26이 일어나자 미국은 한국정부의 요청과 미국의 판단에 따라 혼란을 틈탄 어떤 외부세력의 침략도 용납치 않겠다는 성명을 즉각 발표했다. 미국정부는 북한에 대한 이 성명을 매우 신속하게 발표했는데, 박정희의 공식 서거 발표가 한국정부로부터 나오기 전이었다. 한국정부의 공식 발표 전에 미국은 백악관에서 긴급 안보장관회의를 열었으며 미국 언론에 박대통령 서거소식이 나온 것도 한국정부 발표 전이었다. 따라서 박대통령의 통치양식에 공개적으로 불만을 표시해 온 미국정부가 박대통령 암살에 개입했다는 소문이 증폭됐다. 또한 이 성명은 시간을 갖고 준비한 듯한 인상을 주기에 충분할 정도로 다음과 같이 단호하고 강력한 의지를 표명한 것이다.

> 미국정부는 한국의 사태를 악용하려는 어떤 외부의 기도에 대해서도 조약상의 공약에 따라 강력하게 대응할 것을 분명히 해 둔다. 우리는 한국에서 일어난 사태에 대해서 보고를 받았다. 미국은 이것을 한국의 국내문제로 간주하며 모든 당사자들에게 절제를 권고한다.[114]

---
114) 강인섭, 『4·19 그 이후: 군-정계-미국의 장막』(동아일보사, 1984), 300

이 대목에서 박대통령의 통치양식에 공개적으로 불만을 표시해 온 미 정부가 박대통령의 암살에 개입했다거나 최소한 박정희 사살의 음모를 알고 있었다는 소문이 증폭되었다. 그러나 그것보다는 미국의 정보망이 박정희의 사망 직후 한국정부에 의해 보안에 부쳐졌던 사망사실을 한국정부의 공식발표 전에 간파했던 것으로 추정된다. 박정희 이후를 준비했던 미국은 비교적 기민하게 대응할 수 있었던 것이다. 밴스(Cyrus R. Vance) 당시 미 국무장관은 회고록 『어려운 선택들』에서 카터행정부가 내정문제 등으로 한국정부에 대해 다소 불만이 없지는 않았지만, "카터 대통령이 한국을 다녀온 3개월 후 17년 동안 한국을 강권 통치했던 박정희 대통령이 만찬 도중 정보부장의 손에 쓰러지자, 우리는 즉각 한국에 대한 안정보장을 과시하기 위해 항공모함 한 척을 한국 해역에 재배치했다"고 회고했다.115)

실제로 박정희가 사망한 지 50분 후인 26일 저녁 8시 30분경 미8군사령부는 청와대 안에서 심각한 사고가 발생했다는 정보를 입수했다. 밤 12시를 막 넘기면서 심각한 사고는 "만찬 도중의 오발사

쪽에는 한국정부의 공식 공표시간 3시간 전인 10월 27일 오전 6시(워싱턴 시각) 미 국무부 대변인 오딩 캐터가 발표했다고 나오는데, 정병진, 『실록 청와대: 궁정동 총소리』(한국일보사, 1992), 154쪽에는 10월 26일 하오 3시(워싱턴 시각, 한국시각으로는 27일 새벽 5시) 백악관은 한국사태에 대한 첫 성명을 발표했다고 나온다. 또한 국무부의 성명은 백악관 성명 30분 후에 나왔다는 것이다. 후자의 저술이 더 정확한 것으로 추정된다. 한국의 박대통령 서거에 대한 최초 발표는 27일 상오 7시 30분에 나왔다.

115) Cyrus Vance, *Hard Choices: Critical Years in America's Foreign Policy* (New York: Simon and Schuster, 1983); 강인섭, 앞의 책, 297쪽.

고이며 박정희가 곧바로 사망했다"는 정보가 서울에 있는 미국측에 들어왔다. 오발이 아니라 의도적 사살임을 미 CIA요원의 정보수집으로 27일 새벽 2시경에 추정할 수 있었다. 결국 27일 새벽 2시 45분 글라이스틴 대사로부터 브레진스키 미 대통령 안보담당보좌관은 "박대통령이 사망했으며 김재규가 체포됐다"는 급전을 받았다. 한국시간으로 27일 새벽 5시에 백악관은 위 인용문을 발표했으며, 상오 6시가 조금 지나 미 CBS-TV는 '박대통령은 서거했다'는 보도를 내보냈으며, 7시 30분에 서울에서 김성진 문공부장관은 새벽 4시 20분에 발표된 '대통령 유고'란 서거라고 발표했다.116) 위 기록에 의하면 미국이 사전에 전혀 인지하지 못했다는 것이다. 27일 상오 6시에 발표될 예정이던 대북한 경고성명을 국무부는 예정시간에 발표했지만, 한국측은 방송원고 전달과정에 차질이 생겨 6시 30분에야 발표했다는 설명도 있다.117)

  글라이스틴 미 대사는 10월 27일 상부에 올린 보고서에서 정치적 반대세력이 "틀림없이 무리한 개혁을 요구할 것이며, 그들이 조급하게 너무 강하게 밀어붙일 경우 정치적 대치상황으로 급속 회귀할 가능성도 있다"고 지적했으며, 그렇게 되면 쿠데타를 촉발할 가능성도 있었다고 회고했다. 미국은 최규하정권을 지지하면서 이 정권에 대해 사회불안을 막기 위해 정치개혁을 위한 조속한 일정을 마련할 것과 정치인들과의 폭넓은 대화를 촉구했다.118) '정치개혁을 요구한 것'과 '정치적 반대세력의 개혁요구에 대한 견제'는

---

  116) 정병진, 『실록 청와대: 궁정동 총소리』(서울: 한국일보사, 1992), 151-155쪽.
  117) 정진석, 『총성 없는 전선』(서울: 한국문원, 1999), 103쪽.
  118) 윌리엄 H. 글라이스틴, 앞의 책, 107-108쪽.

언뜻 보기에는 모순된 것처럼 보이지만, 공산화를 방지하려는 미국의 개입목적에 비추어 보면 일관된 행동이라고 할 수 있다. 반(공산)혁명적 입장일 수밖에 없는 미국은 과도한 개혁에 대해서도 찬성하지 않았지만, 개혁을 추진하지 않아 혁명이 일어나는 것도 제일 피해야 했기 때문에 안정을 위한 개혁을 추구했다. 또한 과도한 개혁이 결국 혁명으로 비화되는 것도 막아야 했다. 과도한 개혁으로 인해 혁명이 촉발될지도 모르는 불확실성 속에서 헤매기보다는 민주주의를 다소 훼손하더라도 독재정권을 지지하는 것이 보다 더 확실하고 안정적이라고 판단했던 것이다. 따라서 그들의 처방은 '반혁명적 개혁'이었으며, 개혁이 불가능하다면 차선책으로 반공적 독재정권을 지원하여 안정을 추구하는 것이 고려됐다.

　최규하 대통령권한대행이 헌법에 명시된 시한인 90일 훨씬 전인 12월 초에 대통령선거를 하며 긴급조치 9호도 빠른 시일 내에 해제될 것이라고 11월 10일 최초로 행한 대국민특별담화에서 말했을 때 미국은 환영을 표시하면서도, 야당 지도자들과의 사전협의 결여와 언제쯤 개혁을 시행할 것인지를 밝히지 않았음을 지적했다. 글라이스틴은 단도직입적으로 최규하에게 대통령 취임사에서 "1년 정도만 대통령직에 있겠다"고 발표하도록 건의했으나 최규하는 그렇게 하지 않았다. 또한 군 일부와 정보기관 일부의 도움을 받던[119] 김종필이 최규하에 대항해 과도 대통령에 입후보할 것임을 표방하자 최규하를 에워싸고 있는 집단지도체제 특히 군 고위층은 김종필이 그런 식으로 권력을 쟁취하는 것에 반대했고 그의 출마 결심을 철회시켰다.[120]

---

119) 윌리엄 H. 글라이스틴, 앞의 책, 151쪽.

4. 12·12 '쿠데타적 사건'과 미국

1) 12·12사태 개관

12·12는 1979년 12월 12일 전두환·노태우 등이 이끌던 군부 내 사조직인 '하나회' 중심의 신군부세력이 대통령 최규하의 재가 없이 휘하 부대 병력을 동원해 정승화 육군참모총장을 강제연행하는 과정에서 일어난 군사적 충돌이다. 유혈충돌이 수반된 하극상 사건이었다. 신군부 세력은 이 사건으로 군 내부의 주도권을 장악한 후 1980년의 5·17사건을 일으켜 제5공화국의 권력을 획득했다. 5·17은 명백한 정치적 쿠데타로 간주될 수 있지만 12·12 당시에는 신군부의 정권 장악 목표가 아직 명백하게 표출되지 않았으므로 12·12는 예비쿠데타로 간주되기도 한다. 그렇다면 이 사건의 배경부터 검토해 보고자 한다.

박정희 대통령이 살해된 후 최규하 과도정부는 제주도를 제외한 전국에 비상계엄을 선포하고 정승화 육군참모총장(대장)을 계엄사령관에 임명했다. 정승화는 군 장악을 위해 윤석민(참모차장), 장태완(수경사령관), 정병주(특전사령관) 등을 중용해 지휘계통을 개편하였으며, 10·26사태에 직접 연루되었던 중앙정보부와 대통령 경호실을 축소 개편했다. 이로서 정승화는 군에 대한 지휘 체계를 확보하

---
120) 윌리엄 H. 글라이스틴, 앞의 책, 110-112쪽.

고 자신이 정치 일정을 이끌어 가는 데 핵심역할을 담당하려 했다.

그런데 군부내 사조직이었던 하나회가 4년제 육사 최초 기수 11기가 이끄는 배타적 파벌집단화하면서 군부내 세력갈등이 표면화되기 시작했다. 당시 보안사령관 자격으로 10·26사건에 대한 수사를 전담하는 계엄사 합동수사본부장을 맡고 있던 전두환 소장을 중심으로 한 새로운 군부세력(신군부)이 기존 육군 지도부였던 정승화 세력과 갈등하게 되었던 것이다. 갈등을 일으키게 한 대립의 쟁점은 사건수사와 군인사문제였다.

1979년 12월 9일 하나회에 대해 좋지 않게 생각했던 정승화 총장과 노재현 국방장관은 전두환과 동조자들을 조용히 군에서 축출하려 했다. 이때 전두환을 포함한 13명의 장성들에 의한 정부 전복 음모를 적발했으므로 정총장이 이러한 교체 계획을 구상했다는 설이 있다. 한편 교체 계획도 전두환에게 누설되어 12·12에 선제공격이 있었다.[121]

전두환 합수부장의 계획이 정총장의 계획보다 더 먼저 있었던 것은 확실하다. 전두환 등의 신군부세력은 군부 내 주도권을 장악하기 위하여 정승화가 김재규의 내란에 방조한 혐의가 있다고 주장하고, 10·26사건 수사에 소극적이고 비협조적임을 내세워 정승화를 강제 연행하기로 계획하였다. 10·26사건 당시 정승화는 궁정동 안가의 대통령 시해현장 부근에 대기했으며 사건 이후 김재규 구속시에 미온적인 태도를 보이는 등 그 수사를 지연시킨다는 의혹을 유발케 했다(물론 정승화가 10·26사건에 직접 개입하지 않았다는

---

[121] 윌리엄 H. 글라이스틴, 앞의 책, 140-141쪽, 글라이스틴 대사가 1980년 1월말에 한 한국군 육군 중장(서울에 주둔해 있던 고위 전투지휘관 역임 인사)에게 들은 말임.

것은 후일 명백해졌다). 정승화의 연행을 실행하기 위해 1979년 11월 중순 국방부군수차관보 유학성, 1군단장 황영시, 수도군단장 차규헌, 9사단장 노태우 등과 함께 모의한 후 1979년 12월 12일을 거사일로 결정하고 20사단장 박준병, 1공수여단장 박희도, 3공수여단장 최세창, 5공수여단장 장기오 등과 사전 접촉하였다. 그리고 12월 초순 전두환은 보안사 대공처장 이학봉과 보안사 인사처장 허삼수, 육군본부 범죄수사단장 우경윤에게 정승화연행계획을 수립하도록 지시하였다.

  1979년 12월 12일 저녁 전두환은 정총장의 무혐의를 알고 있으면서도 정총장 연행 결재 서류를 들고 최규하 대통령권한대행을 찾아갔다. 같은 시각, 허삼수·우경윤 등 보안사 수사관과 수도경비사령부 제33헌병대 병력 65명은 한남동 육군참모총장 공관에 난입하여 경비원들에게 우발적으로 총격을 가하여 제압한 후 정승화를 보안사 서빙고 분실로 강제 연행하였다. 대장을 연행하러 갔다는 긴장 상태에서 허대령 부하들은 정총장 경비병들에게 먼저 총을 쏘았던 것이다. 윤석민 육군참모차장 지휘하의 육군 수뇌부는 이 사실을 확인하여 전군(全軍)에 비상을 발동하고 합동수사본부측에 정승화의 원상회복을 명령했으나 거절당했다. 실병력을 갖고 있는 군 신경 조직 요소마다 하나회 소속 장교들이 포진해 있었다. 이미 1공수여단과 5공수여단 병력이 육군본부와 국방부를 점령했으며 9사단 병력 등은 중앙청으로 진입했던 것이다. 결국 전두환계인 공수단이 국방부와, 수도경비사령부를 접수했다. 이에 진압군 병력 출동을 추진했던 육군수뇌부(장태완 수경사령관과 정병주 특전사령관, 이건영 3군사령관, 윤석민 참모차장, 문홍구 합참본부장)는 모두 서빙고 분실로 불법 연행되었다. 12월13일 아침, 전두환은 단 하룻밤 사이 군내 최고 실력자로 떠올랐다.

그런데 당초 12·12는 정권을 잡기 위한 쿠데타 음모가 아니라 전두환 보안사령관이 정승화 육군참모총장을 연행하기 위한 작전에서 출발했다. 쿠데타를 위한 군 배치 계획이 전혀 없었다는 것이다. 당시 수경사령관, 헌병감, 특전사령관은 연희동의 한 식당에서 식사를 하고 있었다. 장세동 대령이 지휘하는 서울 근교 수경사 30경비단에는 유학성, 황영시, 박준병 등 여러 지휘관들이 대기중이었다. 지휘관들이 부대에 없었고, 실병력 동원계획이 없었다는 것이 쿠데타 계획이 없었음을 말해준다. 만약 전두환의 계획대로 정승화 육군참모총장이 순순히 연행되었다면 전두환, 노태우는 대통령이 될 수 없었다. 12월 12일에 전두환의 계획 속에 '대통령이 되는 집권계획'은 없었지만 12·12 사건이 유혈사태로 마감된 이후 '돌아올 수 없는 강'을 건넌 이들은 쿠데타를 강행하게 된다.

위와 같이 반란군의 정승화 연행과 병력이동은 최규하 대통령의 재가 없이 이루어졌다. 사후 승인을 받기 위하여 신군부세력은 최규하에게 압력을 가하여 총장연행 재가를 요청하였으나 거절당하였다. 전두환 합수부장은 최규하 대통령에게 정승화가 김재규와 연루된 새로운 사실(돈을 받는 등)을 발견했으니 정승화를 연행 조사토록 승인해 달라고 요청했다는 것이다. 이에 대해 정승화는 후일 김재규에게 받은 돈 300만원은 단순한 추석 촌지로서 당시 전두환도 500만원 수령 사실을 인정했었다고 주장했다. 대통령의 재가를 얻는 데 실패한 신군부세력은 국방장관 노재현을 체포하여 그를 통하여 대통령이 총장연행을 재가하도록 설득하였다. 결국 최규하는 1979년 12월 13일 새벽 정승화의 연행을 재가할 수밖에 없었다. 13일 오전 9시 9사단장 노태우와 50사단장 정호용은 각각 수경사령관과 특전사령관에 취임함으로써 당시의 군부가 반란의 주도세력에 의해 장악되었다.

결국 신군부세력은 1980년 5·17쿠데타까지 주도해 제5공화국의 중심세력으로 등장하였다.122) 이러한 일련의 사건은 후술할 미국의

---

122) 이후 이 문제의 사법적 처리과정은 다음과 같다. 12·12사태의 주도세력인 전두환과 노태우가 대통령으로 재임한 1993년 초까지 12·12사태는 집권세력에 의하여 정당화되었으나, 김영삼정부가 출범한 이후 잘못된 과거를 청산하자는 국민들의 요구가 있었으므로 김영삼정부는 하극상에 의한 쿠데타적 사건이라고 규정하였다. 김영삼의 '역사바로세우기'는 여기에서 끝나지 않았다. 1993년 7월 19일 정승화 등 22명은 전두환·노태우 전임 대통령을 비롯한 38명을 12·12 군사반란 혐의로 고소했으며 1994년 5월 13일 정동년 등 오일팔광주민주화운동의 관련자들은 전두환·노태우 등 35명을 내란 및 내란목적살인 혐의로 고소했다. 이에 동년 10월 29일 검찰은 12·12 사건에 대해 기소유예 결정을 내렸으나 1995년 1월 19일에 헌법재판소에서는 12·12 사건에 대한 공소시효가 끝나지 않았다는 결정을 내려 논쟁이 계속되었다. 동년 7월 18일 검찰은 5·18 관련자들에 공소권이 없으므로 불기소 처분을 내린다고 말했다. 그러나 5·18특별법을 제정하라는 요구가 있고 노태우 전대통령이 11월 16일 비자금관련사건으로 구속되면서 11월 24일 김영삼 대통령은 민주자유당에 5·18특별법을 제정하라고 전격적으로 지시 내렸다. 이 과정에서 김영삼은 국민들의 요구에 '역사바로세우기'라는 구호로 부응했던 것이다. 11월 30일 검찰은 12·12와 5·18 사건 특별수사본부를 구성하고 재수사에 착수했으며 전두환 전대통령도 반란수괴 등 혐의로 12월 3일 구속수감되었다. 12월 19일 5·18특별법이 국회를 통과했으며 1996년 1년 내내 전두환·노태우 피고인에 대한 12·12 및 5·18, 비자금 사건 관련 공판이 진행되었다. 재판의 과정에서 전두환은 제5공화국 정부는 합헌정부로서 내란정부로 단죄하는 것은 부당하다고 주장했으며 노태우는 이 사건이 사법처리의 대상이 되지 않는다고 말했다. 이에 재판부가 1997년 4월 17일 12·12는 명백한 군사반란이며 5·17과 5·18은 내란·내란목적살인 행위였다고 단정함으로써 폭력으로 군권이나 정권을 장악하는 쿠데타는 성공하더라도 사법심판의 대

전두환 제거 작전과 연결되는 점이 있다.

2) 과도기와 미국의 대응: 최고목표로서의 안정과 하위목표로서의 민주화

과도기적 상황에 처한 한국에 대해 미국은 박정희정권 이후 시대의 질서수립을 모색했다. 미국은 최규하 대통령권한대행을 지지하면서[123] 그에게 한국인의 정치적 자유를 신장시킬 수 있는 조치를 취할 것을 권고했다. 최규하는 이를 받아들여 유신헌법에 대한 비판을 억제하기 위해 박대통령이 선포했던 긴급조치를 해제하고, 감옥에 있거나 가택연금에 처해졌던 민주인사들을 석방했다. 또한 미국정부는 최규하에게 과도기 1년만 대통령을 맡겠다는 뜻을 공포하라고 충고했다. 그러나 최규하는 굴러 들어온 권력에 대한 욕심 때문인지[124] 아니면 군부세력들이 자신을 밀고 있다고 착각해서인지 그 충고를 일축했다.

과도기에 한국의 여론은 물론 미국정부도 개헌을 절대적으로 지지했다. 그러나 한국정부와 군부 지도자들은 개헌을 통해 대통령 자유경선제를 도입하기보다는 기존 방식대로 유신헌법의 절차에

상이며 형사책임은 배척할 수 없다는 판례를 남겼다. 1996년 12월 16일 항소심에서 전두환은 무기징역, 금 2,205억원 추징을, 노태우는 징역 15년 금 2,626억원 추징이 선고되었고 1997년 4월 17일의 상고심에서 위 형량이 확정되었으나 김대중 후보의 대통령 당선에 즈음해 1997년 12월 22일 특별사면으로 석방되었다.

123) 강인섭, 앞의 책, 300쪽.
124) 돈 오버도퍼, 앞의 책, 117쪽.

따라 대통령을 선출하자고 주장해서 이를 관철시켰다. 1979년 12월 6일 최규하 대행은 통제가 쉬운 통일주체국민회의에서 후임 대통령으로 선출됐다. 그는 허수아비처럼 보였으며 실권은 군부가 쥐고 있는 것 같았다.

12·12가 일어나자 뉴욕타임스의 기자들은 이 사건을 남한 역사상 가장 충격적인 군율위반 사건이라고 규정했다. 그러나 미국의 관리들은 (사적으로는 이 사건에 대해 어떤 조치를 취할지 난감하다고 토로하는 한편) 공개적인 논평을 꺼리고 있었다.[125] 단지 사후적 조치로 전두환 장군을 예편시키려고 압력을 가했으나[126] 별다른 성과를 거두지는 못했다.

미국은 12·12를 사전에 알지 못했으며 한미연합사의 작전통제권하에 있는 부대들을 적절한 통고 없이 사용한 데 대하여 한국 군부에 항의했다.[127] 그런데 당시 합참본부장이며 친 정승화 인사였던 문홍구 장군은 미8군이 12·12음모를 알고 있었다고 주장했다. 1979년 11월 중순 경 위컴(John Adams Wickham, Jr.) 사령관이 노재현 국방장관과 문홍구 장군, 유병현 한미연합사 부사령관에게 11기 및 12기 육사출신 장성간에 약간의 불만이 있으며[128] 이들이 모여 무슨 일을 계획하고 있는 것 같으니 내사를 해 보라는 메모를 보냈다는 것이다.[129] 이에 대해 대한민국 국방부에서는 "우리보다 미군이

---

125) 브루스 커밍스, 『한국현대사』, 김동노 외 역(창작과비평사, 2001), 539쪽.
126) 이상우, 앞의 책, 64-65쪽.
127) 존 위컴, 앞의 책, 111, 139쪽.
128) 정진석, 앞의 책, 113쪽.
129) 유영을, "문홍구 본격증언: 미8군은 12·12음모 알고 있었다,"『신동아』

어떻게 먼저 알 수 있는가"라는 냉소적인 반응을 보이며 루머라고 치부했다고 한다.130) 그런데 이러한 정보는 당시 한국 내에 퍼져 있었 루머 중의 하나였으며, 미군이 12·12거사에 대한 구체적인 정보를 가지고 있었던 것은 아니었다. 제임스 영의 회고에 의하면 정승화 장군이 동해경비사령관으로 전출시킬 것이라는 소문이 무성했으며, 그럴 경우 반발할 것이라는 것도 알고 있었다는 것이다.131) 그렇지만 당시 미국의 정보요원들이 전두환 장군에 대해서는 주목하고 있었으므로 전두환 장군에 우호적이었던 CIA 한국지부는 12·

(1993년 9월), 303쪽. 노재현 국방장관은 이를 확인하기 위해 합동수사본부장 전두환 장군에게 물어보았는데, 전장군은 당연히 사실대로 말하지 않았다는 것이다. 한편 문흥구 장군은 정보국장 김용금 장군에게 물어보았는데, 김장군은 미8군에 근무하는 한국인 2세 교포들에게 들었다며 자신도 알고 있다고 했다는 것이다. 그래서 문장군은 김장군과 함께 노장관에게 가서 상당한 근거가 있으니 철저히 조사해 보자고 했는데, 노장관이 화를 내 부인하는 바람에 더 이상 조사를 하지 못했다는 것이다. 윌리엄 H. 글라이스틴, 앞의 책, 121-122쪽에 의하면 위컴은 12월 초 육사 11기와 12기 출신 장성들 사이에 수상한 움직임이 있다는 보고를 받고 노재현 국방장관과 유병현 한미연합사 부사령관에게 알려주었지만 그들은 단순한 소문으로 일축했다는 것이다. 거의 동시에 미 정보통은 전두환 장군과 몇몇 군인들이 모종의 행동을 모의하고 있음을 포착했다. 그러나 미군측은 12월 13일까지 아무 보고도 받지 못했다는 것이다. 존 위컴, 앞의 책, 95, 140쪽에 의하면 11월 중순에 이미 쿠데타세력이 전두환 주도하에 비밀리에 모의했다고 회고했으며 11월 30일에 이 음모를 꾸미기 시작했다는 증거를 미국은 가지고 있었다는 것이다.

130) Mark Peterson, "Americans and the Kwangju Incident: Problems in the Writing of History," Donald N. Clark, ed., *The Kwangju Uprising: Shadows over the Regime in South Korea* (Boulder, CO: Westview, 1988), p.58.
131) 정진석, 『총성 없는 전선』 (서울: 한국문원, 1999), 112-113쪽.

12 직후 10·26 직후보다 덜 당황했으며 12·12를 기정사실화했다고 한다.132) 한편 미 CIA의 한국지부장인 브루스터는 12월 12일 전날 밤 전두환 보안사령관의 연희동 집을 비밀리에 방문해 상당한 시간 얘기를 하고 나왔다는데, 브루스터가 1980년 병사하여 추론밖에 할 수 없는 실정이지만 전두환, 브루스터간의 우호적 관계를 보여주는 실례라고 할 수 있다.133)

미국이 전두환 등을 지지했다고 알려진 것은 계엄령 아래서 당시 군부에 의해 장악됐던 언론의 왜곡보도 탓이며, 광주항쟁 당시 미 공군과 해군을 한국의 영공과 영해에 파견한 것은 신군부를 지지한 것이 아니라 북한의 도발을 막기 위한 것이었다고 미국은 사후에 주장했다. 글라이스틴은 12월 12일 밤 위컴과 함께 미군 벙커에 도착했을 때 쿠데타가 진행중이라는 생각은 했지만, 누가 주동자인지 그들의 휘하병력이 어느 부대인지 알지 못했다는 것이다. 그들은 전두환을 의심했지만 전두환은 그의 부대가 사실상 정부를 장악하기까지 미국과의 접촉(글라이스틴은 정규 연락창구인 브루스터를 통해 접촉을 시도)을 거부했으며 최규하 대통령과의 접촉도 몇 시간 동안 제지됐다는 것이다.134) 글라이스틴은 자신의 관저에서 전두환 소장과 1979년 12월 14일 오후 3시부터 5시까지 만났는데, 전두환은 이러한 만남이 이루어진 것이 미국정부가 자신을 지지하고

---

132) 조갑제, "심층취재: 주한 미8군사령부," 『월간조선』(1988년 8월), 237쪽.

133) 조갑제, 위의 글, 237쪽. 반면 위컴 사령관은 12·12 후 전두환 장군과 한 달 동안 만나 주지도 않는 등 불편한 심기를 드러냈다고 한다. 존 위컴, 앞의 책, 130쪽에 의하면 브루스터와 전두환이 친하긴 했지만 12·12 사태를 미리 통보받지는 못한 것으로 적혀 있다.

134) 윌리엄 H. 글라이스틴, 앞의 책, 105, 121쪽.

있는 증거라고 공언하면서 이 만남을 이용했다. 만약 전두환 소장을 지지하지 않는다면 미국을 대표하는 현지 대사가 어떻게 단독으로 마주앉아 정담을 나눌 수 있었느냐는 논리를 개진했던 것이다. 당시 미국정부는 이 만남이 전두환에 대한 인정이라고 해석될 여지에 대해 심각하게 고려했지만, 미국정부의 12·12에 대한 심각한 우려를 전달하려면 직접적인 접촉이 불가피하다고 판단했다.[135) 위컴 장군은 미국측의 항의표시로 전두환 장군과 만나기를 계속 거절했다. 대신 한국의 국무총리, 신임 국방장관 등과는 만났다.[136) 위컴은 한국군 9사단의 원상회복을 요구했지만 부르스터는 현실인정, 현상동결을 선호했다고 한다.[137)

5. 1980년 미국의 대응

1) 12·12에 대한 공식항의

1980년 1월 9일 접수된 카터 대통령의 최규하 대통령에 대한 친서에서 카터는 12·12사태를 강력하게 비판했는데, 이는 미국의 12·

---

135) "국무장관이 서울 미대사관급에게"(1979. 12. 16), 윌리엄 H. 글라이스틴, 앞의 책, 297쪽.
136) "1980년 5월 광주에서 일어난 사건에 대한 미국정부 성명서"(1989. 6. 19) 존 위컴, 앞의 책, 295쪽.
137) 박보균,『청와대비서실』 3(중앙일보사, 1994), 215쪽.

12에 대한 첫 공식항의였다. 한·미 양국간에 합의된 지휘체계가 심각하게 침해된 것에 대해 깊은 우려를 표명하며 차후 유사한 일이 재발할 경우 "양국간의 긴밀한 협조에 심각한 결과"가 초래될 것이라고 경고했다. 이 편지는 전두환과 이희성 육군 참모총장에게도 전달됐다. 미국의 12·12에 대한 시행 가능한 행동은 헌법상 지도자인 대통령을 대상으로 할 수밖에 없었으며 초기단계에서 전두환과의 싸움을 피했다. 미국이 취할 수 있는 조치에는 한계가 있었던 것이다.138) 당시 한국인들 대부분은 미국이 한국의 민주화 전망이 심각하게 훼손되는 것을 방지한 것에 대해 그 성과를 인정하면서 미국의 행동을 이해했으나, 광주문제 이후 결국 전두환의 권력기반이 강화되고 민주화가 무산되는 결과가 발생하자 한국인들은 미국이 처음부터 적극적으로 쿠데타세력을 견제하지 않은 것에 대해 야합했다든가 음모가 있었다는 식으로 비판했다.

2) 미국의 전두환 제거계획과 역쿠데타 모의, 1980년 1월 말~2월 초

전두환의 장남 전재국의 회고에 의하면 1980년 초 전두환 장군은 "미국 CIA에서 사람을 보내 암살하려고 한다"며 세 번이나 이사해야 했다고 한다.139) 이것이 바로 전두환 제거작전에 대한 전두환의 사전인지였다.

---

138) 윌리엄 H. 글라이스틴, 앞의 책, 135-136쪽.
139) 최보식·전재국, "全斗煥 전 대통령의 장남 全宰國의 심야토론 <인터뷰>," 『월간조선』(1996년 1월), 356쪽; 정진석, 앞의 책, 124쪽.

1979년 12·12사태로 자신의 한국군 9사단에 대한 작전통제권이 무시당했다고 생각한 위컴 주한미군사령관은 사건 직후 몇 개월간 전두환 합수부장과 긴장관계를 유지하고 있었다.[140] 이 와중인 12월 25일 전두환 보안사령관에게 충격적인 첩보가 개인채널로 접수됐다. 바로 "미군 특수부대 극비 한국배치"였다. 이에 대해 전두환 측은 자신에 대한 공격기도일지 모른다는 의구심을 품게 됐다. 이스라엘군의 엔테베식 전격기습을 떠올렸던 것이다. 이러한 첩보에 대해 조사를 벌였던 한국 보안사령부는 일단 그 신빙성을 그렇게 신뢰하지 않는 선에서 결론을 내렸다.[141]

그러나 1980년 초 워싱턴에서는 미국 주도의 전두환 제거를 실제로 모의하고 있었다.[142] 그런 상황에서 역쿠데타를 모의하는 한국군 중 전두환 반대세력이 서울의 미국측에 접근해 지원을 요청하는 사건이 1980년 1월 말에 발생했다.

이 문제를 최초로 공개했던 마크 피터슨의 글라이스틴에 대한 인터뷰에 의하면 12·12 직후 미국은 12·12반대세력의 역쿠데타를 지원하는 것을 3가지 대안(역쿠데타 지원 등의 적극적 개입, 방관, 문제 발생시 태도 밝히며 지원하는 것)의 하나로 검토했다고 쓰고 있다. 당시 신군부의 권력기반이 탄탄하며, 한국군 내부에 전두환 지지세력이 상당하다고 서울의 미군과 대사관은 평가했으므로, 반12·12세력

---

140) 전두환 보안사령관·합수부장이 1980년 4월 14일 중앙정보부장을 겸임하게 되자 그의 실체를 인정할 수밖에 없었던 위컴은 일개 군사령관의 위상을 지켜 나갈 수밖에 없었다. 따라서 전두환과의 긴장관계를 수정했다. 그렇지만 보이지 않는 긴장은 레이건행정부 출범시까지 지속돼 갔다.
141) 박보균, 앞의 책, 204-211쪽.
142) 윌리엄 H. 글라이스틴, 앞의 책, 142쪽.

장성들이 역쿠데타를 전제로 위컴에게 지원을 요청했으나 위컴은 이를 일축했다는 것이다.143) 이 과정을 글라이스틴의 회고록 등에 의지하여 보다 구체적으로 살펴보면 다음과 같다.

참모총장직에 야심이 있던 한 한국군 육군 중장(서울에 주둔해 있던 고위 전투지휘관 역임 인사144))은 위컴과 글라이스틴을 만나 자신의 역쿠데타 계획을 설명했다.145) 그는 전두환의 당초 계획은 우선 군을 장악한 후 정권을 탈취하는 것이었는데, 미국의 완강한 태도로 정권탈취는 잠시 미루고 있다고 평가했다. 이 대목에서 전두환은 미국을 의식하고 있음을 알 수 있다. 글라이스틴의 표현대로 한국인은 군인이나 민간인을 막론하고 미국의 태도에 깊은 관심을 가지고 있었으며 미국의 동의나 최소한 이해를 바랬던 것이다. 글라이스틴은 이 점이 미국에게 강력한 무기였다고 평가했다.146)

이 육군 중장은 미국의 지원을 묵시적으로 요청하면서 미국은 12월 12일 전두환의 행동에 한층 강경하게 대응하거나 그럴 의사가 없었다면, 그의 정권장악에 대해 눈감아 주었어야 했다고 강조했다. 글라이스틴은 다른 정보원을 통해 반(反)전두환 그룹이 미국의 지원을 바라고 있으며, 이 군 고위인사를 자신들의 리더로 생각한다는 사실을 알게 됐다.

위컴과 브루스터, 글라이스틴은 비밀을 유지하면서 이 계획을 지

---

143) Mark Peterson, *op. cit.*, p.60.
144) 주한미대사관 무관 제임스 영의 회고에는 정승화 장군 및 8기 그룹과 가깝다고 나옴. 정진석, 앞의 책, 122쪽.
145) 존 위컴, 앞의 책, 127쪽.
146) 윌리엄 H. 글라이스틴, 앞의 책, 106쪽. 그러나 광주항쟁 이후 미국을 보는 시각은 달라졌다.

원할 것인지 말 것인지를 면밀하게 검토했다.147) 글라이스틴은 적어도 도덕적으로는 거부감이 없었지만 이들의 계획이 성공할지에 대해 회의적이었다. 미국이 이 입장에 동조한다는 점을 명백히 밝히기는 했지만, 역쿠데타 주도세력이 자신들의 영달을 위해 미국의 영향력을 이용하려 할지도 모른다고 생각했다. 1980년 2월 1일 글라이스틴은 워싱턴에 반란장성들에 대한 대응지시를 요청했으나 워싱턴은 단안을 주저했다. 당시 워싱턴은 전두환 제거를 모색하고 있었기 때문이다. 워싱턴은 서울의 현지 주둔 본부보다 그러한 계획의 장애요인을 덜 실감하고 있었다. 글라이스틴은 단안을 내려 달라고 요청하면서 전두환에게 민간정부에 손대지 말 것을 경고했다. 전두환의 제거를 노리는 사람들이 존재한다는 사실을 알리고 동시에 이러한 경고를 전두환에게 했다는 사실을 역쿠데타 세력에게 알리는 방안을 건의했었다. 워싱턴은 양측에 보내는 것의 미묘함에 대해서도 단안을 주저했다.

전두환과 이미 친해져 있었던 브루스터는 "전두환과 거리를 유지해야 함에도 불구하고 다른 방법이 없으므로 그와 같이 일할 수밖에 없다"면서, "만일 전두환이 정치권을 완전히 장악하려는 의도를 가지고 있다면, 우리는 그것이 국가안보를 위태롭게 하거나 북한의 개입을 도발하는 일 없이 합법적인 방법으로 이루어져야 함을 그에게 확신시키는 데 최선을 다해야 한다"고 말했다.148) 이러한 처방은 보다 현실적인 것으로 군정기간 박정희의 민정참여 때에도 사용됐던 방식이다.

---

147) 한편 존 위컴, 앞의 책, 128쪽에 의하면 위컴은 역쿠데타 제의에 대해 한마디로 일축한 것으로 회고돼 있다.

148) 존 위컴, 앞의 책, 130쪽.

여러 심사숙고를 거쳐 글라이스틴이 "쿠데타 발생 억제에 최선을 다해야 하지만 그런 일이 있을 경우 수용하는 수밖에 없을 것"이며, "가장 큰 위험은 전두환이나 그의 적들이 정국불안을 기회삼아 정권탈취를 정당화하는 것"이라고 워싱턴에 주장하자, 양측에 동시 접촉하는 글라이스틴의 처방에 워싱턴은 동조했다.

결국 브루스터는 전두환에게 12·12에 반대하는 장교들에 대해 미국은 강경하게 대응했으므로 민간정부를 넘보는 행위를 하지 말 것을 경고했으며, 불만 장교들에게도 별도의 회신을 보냈다. 그들은 실망했으며 육군 중장은 3월 9일경 다른 직책으로 자리를 옮겼고, 이들 세력에 대한 전면적인 숙군이 있지는 않았다.149) 위컴은 역쿠데타를 지지하지 않음으로 해서 미국이 전두환과 그 측근들을 암묵적으로 지지한다는 비난여론이 형성될 수도 있었을 것이라고 사후에 회고했다.150)

메시지 전달 뒤인 2월 6일 글라이스틴은 최규하 대통령을 만났는데, 그 문제와 관련된 아무런 정보도 보고받지 못했다면서 미군의 정보능력을 치하하며 미국의 조치가 현명했다고 극찬했다. 2월 14일 위컴이 육군 중장을 만났을 때 그는 계획이 취소됐음을 분명히 밝혔다.151)

전두환 세력은 군부 내 거사를 미군이 어떻게 알았는지 마음이

---

149) 존 위컴, 앞의 책, 142쪽에 의하면 육군 중장은 15명의 고위장성(대부분 정승화 대장에 충성하던 인사)을 제거하는 데에 포함되지 않아 역쿠데타 모의는 비밀로 남겨졌다고 회고했다.
150) 존 위컴, 앞의 책, 129쪽.
151) 윌리엄 H. 글라이스틴, 앞의 책, 140-145쪽에 이 계획이 자세히 회고돼 있다.

불편해했다. 그들은 미군을 대할 때면 더욱 조심했다. 전두환과 그의 지지자들은 특별히 글라이스틴을 지목해 '식민지 총독'을 연상시키는 행동을 한다고 반공개적으로 미국의 간섭을 비난했다.152)

그러나 워싱턴의 몇몇 인사들은 전두환과 그 추종세력 제거를 위해 군부 내의 반전두환 세력을 동원하는 계획을 계속 포기하지 않았다. 이에 대해 글라이스틴은 1980년 3월경 다음과 같이 반대의견을 피력했다.

> 현실적인 문제로 우리는 이전의 시도에서 완전 실패했다. 이승만 대통령 시절의 한국과 그후의 베트남이 그 예이다. 노출될 위험이 많고, 거사과정에서 인명살상 사태가 발생하면 우리로서는 달갑지 않은 민족주의적 반향을 불러올 것이다.
> 무엇보다도 우리가 제거하려는 까마귀를 대체할 완전히 신뢰할 수 있는 백로를 찾을 수 없을 것이다.153)

역쿠데타 논의가 있었다는 것과 미국이 전두환 제거계획을 수립했다는 사실에 대해 당시 아는 사람은 별로 없었다. 이러한 미국의 대응에서 미국이 전두환의 권력장악을 그렇게 달갑게 생각하지 않았음을 우리는 알 수 있다. 이는 1950년대의 이승만 제거계획과 같이 도상작전에 불과했으며 미국의 영향력의 한계를 보여주는 사건이었다. 그럼에도 불구하고 20여 년이 경과된 시점에서도 반복됐다는 점에서 놀라울 정도로 미국의 대응에는 일관성이 있다. 이런 작전을 1950년대는 물론 80년대에도 검토했다는 것은 미국이 한국정

---
152) 윌리엄 H. 글라이스틴, 앞의 책, 146쪽.
153) 윌리엄 H. 글라이스틴, 앞의 책, 154쪽.

치에 지속적으로 영향력을 행사하려 했음을 보여주는 사례이다.

위컴은 5·16 때 박정희 소장을 상대했던 매그루더 주한미군 사령관의 운명(장면 지지의 무력행사를 하지 않아 결국 쿠데타를 인정할 수밖에 없었음)을 답습할 수 없다고 생각해154) 전두환에게 비교적 강경하게 대응했으며 전두환 제거계획까지도 검토했던 것이다. 그렇지만 5·16과 12·12에서 미국의 대응은 비슷한 양상을 보였으며 결국 현실을 인정할 수밖에 없었다. 5·16 사후조치에서 미국은 헌법제정과 민정이양에 적극적으로 개입했으며, 12·12 사후조치에서는 전두환 제거의 도상작전 등만 검토했을 뿐 겉으로 드러나는 가시적 조치는 별로 없었던 점이 달랐다.

미국이 입안했던 최고지도자 제거계획의 경우 이승만과 전두환 등 실패한 경우에는 그 문서들이 공개되고 있다고 할 것이다.

3) 광주항쟁과 미국

광주에서 문제가 발생했을 당시 한국정부는 미국정부에 대해 북한이 한국에서의 불안한 사정을 정치적으로 이용하지 못하게 억지하는 일에 협력해 달라고 요청해 왔다. 미국은 1980년 5월 21일 북한의 반응 여부를 감시하기 위해 2대의 E-38조기경보기를 극동으로 파견했고 미 해군함정들도 한반도 근해로 파견했다고 한다.155) 이것이 한국인들 사이에서는 광주항쟁의 진압을 엄호하기 위한 것으

---

154) 박보균, 앞의 책, 206쪽.
155) "1980년 5월 광주에서 일어난 사건에 대한 미국정부 성명서"(1989. 6. 19) 존 위컴, 앞의 책, 310쪽.

로 오해됐으며, 미국이 전두환을 적극적으로 지지했고 광주학살의 배후에 미국이 있다고 주장하는 근거가 됐다.156) 1988년 대한민국 국회의 보고서에 의하면 광주항쟁 진압군이 항공모함 미드웨이를 비롯한 미국 함대가 한국 해역에 도달할 때까지 3일을 기다렸다가 광주로 진입했다고 주장했다.157)

1980년대 내내 비등하던 미국 책임론과 반미주의에 맞서 1989년 미 국무부는 백서(White Paper)를 발간하고 당시 주한미대사 글라이스틴의 기자회견(1985년 6월과 1987년 초)으로 대응했다. 당시 미 국무부 동아시아태평양담당 차관보였던 홀브룩(Richard Holbrooke)은 "광주학살에 미국이 한국 장성들과 적극적으로 공모했을 것이라는 의심은 솔직히 기상천외의 엉뚱한 생각이다. 이러한 공모행위는 우리 미국이 추구해 온 모든 정치적 가치에 배치될 뿐 아니라 역겨운 짓이다. 전두환이 특전사를 광주에 투입한다는 정보에 접했을 때

---

156) 1982년 부산 미문화원을 방화했던 문부식은 광주학살을 미국이 '묵인'하고 심지어는 그것을 '교사'했다고 주장했다. 그는 법정에서 "미국은 전두환을 묵인했으며 그의 행위를 지원했고 그들에게 무기를 공급함으로써 우리 시민에 대한 폭력적 공격을 교사했다. 결국 미국은 독재권력의 후원자였다"고 주장했다. 이러한 견해는 다음에 나와 있다. 이삼성, "광주민중봉기와 미국의 역할: 광주를 통해 본 미국의 제3세계정책 그 성격의 총체적 인식," 박영호·김광식 외, 『한미관계사』(실천문학사, 1990), 54-68쪽; 이삼성, "미국의 12·12, 「광주」 해명에 의혹 있다," 『신동아』(1989년 8월), 300-319쪽; 유낙근, "현대 한국정치와 미국," 장상환 외, 『제국주의와 한국사회』(한울, 1991), 163쪽에 의하면 광주항쟁 당시 미국의 행동을 통해 미국에 대한 국민들의 환상은 깨졌다고 한다. 광주항쟁은 미국의 의도를 명백하게 드러나게 한 상징적 사건이었다는 것이다. 이를 통해 지배자로서 미국의 존재가 드러났다는 것이다.

157) 커밍스, 앞의 책, 541쪽.

미국은 그 사태를 중지시키기 위해 모든 노력을 다했다"고 말해 미국은 법적·외교적 책임은 물론 도덕적 책임도 없다고 변명했다.158) 미국은 특전사에 대한 어떠한 관할권도, 광주 이동에 대한 사전정보도 갖고 있지 않았다는 것이다. 또한 학생데모에 대항했던 경찰을 지원하기 위해 군대를 사용한다는 정책에 대해 미국은 경악했으며, 위컴은 공수부대가 초기에 행한 잔혹한 조치를 모르고 있었다는 것이다. 그리고 20사단의 광주투입을 승인159)한 것은 질서회복을 위한 조치이며 공수부대의 재투입으로 인한 초기 과잉진

---

158) 강정구, "한반도 속의 미국, 5·18에서 금창리 핵위기까지," 학술단체협의회 편, 『5·18은 끝났는가』(푸른숲, 1999), 275쪽. 강정구는 *Journal of Commerce*의 팀 셔록(Tim Shorrock) 기자가 정보공개법에 의해 입수된 비밀문서 전문을 통해 미국의 변명은 거짓임이 밝혔다고 주장했다. Tim Shorrock, "The US Role in Korea in 1979 and 1980," 1996. 셔록은 미국이 1980년 5월 8일 한국의 법과 질서유지를 위해 특전사의 이동을 미리 알았지만, 컨팅젠시 플랜(contingency plan)의 일환으로 묵인했다는 것이다. 셔록은 1979년 10·26 직후 10일 만에 비밀리에 구성된 '정책결정을 위한 한국특별팀'(암호명 Cherokee)의 비밀문서를 발굴하여 <시사저널> 1996년 2월 28일호에 일부를 공개했다. 이러한 셔록의 주장에 대해 글라이스틴은 단지 과장해석일 뿐이라고 일축했으며, 미 국무부도 1989년의 광주백서와 비밀 해제된 전문 사이에 일부 차이가 있는 것은 인정하지만 기본적으로 백서와 동일하다고 주장했다.

159) 제임스 릴리 주한미대사는 『월간조선』 1988년 7월호에 실린 인터뷰 "광주사태 전면조사 환영한다," 397쪽에서 한미연합군사령부(CFC)의 협정 아래서 한국군부가 연합사로부터 1개 사단을 뺄 경우 통고만 필요할 뿐 미국의 동의를 얻을 상황은 아니었으며, 승인을 얻을 성질의 것은 더더욱 아니라고 주장했다. 단지 12·12사태 때 9사단을 움직이면서 통고하지 않아 항의한 적이 있었을 뿐이라는 것이다. *New York Times*, December 15, 1979. 1980년 5월 글라이스틴은 20사단 동원을 '승인'했다고 했는데, 이 승인의 의미가 무엇인지 릴리 대사는 모르겠다고 말했다.

압을 막기 위한 불가피한 조치였다고 평가했다. 같은 맥락에서 미국은 이 사태의 처음부터 끝까지 배후에서 평화적 해결을 촉구했으므로 광주의 비극에 어떠한 도덕적 책무도 없다는 것이다.160)

보다 구체적으로 미국은 전두환 장군이 정권을 장악한 데 대하여 냉담하고 노골적으로 불쾌해하는 정책을 세계에 알렸으나, 한국 국민들에게는 알려지지 않았다는 것이다. 전정권은 언론을 장악하여 미국의 입장을 왜곡하고 미국이 그들을 비난하는 것이 아니라 마치 지지하는 것처럼 묘사하는 데 이용했다.161) 예를 들어 전두환 장군은 1980년 5월 하순 언론사 발행인, 편집인들과의 모임에서 미국은 12·12사태와 자신의 중정부장 서리 임명 및 5·17조치에 대해 사전 통보받았다고 말해 언론에서 보도하게 만들었다. 그러나 글라이스틴 대사는 전두환을 만난 언론인들에게 구두로 12·12 정승화의 체포를 사후에 알았으며, 중정부장 서리 임명은 공식발표 4시간 전 소문을 통해 알았다고 전달했다. 또한 5월 17일 이화여대 캠퍼스에서 학생대표들을 체포하려 한다는 사실을 사전에 모르고 있었다고 첨언했다. 비상계엄령 선포 추인을 위해 각의가 열릴 것이라고 통보받은 것은 각의 약 30~60분 전이라는 회고를 첨가했다.162) 한편 1980년 5월 23일 글라이스틴 대사는 여야 국회의원들을 상대

---

160) 그렇지만 미국은 광주항쟁에 대해 아무 일도 하지 않은 것은 아니다. 미국은 한국인들 편에 서서 군부의 만행을 규탄하고 지지하기보다는, 질서와 안보를 명분으로 군부 편에 서서 항쟁을 진압하는 데 협조하는 묵시적 지원을 했다고 할 수 있다.
161) "1980년 5월 광주에서 일어난 사건에 대한 미국정부 성명서"(1989. 6. 19), 존 위컴, 앞의 책, 318쪽.
162) "글라이스틴이 국무장관급에게"(1980. 5. 2), 윌리엄 H. 글라이스틴, 앞의 책, 300쪽.

로 한 한국의 현상황에 대한 비공식적 언급이 한국언론에 의해 '5·17조치의 이해' 내지는 '승인'으로 보도됐는데, 이에 대해 글라이스틴은 5·17조치에 사용된 비상계엄 등의 강경방법에 대해서는 판단을 유보했으며, 정치지도자들의 체포 등 전반적인 정치적 탄압에 강력한 반대의사를 표명했으므로 심각한 왜곡이라고 주장했다.163)

그러나 미국의 이러한 변명은 사후적인 것으로 책임회피 성격을 갖고 있다. 1980년 3월 위컴 주한미군 사령관은 한국정치에서 한국군의 역할을 정식으로 인정했는데, 여기에는 "불안을 조성할 수 있는 정치활동을 감시하고 어떤 의미로는 정치 후보자들의 자격과 신뢰도를 판단하는 일"이라는 대목도 포함돼 있다.164) 미국의 주한미군과 대사관은 작전지휘권 문제에만 매달리면서165) 광주에 대한 인권에 대해서는 침묵으로 일관했다. 이는 카터가 더 이상 도덕과 인권에 호소한다면, 다가올 대통령선거에서 패배할지도 모른다는 인식에 도달해 외국의 인권문제보다는 국내정치에 치중하고, 군사정부라도 지지해 안정을 꾀하는 것이 좋다는 방향으로 선회했기 때문이기도 했다. 즉 인권보다 안보를 중시하는 신보수주의자 레이건과의 대선경쟁을 의식했던 것이다. 카터는 1~2년 전(1979년 중반)과 달리 한국문제에 열성적으로 개입할 여력이 없었던 것이다.166)

---

163) "글라이스틴이 국무장관급에게"(1980. 5. 29), 윌리엄 H. 글라이스틴, 앞의 책, 300쪽.

164) *Asian Wall Street Journal*, March 11, 1980.

165) 이흥환 편, 앞의 책, 266쪽에 있는 글라이스틴이 국무장관 앞으로 보낸 1980년 5월 7일자 전문에 의하면 한국군이 특전사의 병력이동을 통지(advised)해 왔으며, 해병1사단은 한미연합사의 작전통제하에 있으므로 병력이동시 미군의 승인(approval)을 받아야 한다고 명시돼 있다. 이 문서는 특전사가 미국의 승인대상이 아님을 암시하고 있다.

카터행정부는 1979년 10·26 이후의 한국이 또 다른 이란이 될까 봐 우려했다.167) 법과 질서의 유지와 정치안정에 우선순위를 둔 것도 미국이 인권을 내세워 적극적으로 대응하지 않았던 이유 중의 하나였다. 또한 만약 미국이 12·12와 5·17 후 군부에 대해 제재하여 전두환 그룹을 지지하지 않는 것처럼 보이면 북한이 이를 역이용해 도발할 가능성이 있다고 미국은 생각했다. 미국은 이러한 사태진전(최종적으로는 공산화)에 대해 가장 우려했기 때문에168) 한국에서는 안정을 최우선 순위에 놓은 것이다. 글라이스틴은 전두환 그룹에게 개혁을 계속하라고 권유하는 길 외에 다른 제재는 불가능했다고 회고했던 것이다.169)

　미국은 한국의 공산화 방지를 자신들의 안전보장과 직결된 문제(안보적 이익)로 보아 가장 중요하게 생각하여 민주적 정권을 무너뜨린 권위주의적 군부쿠데타를 결과적으로는 지지했지만, 자본주의·민주주의의 본보기(show window)로 만들려는 미국정부의 공식적인 목표도 공개적으로는 외면할 수 없어170) 처음부터 지지하지는

---

166) 정진석, 앞의 책, 132-134쪽.

167) Tim Shorrock, "The US Role in Korea in 1979 and 1980," revised web edition, in http://www.kimsoft.com/korea/kwangju3.htm (검색일 2004년 4월 15일), p.1. 따라서 한국 내 기독교 강경파의 급진적의 개혁요구에 대해 글라이스틴 대사는 군부와 대결하지 말고 온건한 방법을 모색해 보라며 압력을 가하기도 했다. Tim Shorrock, "The US Role in Korea in 1979 and 1980," 1996, pp.4-5.

168) Tim Shorrock, "The US Role in Korea in 1979 and 1980," 1996, pp.5-6.

169) Tim Shorrock, "The US Role in Korea in 1979 and 1980," 1996, p.6. 전두환은 글라이스틴을 '총독'이라고 부르면서 혐오했다고 글라이스틴은 회고했다.

않았으며, 이후 유신정권의 출범 등으로 더욱 권위주의화하는 박정희를 견제하려 했다. 그렇지만 10·26 직후 카터행정부는 한국의 민주주의를 지원하는 행동을 거의 하지 않았다. 오히려 카터는 남한 내부의 정치적 분열과 북한의 군사적 위협이 염려스러워 한국 해역에 항공모함을 보냈고, 밴스 국무장관을 급히 보내 "정치적 안정을 희망"한다는 뜻을 표명했다. 밴스는 미국이 남한의 민주화이행에 책임지기를 거부한다는 뜻을 분명히 했다. 한편 미 국방부 관계자는 기자들에게 박정희 암살 직후 실제 권력을 지닌 유일한 기관이라고 생각하는 한국의 군부를 믿는 것이 최상이라고 말했다.171)

1980년 6월 21일 미 국무장관 워런 크리스토퍼는 글라이스틴에게 다음과 같은 전문을 보냈다.

> 전두환 장군과 그의 동료들이 한국정부의 군부통치를 성공적으로 수립하고 군도 현재 일사불란하게 통제돼 있다는 결론에 따라 우리는 현단계에서 이 정권이 용인할 수 없는 조치의 완화와 정치·행정분야의 군부개입 축소, 현명한 경제정책의 시행, 정적들에 대한 관대한 처분을 통해 그들의 합헌정부를 지향하도록 우리의 영향력을 집중하도록 함. 동시에 우리는 현 한국정부 및 그들의 과격조치에 지나치게 영합하는 것을 피하도록 하며 그들의 향후 행동이 정상적인 한미관계를 보장할 수 있을지 지켜보겠다는 것을 알려야 함.172)

---

170) 미국 의회 내에는 군사쿠데타에 부정적인 의원들이 많아 원조법안의 통과를 위해서라도 미국정부는 그들의 눈치를 보아야 했다. 한배호, "군부권위주의정권의 형성과 변화," 한배호 (편), 『한국현대정치론 II: 제3공화국의 형성, 정치과정, 정책』 (서울: 오름, 1996), 36쪽.

171) *New York Times*, November 4, 1979; 커밍스, 앞의 책 538쪽.

172) "크리스토퍼가 글라이스틴에게"(1980. 6. 21), 윌리엄 H. 글라이스틴,

이제 미국은 한국에 군부통치가 성공적으로 수립됐다고 평가했다. 또한 미국은 군부통치가 안정화된다면 전두환정부를 합헌정부로 만들 것을 고려하기 시작했다. 만약 전두환정부가 군을 안정시키지 못하고 안정을 달성하지 못했다면, 미국은 이 정부를 합헌정부로 만들려고 노력하지는 않았을 것이다.

6. 맺음말

미국의 개입목적(혁명방지)과 그 방식(독재 견제와 조정자의 역할 수행)은 미국이 한국에 개입한 1945년 이래 역사가 만든 '축적된 결과물'이다. 따라서 해방 직후의 상황부터 살펴보아야 대응방식의 변동과정을 보다 근원적으로 추적할 수 있다.173) 미국은 미군정 시기에 한국정치를 직접 지배하는 참여자 내지는 행위자였다가 1950년대 후반기에는 다소 뒷전에 물러 설 수밖에 없었다. 정치현장에 투입되어 직접 행위하는 행위자(actor)가 아니라 간접적으로 도움을 행사하는 지원자 내지는 '후견인'으로서 변화된 역할을 수행했던 것이다.174) 방법 면에서 독재를 견제하고 조정자의 역할을 수행하는

앞의 책, 301쪽.
173) 그런데 대응양식은 변했지만 본질적인 개입목적은 쉽게 변하지 않았다.
174) 미국의 영향력은 계속 감소되는 추세였으며 제4공화국 이후에는 거의 영향력을 행사하지 못했다. 김영명 교수의 분석에 의하면 미국의 한국

양식은 후견인이 행하는 것이라고 할 수 있다. 조정자라 하면 제3자적 입장이며 직접 간섭하거나 개입하는 차원은 아니다.

그렇지만 1948년 이후의 시기에도 국면에 따라서는 후견인과 조정자의 위치를 넘어서 개입을 하기도 했다. 1960년과 61년의 정권교체기에 단순한 조정자의 역할을 넘어서는 역할을 수행했다. 또한 1970년대 후반 들어 미국 정권이 공화당에서 민주당으로 이양되자 한국에 대한 압력은 조정자 역할에서 이탈해 박정희 대통령에 의해 내정간섭으로 여겨질 정도의 직·간접적인 압력을 행사했다.

그러나 1979~80년의 정권교체기에는 상황이 달랐으며, 상황을 방관할 수밖에 없었다고 당시 담당자들은 사후에 변명했다. 위컴(John Adams Wickham, Jr.) 장군은 1979년 10·26 직후의 상황이 1961년 5월 박정희가 권력을 잡던 때와 사뭇 달랐다고 평가했다. 미국의 영향력이 축소된 상태였다는 것이다. 박정희가 쿠데타를 일으킨 것은 한국전쟁이 끝난 지 겨우 8년이 지났을 무렵이라 박정희는 적어도 집권 초기에는 미국의 의견에 귀를 기울여야 했다는 것이다. 박정희는 미국의 충고를 받아들여 경제성장을 이룩했다고 위컴은 평가했다. 또한 박정희의 집권 초기에는 1979년보다 훨씬 더 많고 강력한 미군 병력이 서울에 주둔하고 있었다. 2개 사단과 남한 전역의 공군기지에 배치돼 있는 대규모 공군사단도 포함돼 있었다는 것이다.175) 그렇지만 이러한 방관설은 독재정권을 지지했던 과오를 회피하기 위한 책임회피론의 성격이 있는 것으로 볼 수도 있다. 미국

정권변동에 미친 영향은 지속적으로 감소됐다는 것이다. 김영명, "한국의 정치변동과 미국: 국가와 정권의 변모에 미친 미국의 영향," 『한국정치학회보』 제22집 2호(1988), 113쪽.

175) 존 위컴, 앞의 책, 109쪽.

은 한국정치의 모든 정권교체기와 전환기적 상황에 모종의 역할을 당연히 비밀리에 수행했다. 1979~80년의 전환기에는 비교적 이러한 역할의 증거가 남아 있지 않은 편이다. 이 시기에는 철저히 방관자적 방식으로 위장하여 비밀공작을 단행했는데, 그 공작은 비교적 성공적이지 않았으므로 적극적인 역할을 수행했다는 증거가 발각되지 않았을 뿐이라는 잠정적인 평가를 내릴 수 있다. 그렇지만 1980년 초의 전두환 제거계획은 비록 도상작전으로 끝났지만 적극적인 개입을 추구하려 한 계획의 하나였다.

　미국은 한국정부 수립 이후 조정자의 위치에서 여·야간의 타협을 추구하면서 독재정권의 전횡을 견제했다고 자평했다. 미국은 원칙적으로는 자유민주주의 정권이 수립되는 것을 원했지만, 한국의 정권변동에 미쳐 온 영향이 지속적으로 감소했으므로 이승만정권에서나 5·16 이후의 민정이양 과정에서 보여주었던 '자유민주주의 수호압력의 적극적 행사'와는 달리 현실적으로는 일련의 권위주의적 정권(유신체제나 전두환 정권)을 사후 승인 내지는 지지할 수밖에 없었다고 사후에 변명했다.

　그렇다면 미국은 왜 '독재 지지'와 '민주화 권유' 사이를 오가는 모순적인 행태를 보였으며, 보기에 따라서는 왜 이렇게 조정자와 직·간접적인 개입자의 위치를 다소 넘나들었다고 평가되는 행동을 했을까? 이것은 그들의 궁극적 목적이 무엇인지를 살펴봄으로써 답을 찾을 수 있는 의문이다. 미국은 기본적으로 사회혁명과 공산화를 방지하려는 목적을 가지고 한국정치를 비롯해서 세계에 개입했다. 독재를 혐오하기도 했지만 이는 독재정권의 지속이 사회혁명과 공산화를 가능케 할까 봐 우려했기 때문일 것이다.176) 그렇지만 사회혁명은 더욱더 혐오했는데, 이것이 공산화를 가져올 것이라는 두려움 때문이었다. 따라서 만약 미국에게 사회혁명과 독재 중에서 하나를 선택하라면 그들은 당연히 독재를 선택했다.

12·12에 직면했던 미국의 카터행정부는 그 전후의 다른 행정부들과 마찬가지로 "진정한 안정과 안보는 오직 국민의 광범한 지지를 받는 정부에 의해서만 이룩될 수 있다"고 한결같이 주장했다고 변명했다.177) 그러나 이는 민주주의를 신봉하는 듯한 수사일 뿐이며, 공산화가 될지도 모른다고 판단할 때는 실제로 독재정권이라도 지원했다. 반공적이면서도 개혁적인 민주정권 수립을 최선의 목표로 바랬지만, 반공이라는 목표가 위협받게 될 경우에는 친공·민주정권보다 반공·독재정권을 지지했다. 따라서 반공은 최고의 목표이며 민주화는 그 다음의 목표로 반공정권을 유지하기 위한 하나의 수단에 불과했다.

박정희정권은 닉슨독트린 후 자주국방을 추진하고 핵개발을 추진하는 등 미국의 군사적 지배에서 벗어나려고 했다. 특히 냉전체제하 미국의 잠재적인 적이었던 소련과 관계개선을 시도하려는 한

---

176) 미국은 한국의 지도세력이 ① 미국에 우호적이며, ② 안정돼야 하고, ③ 그 안정을 깨뜨리지 않을 만큼의 국민적 지지기반이 있기를 기대했다. 한편 우남의 양자 이인수 교수는 1986년 3월 15일자 언론인 윤재걸과의 인터뷰에서 "일본은 50년대 말을 전후, 한국의 대통령을 제거·실각시키기 위한 계획의 일환으로 미국의 조야에 1억 2천만 불의 정치자금을 뿌렸으며, 그 얼마 후 한국 내에선 이강학씨(당시 치안국장)를 정점으로 상식을 넘어선 전대미문의 무모한 부정선거가 계획적으로 자행됨으로써 결과적으로 4·19가 일어났던 것이"라는 자료가 있다고 주장했다. 윤재걸, "이승만은「휴양행」으로 알았다,"『신동아』(1986년 4월), 179쪽.

177) "'1980년 5월 광주에서 일어난 사건에 대한 미국정부 성명서'의 부록," 존 위컴, 앞의 책, 349쪽.

국정부의 움직임이 미국에 의해 포착됐으므로 미국은 한국을 더욱 더 견제하려고 했다. 이러한 압력은 카터행정부 수립 후 주한미군 철수압력으로 구체화됐으며 한국은 한층 더 자주국방을 추구함으로써 양국간의 갈등은 심화됐다.

카터는 한국의 권위주의적 정부를 민주화시키려고 인권문제를 제기했지만, 한국이 소련 경도로 나아가게 되자 한국정부 비판의 강도는 약화됐다. 주한미군 철수는 감축으로 다시 사실상 백지화로 변했던 것이다. 그럼에도 불구하고 민족주의적 외교정책을 추구하는 박정희에 대한 미국의 비판적 인식은 해소되지 않았으며, 여러 대안을 고려하다 결국은 1979년 10·26으로 상황은 일단락됐다. 도덕을 부르짖던 카터가 암살을 교사했다면 이는 대단히 모순적인 일이라 하지 않을 수 없다.

인권과 제3세계의 민주화를 중시했던 카터행정부였지만, 1980년 5월 광주민주화운동이 일어났을 때 민주화운동을 적극적으로 지지하기보다는 오히려 무력진압을 군사적으로 저지하지 않아 실제적으로는 쿠데타군을 지원했다. 이는 역시 1980년 5월 광주를 비롯한 대한민국의 상황이 공산화를 가져올지도 모른다는 미국의 상황인식 때문이었다. 미국은 이렇게 독재와 민주화 사이에서 교묘하게 줄타기를 하면서 조정자를 자임했지만, 실제로는 조정자의 역할을 넘어서 노골적인 압력행사를 통해 직접적인 개입을 하기도 했던 것이다.

카터는 어느 미국 행정부보다 더 강하게 한국의 민주화를 권유하기도 했지만 그것은 사회혁명을 방지하는 목적에 봉사하는 한에서만 가능한 권유였다. 민주화가 사회혁명으로 연결될 경우에는 공산화를 방지하기 위해 안정·독재지지의 모순된 행태를 보였다. 그렇지만 민주화 권유와 독재지지라는 일관되지 못한 행태는 모두 공산화 방지라는 수단에 복무하는 수단이므로 이러한 맥락에서 보면 전혀 모순된 것이 아니었다. 미국은 공산주의에 맞선다는 목적을 위해서는 '독재의 수호자' 역할을 하면서도 독재권력에게 민주질서의 유지와 인권보장을 촉구하는 압력을 끊임없이 행사하는 '민주주의의 후원자'이기도 했다. 그런데 양자의 비중을 놓고 볼 때 반공은 목적이고 민주주의는 이를 실현하는 수단으로 존재할 뿐이었으므로 경우에 따라서는 무시될 수 있는 변수였다. 즉 민주주의가 너무 과도하게 분출되어 사회를 총체적 개혁으로 몰고 가 혁명적 상황이 도래할지도 모른다고 판단될 때는 민주주의를 버리고 독재와 안정을 지원했다. 조정자를 자임했던 미국의 태도는 한국인들이 보기에는 이중적이고 모순적이었으며, 어느 특정 국면(특히 정권교체기)에서는 조정자의 위치를 넘어 과도하게 내정간섭을 했다고 평가될 수도 있는 개입자였던 것이다. 1979년의 상황에서는 그러한 개입자의 증거가 포착되지 않았을 뿐이며, 이후 1980년 5월에도 역시 그 객관적 증거는 드러나지 않았으나 정황증거에 대한 논의는 무성한 상황이었다.

레이건이 집권하면서 "제3세계의 어떤 독재라도 반미 내지는 공산독재보다는 낫다"는 커크패트릭 독트린이 등장했다. 이러한 논리에 따라 레이건은 취임 후 첫 번째 정상외교로 전두환을 초청해 주한미군 철수 백지화와 전두환정권에 대한 전폭적인 지지를 약속했다.[178] 카터의 '인권외교'와 달리 군사독재 정권에 대한 노골적인

---

[178] 1981년 12월 4일 레이건 미 대통령은 포고령 12333호를 발표했는데, "미국의 어느 공직자도 타국 원수의 암살을 모의 혹은 관여할 수 없다"는 내용이었다. 지난 1976년 포드가 발표한 대통령 포고령과 글자 하나

지원의지를 밝힌 레이건은 1983년 한국을 방문해 전두환정권에 대한 지지를 재확인했다.

참고문헌

1. 자 료

대한민국 재향군인회 편, 1997, 『12·12, 5·18 實錄』, 대한민국 재향군인회.
박두식, 1998년 11월, "최근 비밀 해제된 미 외교문서에 나타난 박정희 핵개발 저지공작," 『월간조선』, 166-185쪽.
이흥환 편, 2003, 『미국 비밀문서로 본 한국현대사 35장면』, 삼인.
中央情報部 編, 1976, 『美國의 對韓關係 資料集: 學界編』, 中央情報部
한국기독교교회협의회 인권위원회, 1987, 『1970年代 民主化運動 I-V』, 한국기독교교회협의회.
韓美關係調査實務委員會, 1978, 『韓美關係諸問題의 背景과 眞相: 美下院 國際關係委員會 國際機構小委의 「韓美關係調査報告書」에 對한 檢討』, 韓美關係調査實務委員會.
Jimmy Carter Library, 1992, National Archives and Records Administration, *Historical Materials in the Jimmy Carter Library*, 1st ed..
Public Papers of the Presidents of the United States: Jimmy Carter, Washington, D.C.: United States Printing Office, 1977-81.

틀리지 않는데, 이는 미국이 타국 지도자의 암살에 계속 관여했음을 반증하는 것이라는 해석이 있다. 기호열, 『CIA 박정희 암살공작: 작전명 0012』(청맥, 1996).

U.S. House, Committee on Foreign Relations, 1979, *U.S. Troop Withdrawal from The Republic of Korea: An Update, 1979*, Washington: U.S. Government Printing Office.

U.S. House of Representatives, the Subcommittee on International Organizations of the Committee on International Relations, Oct. 31, 1978, *Investigation of Korean-American Relations*, 95th Congress, 2nd Session, Washington, D.C.: USGPO, ; 미하원국제관계위원회 국제기구소위원회 편, 1986, 『프레이저 보고서』, 서울대학교 한미관계연구회 역, 실천문학사.

2. 회고록류

글라이스틴, 윌리엄 H.(William H. Gleysteen, Jr.), 1999, 『알려지지 않은 역사: 전 주한미국대사 글라이스틴 회고록』(*Massive Entanglement, Marginal Influence: Carter and Korea in Crisis*), 황정일 역, 중앙 M&B.

김재홍 편, 1994, 『박정희 살해사건 비공개진술』 상·하, 東亞日報社.

김정렴, 1997, 『아 박정희: 김정렴 정치회고록』, 중앙M&B.

_____, 1990, 『한국경제정책 30년사: 김정렴회고록』, 중앙일보사.

金鍾泌, 1992년 9월, "맥도널드 現代史 證言: 幕後에서 본 韓美관계 47년," 『月刊朝鮮』.

金璡, 1992, 『靑瓦臺비서실: 육성으로 들어본 朴正熙시대의 政治權力 秘史』, 중앙일보사.

金炯旭·朴思越, 1985, 『金炯旭 회고록』 Ⅰ-Ⅲ, 아침.

맥도널드, 도널드 S., 1986년 6월, "한미관계의 연구: 미국인이 본 한국: 과거와 현재 <特輯>," 『현대사회』.

朴普熙, 1978, 『나는 자랑스러운 한국인: 朴普熙씨의 美議會 證言』, 成和社.

박정희, 1963, 『국가와 혁명과 나』, 향문사.

_____, 1965,『국가와 혁명과 나』, 해설판, 고려서적.
_____, 1965,『국가재건최고회의의장 대통령권한대행 박정희장군 담화문집, 自 1961년 7월 至 1963년 12월』, 대통령비서실.
_____, 1971,『민족의 저력』, 광명출판사.
_____, 1978,『민족중흥의 길』, 광명출판사.
_____, 1965,『박정희대통령 연설문집, 自 1963년 12월 至 1964년 12월』, 대통령비서실.
_____, 1973,『박정희대통령 연설문집』1, 최고회의편, 대통령비서실.
_____, 1973,『박정희대통령 연설문집』2, 제5대편, 대통령비서실.
_____, 1978,『박정희대통령 연설문집』, 제14집: 1977년 1월-12월, 대통령비서실.
_____, 1961,『박정희의장 방미연설문집』, 국가재건최고회의 공보실.
_____, 1965-1975,『연설문집』1-12, 대통령비서실.
_____, 1962,『우리 민족의 나갈 길』, 동아출판사.
_____, 1967,『조국근대화의 지표: 박정희대통령 주요연설문집』, 고려서적.
_____, 1968,『중단하는 자는 승리하지 못한다: 박정희대통령 연설집』, 신범식 편, 광명출판사.
_____, 1961,『指導者道: 革命過程에 處하여』, 국가재건최고회의.
_____, 1963. 2,『指導者의 길』, [n.d.].
_____, 1977,『평화통일의 대도: 대통령연설문선집』증보판, 대한공론사.
"10월 26일의 8시간," 1984년 11월,『월간조선』.
신범식 편, 1965,『조국의 근대화: 박정희대통령의 정치노선, 저서와 연설을 중심으로』, 동아출판사.
"10·26사건," 1989년 11월,『월간조선』.
위컴, 존(John Adams Wickham, Jr.), 1999,『12·12와 미국의 딜레마: 전 한미연합사령관 위컴 회고록』(*From the '12/12' Incident to the Kwangju Uprising: Korea on the Brink, 1979-1980*), 김영희 감수,

유은영 외 공역, 중앙M&B.
이동원, 1992, 『대통령을 그리며』, 고려원.
장태완, 1993, 『12·12쿠데타와 나』, 명성출판사.
정승화, 1987, 『12·12사건 정승화는 말한다』, 까치.

Brzezinski, Zbigniew, 1983, *Power and Principle: Memoirs of the National Security Adviser, 1977-1981*, New York: Farrar, Straus, Giroux.

Carter, Jimmy, 1977, 『지미 카터 自敍傳』, 曺圭昌 (譯), 亞細亞開發社.

_____, 1983, 『카터 回顧錄』, 上,下, 中央日報社 論說委員室 (譯), 中央日報社.

_____, 1996, *A Government as Good as Its People*, Fayetteville: The University of Arkansas Press[originally published in 1977].

_____, 1982, *Keeping Faith: Memoirs of a President*, New York: Bantam Books[second edition in 1995].

_____, 1996, with an introduction by Douglas Brinkley, *Why Not the Best?: The First Fifty Years*, Fayetteville: University of Arkansas Press[originally published in 1975].

_____, 1984, *Negotiation: The Alternative to Hostility*.

_____, 1985, 1993, *The Blood of Abraham*.

_____, 1987, 1995, *Everything to Gain: Making the Most of the Rest of Your Life*, written with Rosalynn Carter.

_____, 1988, 1994, *An Outdoor Journal*.

_____, 1992, *Turning Point: A Candidate, a State, and a Nation Come of Age*.

_____, 1993, 1995, *Talking Peace: A Vision for the Next Generation*.

_____, 1995, *Always a Reckoning*.

_____, 1995, *The Little Baby Snoogle-Fleejer*, illustrated by Amy Carter.

_____, 1996, *Living Faith*.

_____, 1997, *Sources of Strength: Meditations on Scripture for a Living Faith*.

_____, 1998, *The Virtues of Aging*.

Gleysteen, William H. Jr., 1986, "Korea: A Special Target of American Concern." in David D. Newsom, ed., *The Diplomacy of Human Rights*, Lanham, MD: University Press of America, pp.85-99.

3. 연구물

(1) 단행본

강성철, 1988,『주한미군』, 일송정.

곽태환, 1990,『한·미관계40년(1948-1988)』, 경희대학교 출판부.

『광주민중항쟁』, 1990, 돌베개.

『광주민중항쟁연구』, 1990, 사계절.

具永祿 (외), 1983,『韓國과 美國: 過去·現在·未來』, 博英社.

국제역사학회의 한국위원회 편, 1982,『한미수교 100년사』, 국제역사학회 한국위원회.

권용립, 1997,『미국대외정책사』, 민음사.

國防大學院 安保問題硏究所, 1975,『安保問題硏究, 1972,1974·1977』, 국방대학원 안보문제연구소

國土統一院 政策企劃室, 1978,『駐韓美地上軍撤收 以後의 韓美關係 展望』, 國土統一院

國土統一院 政策企劃室, 1979,『中共의 臺灣政策分析 및 中共·臺灣 關係展望』, 國土統一院

國土統一院政策企劃室 (편), 1977,『(周邊環境 與件)카터 行政府의 道德外交政策과 그것이 韓國에 미치는 影響』, 國土統一院政策企劃室.

기호열, 1996,『CIA 박정희 암살 공작: 작전명 0012』, 청맥.

김덕중·안병준·임희섭 (공편), 1988, 『한·미관계의 재조명』, 경남대학교 극동문제연구소
김성진 (편), 1994, 『박정희시대: 그것은 우리에게 무엇이었는가』, 조선일보사.
김영명, 1992, 『한국현대정치사: 정치 변동의 역학』, 을유문화사.
金永熙, 1980, 『워싱턴을 움직인 韓國人: 朴東宣사건과 統一敎의 내막』, 文音社.
金裕南, 1979, 『蘇聯의 第三世界戰略과 東北亞』, 第1, 2部, 外交安保研究院
金辰雄, 1992, 『韓國人의 反美感情』, 一潮閣.
김은숙, 1988, 『불타는 미국』, 아가페.
김정원, 1985, 『한국분단사』, 동녘.
동아일보특별취재반 編, 1990, 『주한미군』, 東亞日報社.
文昌克, 1994, 『한미 갈등의 해부』, 나남.
『민족과 함께 역사와 함께: 박정희대통령-그 인간과 사상』, 1978, 서울신문사.
박실, 1993, 『박정희 대통령과 미국 대사관』, 백양출판사.
박영호·김광식 (외), 『1990, 한미관계사』, 실천문학사.
朴雄鎭, 1979, 『冷戰史』, 博英社.
朴在圭, 1976, 『美國의 對아시아 政策』, 法文社.
서울新聞社, 1979, 『駐韓美軍 30年: 1945-1978年』, 杏林出版社.
선우학원, 1997, 『한·미관계 50년사: 알려지지 않은 이야기』, 일월서각.
성경륭, 1995, 『체제변동의 정치사회학』, 한울출판사.
송효빈, 1977, 『가까이서 본 박정희 대통령』, 휘문출판사.
실바, 피어 드, 『서브 로사』, 이기홍 (역), 1983, 인문당.
양동안·유광호 (외), 1987, 『現代韓國政治史』, 韓國精神文化研究院
오창헌, 2001, 『유신체제와 현대한국정치』, 오름.
外務部 (編), 1979, 『韓國外交 30年: 1948-1978』, 外務部
柳錫烈, 1978, 『美·北韓 關係와 韓國의 安保』, 外交安保研究院

柳永益 (외), 1994, 『한국인의 대미인식: 역사적으로 본 형성과정』, 민음사.
李基鐸, 1990, 『韓半島와 國際政治: 理論과 實際』, 日新社.
李祥雨, 1984, 『제3공화국외교비사』, 동아일보사.
_____, 1986, 『<秘錄>朴正熙 時代』, 1-3, 중원문화.
_____, 1987, 『美國이냐 米帝냐: 5.16에서 10.26까지』, 중원문화.
_____, 1993, 『박정희, 파멸의 정치공작』, 동아일보사.
李承憲, 1975, 『亞細亞太平洋 協調體制論: ASPAC을 中心한 硏究』, 新新文化社.
이양우, 1980, 『역사의 증언』, 시사임플로이먼트뉴스센터.
李泳禧, 1979, 『轉換時代의 論理: 아시아·中國·韓國』, 創作과 批評社.
李鍾律, 1979, 『轉換期의 世界와 韓國: 現代 政治의 視角』, 塔出版社.
李昊宰, 1982, 『冷戰時代의 克服』, 東亞日報社.
전재호, 2000, 『반동적 근대주의자 박정희』, 책세상.
鄭鎔碩, 1990, 『미국의 대한정책: 1845-1980』, 증보판, 일조각.
_____, 1979, 『카터와 南北韓』, 檀國大學校出版部.
『제5공화국 정치비사』, 2, 1987, 중원문화.
趙世衡, 1977, 『1980年代 韓國과 지미 카터』, 民晉社.
조진경 (외), 1987, 『한국사회의 성격과 운동』, 공동체.
최규장, 1993, 『외교정책 결정 과정론: 카터의 주한미군 철수 결정 백지화 과정 연구』, 을유문화사.
하영선, 1991, 『한반도 핵무기와 세계질서』, 나남.
한국기독교사회문제연구원, 1983, 『1970년대 민주화 운동과 기독교』, 한국기독교사회문제연구원.
한국민주노동자연합 (편), 1994, 『한국노동운동사: 1970년대 이후』, 동녘.
한국역사연구회 현대사연구반, 1991, 『한국현대사』, 3: 1960-70년대 한국사회와 변혁운동, 풀빛.
한국역사연구회 현대사연구반, 1991, 『한국현대사』, 4: 1980년대 한국사회와 민족민주운동, 풀빛.

『한국자본주의의 형성과 전개』, 1984, 한국정신문화연구원.
한국정신문화연구원 (편), 1991, 『제1차 한국현대사학술토론회』, 한국정신문화연구원.
한국정신문화연구원-The Wilson Center 공편, 1983, 『한-미수교 1세기의 회고와 전망』, 성남: 한국정신문화연구원.
한국정치연구회 (편), 1998, 『박정희를 넘어서』, 푸른숲.
한국정치연구회 정치사분과, 1993, 『한국현대사 이야기주머니』, 녹두.
韓明華, 1986, 『韓美關係의 政治經濟: 同盟이냐 從屬이냐』, 평민사.
韓培浩, 1994, 『韓國政治變動論』, 法文社.
한승조, 1999, 『박정희 붐, 우연인가 필연인가』, 말과 창조사.
한승주 편, 1988, 『전환기의 한미관계』, 서울국제포럼.
岸田純之助, 關寬治, 武者小路公秀 (共編), 1970, 『70年代の國際關係: 多極化時代のシステム・アプロ-チ』, 東京: ぺりかん社.
村田晃嗣, 1998, 『大統領の挫折: カーター政權の在韓米軍撤退政策』, 東京: 有斐閣.

Abernathy, M, Glenn and Dilys M. Hill, Phil Williams, 1984, *The Carter Years*, New York: St. Martin's Press.
Ambrose, Stephen E, 1996, 『국제질서와 세계주의』, 권만학 (역), 을유문화사.
Ampbell, Colin, 1986, *Managing the Presidency: Carter, Reagan, and the Search for Executive Harmony*, Pittsburgh, PA: University of Pittsburgh Press.
Andrew, Christopher, 1995, *For the President's Eyes Only: Secret Intelligence and the American Presidency from Washington to Bush*, New York: Harper & Collins.
Balaam, David and Michael Veseth, 1996, *Introduction to International Political Economy*, Upper Saddle River, NJ: Prentice Hall.

Bernstein, Carl and Bob Woodward, 1976, *All the President's Men*, New York: Warner Books.

Boettcher, Robert, 1980, *Gifts of Deceit: Sun Myung Moon, Tongsun Park, and the Korean Scandal*, New York: Holt, Rinehart & Winston.

Brauer, Carl M., 1986, *Presidential Transitions: Eisenhower through Reagan*, New York: Oxford University Press.

Brown, Leslie H. and Charles A. Sorrele, 1979, 『美國의 아시아 安保政策과 通常戰力』, 權文術-金光石-金鍾輝 (共譯), 國防大學院 安保問題研究所.

Brzezinski, Zbigniew, 1977, 『國際政治의 新論理: 브레진스키의 政治哲學』, 朴在圭 (譯), 博英社.

Brzezinski, Zbigniew, 1977, 『美國이 본 東北亞』, 申河澈-李成圭 (共譯), 물결.

Buss, Claude A., 1982, *The United States and the Republic of Korea: Background for Policy*, Stanford, Calif.: Hoover Institution Press, Stanford University.

Campagna, Anthony S., 1995, *Economic Policy in the Carter Administration*, Westport, Conn.: Greenwood Press.

Carpenter, William A. et al., 1979, 『美國의 對東北亞戰略』, 權文術 (外 共譯), 國防大學院 安保問題研究所.

Clare, Michael T., 1984, *American Arms Supermarket*, Austin, TX: University of Texas Press.

Clinton, W. David, 1994, *The Two Faces of National Interest*, Baton Rouge: Louisiana State University Press.

Collier, Peter and David Horowitz, 1976, *The Rockefellers: An American Dynasty*, New York: Holt, Rinehart and Winston.

Critchlow, Donald T., 1985, *The Brookings Institution, 1916-1952: Expertise and the Public Interest in a Democratic Society*, De Kalb, Illinois: Northern Illinois Univ. Press.

Dolbeare, Kenneth M., Patricia Dolbeare, 1971, *American Ideologies: The Competing Political Beliefs of the 1970s*, Chicago: Markham Pub.

Donaldson, Robert H., 1979, *The Soviet-Indian Alignment: Quest for Influence*, Washington, D.C.: U.S. Department of Commerce.

Dougherty, James E. and Robert Louis Pfaltzgraf, Jr, 1997, 『미국외교정책사』, 이수형 (역), 한울 아카데미.

Dumbrell, John, 1997, *American Foreign Policy: Carter to Clinton*, London: MacMillan.

Duner, Bertil, 1985, *Military Intervention in Civil Wars: the 1970s*, New York: St. Martin's Press.

Hasan, Parvez, 1976, *Korea: Problems and Issues in a Rapidly Growing Economy*, Baltimore: The World Bank.

Holsti, Ole and Randolph Siverson, Alexander George, ed., 1980, *Change in the International System*, Boulder, Colo.: Westview.

Howe, Russell Warren and Sarah Trott, 1977, *The Power Peddlers: How Lobbyists Mold America's Foreign Policy*, New York: Doubleday.

Hurst, Steven, 1996, *The Carter Administration and Vietnam*, London: Macmillan Press.

Jones, Charles O., 1988, *The Trusteeship Presidency: Jimmy Carter and the United States Congress*, Baton Rouge: Louisiana State University Press.

Jordan, Hamilton, 1982, *Crisis: The Last Year of the Carter Presidency*, New York: Putnam.

Kellerman, Barbara, 1984, *The Political Presidency: Practice of Leadership*, New York: Oxford University Press.

Kim, Byung-Lo Philo, 1992, *Two Koreas in Development: A Comparative Study of Principles and Strategies of Capitalist and Communist Third World Development*, New Brunswick, NJ: Transaction.

Kissinger, Henry A., 1976, 『데탕트의 虛實: 美國의 外交戰略』, 呂永茂 (譯), 金蘭出版社.

Lake, Anthony, 1976, *The Vietnam Legacy: The War, American Society and the Future of American Foreign Policy*, New York: New York University Press[A Council on Foreign Relations Book].

Lieberthal, Kenneth G., 1980, 『中蘇對立의 戰略的 評價』, 國防大學院 安保問題硏究所.

MacDonald, Donald Stone, 1988, *The Koreans: Contemporary Politics and Society*, Boulder, CO: Westview Press.

McCormick, J. Thomas, 1995, *America's Half-Century: United States Foreign Policy in the Cold War and After*, Baltimore, M.D.: The Johns Hopkins University Press.

Martel, Gordon, 1996, 『미국 외교정책: 1890~1993』, 정진위 편역, 博英社.

Morris, Kenneth E., 1996, *Jimmy Carter, American Moralist*, Athens: University of Georgia Press.

Muravchik, Joshua, 1986, *The Uncertain Crusade: Jimmy Carter and the Dilemmas of Human Rights Policy*, Lanham: Hamilton Press.

Neustadt, Richard E., 1980, *Presidential Power: The Politics of Leadership from FDR to Carter*, New York: Wiley.

Oberdorfer, Don, 1998, *The Two Koreas: A Contemporary History*, Reading, Mass.: Addison-Wesley, 1997; 『두개의 코리아』, 중앙일보사.

Orman, John, 1987, *Comparing Presidential Behavior: Carter, Reagan, and the Macho Presidential Style*, New York: Greenwood.

Oye, Kenneth A., Donald Rothchild, Robert J. Lieber, eds., 1979, *Eagle Entangled: U.S. Foreign Policy in a Complex World*, New York: Longman.

Pechman, Joseph A., 1978, *Setting National Priorities: The 1979 Budget*, Washington, D.C.: The Brookings Institution.

Ranney, Austin, 1981, *The American Elections of 1980*, Washington, D.C.: American Enterprise Institute for Public Policy Research.

Robertson, Myles L. C., 1988, *Soviet Policy towards Japan: An Analysis of trends in the 1970s and 1980s*, Cambridge: Cambridge University Press.

Rosenbaum, Herbert D. and Alexej Ugrinsky, eds., 1994, *Jimmy Carter: Foreign Policy and Post-Presidential Years*, Westport, Conn.: Greenwood Press.

Rosenbaum, Herbert D. and Alexej Ugrinsky, 1994, *The Presidency and Domestic Policies of Jimmy Carter*, Westport, Conn.: Greenwood Press.

Ross, Robert S., 1988, *The Indochina Tangle: China's Vietnam Policy, 1975-1979*, New York: Columbia University Press.

Rourke, John T. and Ralph G. Carter and Mark A. Boyer, 1994, *Making American Foreign Policy*, Guilford: The Dushkin Pub..

Rozell, Mark J., 1989, *The Press and the Carter Presidency*, Boulder: J. C. B. Mohr.

Sampson, Anthony, 1975, *The Seven Sisters: The Great Oil Companies and the World They Made*, London: Hodder and Stoughton.

Scott-Stokes, Henry and Lee Jai Eui, eds., 2000, *The Kwangju Uprising: Eyewitness Press Account of Korean's Tiananmen*, Armonk, NY: M. E. Sharpe.

Shoup, Laurence H., 1980, *The Carter Presidency and Beyond: Power And Politics in the 1980s*, Palo Alto: Ramparts Press.

Skidmore, David, 1996, *Reversing Course: Carter's Foreign Policy, Domestic Politics, and the Failure of Reform*, Nashville: Vanderbilt University Press.

Sklar, Holly ed., 1980, *Trilateralism: The Trilateral Commission and Elite*

Planning for World Management, Boston: South End Press.

Smith, Gaddis, 1986, *Morality, Reason, and Power: American Diplomacy in the Carter Years*, New York: Hill and Wang.

Spear, Joanna, 1995, *Carter and Arms Sales: Implementing the Carter Administrations Arms Transfer Restraint Policy*, New York, N.Y.: St. Martin's Press[Southampton studies in international policy].

Strumpel, Burkhard, 1989, *Industrial Societies after the Stagnation of the 1970s: Taking Stock From An Interdisciplinary Perspective*, Berlin: Walter de Gruyter.

Westing, Arthur H., 1986, *Global Resources and International Conflict: Environmental Factors in Strategic Policy and Action*, New York: Oxford University Press.

Wheeler, Leslie, 1976, *Jimmy Who?: An Examination of Presidential Candidate Jimmy Carter: The Man, His Career, His Stands on the Issues*, Woodbury, N.Y.: Barrons Educational Series.

Woo, Jung-en, 1991, *The Race to the Swift: State and Finance in Korean Industrialization*, New York: Columbia University Press.

Wooten, James, 1978, *Dasher: The Roots of the Rising of Jimmy Carter*, New York: Summit Books.

(2) 논문

강경성, 1996, "박정희정권의 재평가의 성과와 한계," 녹두편집부 편, 『한국사회 변동의 평가와 전망』, 녹두.

金圭植, 1984, "카터 行政府의 駐韓美軍撤收政策 決定過程에 관한 硏究: 官僚政治的 視角에서," 碩士學位論文, 國防大學院 國際關係專攻.

길승흠, 1993년 6월, "대토론: 박정희 시대 18년 재평가," 『월간중앙』.

김명섭, 1999, "1970년대 후반기의 국제환경변화와 한미관계: 카터행정부의 외교정책을 중심으로," 한국정신문화연구원 편, 『1970년대 후반기의 정치사회변동』, 백산서당, 11-91쪽.

金炳昱, 1989, "카터行政府時代의 韓美關係 硏究," 고려대 정책과학대학원 國際關係專攻 석사학위 논문.

김영명, 1988, "한국의 정치변동과 미국," 『한국정치학회보』 제22집 2호.

김용복, 1998, "개발독재는 불가피한 필요악이었나," 한국정치연구회 편, 『박정희를 넘어서』, 푸른숲.

김일영, 1995, "박정희체제 18년: 발전과정에 대한 분석과 평가," 『한국정치학회보』 제29집 2호.

김일영, 1995년 겨울, "박정희체제 18년, 어떻게 평가할 것인가," 『계간사상』.

김용철, 1984, "박정희의 정치적 리더쉽 연구: 리더쉽의 경직화와 그 요인을 중심으로," 延世大 정치학과 석사학위 논문.

金宗輝, 1977, "駐韓美軍減縮, 撤收에 따른 北傀의 對南戰略豫測," 國土統一院政策調査硏究報告書, 77 - 12 - 1362(國土統一院政策硏究室.

朴奉植, 1978, "駐韓美地上軍撤收以後의 韓美關係展望," 國土統一院政策調査硏究報告書, 78 - 12 - 1546(國土統一院政策硏究室.

서정익, 1985, "판문점미류나무 사건시 미국행정부의 대응과정에 관한 연구," 석사학위논문, 고려대학교 정치외교학과.

安秉萬, 1977, "駐韓美軍의 段階的撤收論: 日本의 立場," 國土統一院政策調査硏究報告書, 77 - 1 - 1133, 國土統一院政策硏究室.

여현덕, 1996, "신군부권위주의체제의 등장과 정치갈등," 한흥수 (외), 『한국정치동태론』, 오름.

옥태환, 1998, "한반도 문제를 圍繞한 미행정부와 의회의 협력과 갈등: 카터의 주한미군 철수정책과 북한 핵문제 사례연구를 중심으로," 연구보고서, 민족통일연구원.

이경숙, 1988, "한국의 대미외교정책," 최종기 (편), 『한국외교정책』, 한국국제관계연구소

이광일, 1998, "박정희정권에 관한 연구현황과 과제," 『역사와 현실』 29.

李聖錫, 1985, "카터行政府의 駐韓 美 地上軍 撤收背景에 관한 硏究: 美國의 對外政策 中心으로," 碩士學位論文, 建國大學校 大學院

李永鎬, 1977, "駐韓美軍 減縮撤收의 時期및 形態豫測과 그것이 南北韓關係에 미치는 影響," 國土統一院政策調查硏究報告書, 77 - 10 - 1182, 國土統一院政策硏究室.

전재호, 1997, "박정희 체제의 민족주의 연구: 담론과 정책을 중심으로," 박사학위논문, 서강대학교 정치외교학과.

최장집, 1986, "군부권위주의체제의 내부모순과 변화의 동학," 『한국정치·사회의 새흐름』.

崔昌潤, 1977, "카터行政府의 道德外交政策과 그것이 韓國에 미치는 影響," 國土統一院政策調查硏究報告書, 77 - 10 - 1194, 國土統一院政策硏究室.

崔熙峰, 1983, "카터美大統領의 人權政策과 韓·美 關係," 서울대 정치학과 석사학위 논문.

형은숙, 1998, "미국의 대한(對韓) 영향력의 한계: 이승만 정부 시기를 중심으로," 석사학위논문, 건국대 정치학과.

헤이즈, 피터, 1992年 12월, "韓國の核開發,"『世界』.

Jang, Ha Won, 1995, "Phases of Capital Accumulation in Korea and Evolution of Government Growth Strategy, 1963-1990." D. Phil Thesis, University of Oxford.

Ok, Tae Hwan, 1990, "President Carter's Korean Withdrawal Policy." Ph. D. Dissertation, Loyola University of Chicago.

Peterson, Mark, 1988, "Americans and the Kwangju Incident: Problems in the Writing of History," Donald N. Clark, ed., *The Kwangju Uprising*, Boulder, CO: Westview, pp.52-64.

Peterson, Mark, 1997년 5월 8일, "The Kwangju Resistance Movement, May, 1980: Some American Perspectives." 5.18 학술심포지움 발표논문, 5.18기념재단 주최, 한국정치학회 주관, Seoul, Korea.

Shorrock, Tim, 1996, "The US Role in Korea in 1979 and 1980."

_____, 1999, "Kwangju Diary: The View from Washington." Lee Jai-eui, *Kwangju Diary: Beyond the Darkness of the Age*, translated by Kap Su Seol and Nick Mamatas, Los Angeles: UCLA Asian Pacific Monograph Series, pp.151-172.

4. 참고도서: 연표 등 색인류

외무부 편, 1962, 『대한민국외교연표』, 1948-1961, 외무부.
외무부 편, 1963, 『대한민국외교연표』, 1962, 외무부.
외무부 편, 1964, 『대한민국외교연표』, 1963, 외무부.
한국국제교류재단, 1991, 『미국내 한국관련기록 및 서류목록 (영문편)』, 한국국제교류재단.

Degregorio, William A., 1993, *The Complete Book of U.S. Presidents*, New York: Barricade Books.

Findling, John E., 1989, *Dictionary of American Diplomatic History*, 2nd ed., New York: Greenwood.

Shavit, David, 1990, *The United States in Asia: A Historical Dictionary*, New York: Greenwood Press.

1980년대 한국 민주주의의 전개: 제도, 의식, 생활의 측면에서

박 호 성

> 동일한 일련의 사건에 대한 보수적 해석과 급진적 해석은 참으로 규칙적인 연속성을 가지고 번갈아 나타난다. 역사에 대한 이해의 증진은 갈등을 통해서이다.······ 인간의 본성이 그렇듯, 아마 인간사(人間事)에 대한 인식은 다른 방법으로는 성숙할 수 없을 것이다.[1]

1. 머리말: 문제의 접근

이 글은 1980년대 한국정치사를 민주주의의 전개라는 관점에서 고찰한다. 이러한 고찰은 정치사적으로 중요한 의미가 있을 뿐 아니라 다른 영역 혹은 쟁점들과 상관성이 높아 지속적인 대화의 단

---

[1] 배링턴 무어, 『독재와 민주주의의 사회적 기원』, 진덕규 역(까치, 1999), 506쪽.

서가 될 수 있는 민주주의라는 주제(theme)를 중심으로 한국현대사의 진행에 대한 윤곽을 파악하기 위해서이다.2)

이 글에서 한국민주주의의 전개를 통하여 필자가 주목하고 있는 민주주의의 실체는 제도, 의식, 생활이라는 세 가지 측면과 연관돼 있다.3) 그 이전 시기와 달리 1980년대를 거치면서 한국 민주주의는 이러한 세 가지 측면에서 상당한 변화를 보였거나, 적어도 변화의 토대가 형성되는 시기였기 때문이다.

더 나아가 이 글을 통하여 1980년대 한국 민주주의를 전개한 요인, 즉 민주화를 추진시킨 동인에 대한 분석도 일부 언급될 것이다. 이 글에서는 지금까지 민주화의 추진동인으로 주로 관심을 가져온 사회구조적 요인보다도 행위자를 중심으로 1980년대 한국민주화의 추진동인을 설명하고자 한다.4) 특히 1980년대 한국정치사와 같이 급격한 정치현실의 변화는 사회구조적 요인에 못지 않게 혹

---

2) 라종일, "한국 현대 정치사상: 민주주의의 전개," 정창수 편, 『한국사회론: 제도와 사상』(사회비평사, 1995), 467-473쪽.

3) 이들 세 가지 측면은 상호 엄밀히 분리될 수도 없고 분리해서도 안 되지만 편의상 구분해서 설명하고자 한다. 이 글에서 필자는 민주주의에 대한 개념논쟁에 개입할 의사도 지면의 여유도 없다. 다른 사회과학의 주요 개념과 마찬가지로 민주주의에 대한 개념합의는 거의 불가능에 가깝기 때문이다. 다만 민주주의에 대한 개념정의와는 별도로 이 글과 같이 민주주의의 전개를 제도, 의식, 생활의 측면에서 성취된 민주주의의 수준을 살펴보는 것은 정치현실의 변화와 연관해서 어느 정도 의미있는 해명이 될 수 있다.

4) 현대 한국정치사의 전개동인을 행위자 중심으로 접근하는 필자의 기본입장에 대해서는 박호성, "현대 한국정치사 연구서설: 민주주의의 건개를 중심으로," 『한국정치외교사논총』 제25집 1호(2003년 8월), 87~113쪽을 참조하라.

은 그 이상으로 정치행위자를 중심으로 이뤄지는 경우가 많기 때문이다.5)

필자는 1980년대 한국정치사와 같이 유례를 찾기 힘들 정도로 변화가 많은 시기를 설명하는 데 특별히 유용한 연구방법 혹은 연구자들간에 합의된 모델에 대한 확신을 이 글을 작성하는 시점에 이르도록 갖지 못하고 있다. 따라서 이 글의 내용은 1980년대 한국정치사를 분석한 기존의 연구와 자료를 중심으로 하되, 당시 정치현실의 변화에 직접 참여한 행위자들의 인식 등을 필자의 경험에 기초하여 역사를 재구성하는 방식으로 포함시키게 될 것이다. 이 글의 구성은 때때로 설명의 편의상 앞과 뒤의 사건이 뒤바뀌거나 중복되어 소개되는 경우도 있지만, 일반적으로 사용되는 역사적 접근(historical approach)에 따라 가능한 한 연대기 순으로 서술하고자 한다.

---

5) 선진 민주주의국가들의 경우나 후발 민주주의국가들에 민주화의 추진 동인으로 흔히 거론되는 것은 정치·경제상황이나 사회·문화적 배경 등 구조적 요인이다. 그러나 구조적 요인에 주목하여 민주화의 전개를 설명하는 것은 일관성있는 분석틀과 장기적 조망은 가능하지만, 민주화의 결정적 계기가 되는 사건 혹은 특정 인물들의 역할 등에 의해 주도되는 동적 변화를 설명하기 어렵다. 이 글의 접근방식과 달리 행위자요인과 구조요인을 조합시키는 분석이 가능하다면 본 주제에 대한 이해를 한층 더 증진시킬 수 있을 것이다.

2. 1980년대 초 민주주의의 성취수준:
제도, 의식, 생활의 측면에서

1980년대 민주주의의 전개를 이해하기 위해서는 1980년대 초 혹은 그 이전 민주주의의 성취수준에 대한 평가가 일정 부분 전제될 필요가 있다.

1961년 5·16군사쿠데타로 집권한 박정희정부를 민주주의의 성취수준과 연관시켜 보면 극단적으로 상반된 평가가 공존하고 있다. 우선 박정희정부는 근대화를 지상목표로 삼아 절대빈곤으로부터의 탈출과 '한강의 기적'으로 불릴 정도로 한국경제를 고도 성장시킴으로써 장기적으로 민주주의가 발전할 수 있는 기반을 마련했다는 긍정적 평가가 일부 있다. 반면에 박정희정부는 '반공'을 국시로 삼고 군과 공권력을 통치권력의 수단으로 동원하여 민주화를 요구하는 국민의 인권을 무차별 탄압하는 등 민주주의의 부정 혹은 암흑기로 특징지을 수 있다는 부정적 평가가 대부분이다.[6]

---

6) 전자가 일부 근대화론자들에 의해 논리적 정합성이 희박한 상태로 후진국에서 정상적인 발전단계라고 주장되기도 하는 반면, 후자는 민주주의론자들에 의해 거의 일치된 평가라는 차이도 찾아볼 수 있다. 그러나 특이한 사실은 권위주의정권 시기에도 민주주의는 여전히 강조됐다는 점이다. 실례를 들자면 '반공민주주의', '한국적 민주주의' 등의 표현이다. 물론 이들은 반공이념에 기초한 철저히 왜곡된 자유민주주의라는 점에서 '허울만의 민주주의' 혹은 '사이비 민주주의', 나아가 '민주주의를 가장한

'제도'의 민주화라는 측면에서 보자면, 박정희정부 시기는 근대화라는 지상목표에 밀려 민주주의의 부재에 비유할 만큼 민주주의의 가치가 유보된 시기였다. 박정희정부의 초기에 형식적이나마 어느 정도 유지됐던 민주주의 정치질서는 군사정권의 장기집권을 위한 3선개헌 이후 전형적인 독재로 변질되어 각종 법적·제도적 장치가 헌법상 주어진 역할과 기능을 할 수 없는 상태로 전락했다. 특히 유신 이후에는 대통령의 통치행위라는 명분하에 긴급조치와 긴급명령권의 남용 등으로 국민의 기본권이 극도로 제한7)되어 형식적 민주주의조차 전면 후퇴하고 군사독재가 그 자리를 대체하는 수준에 이르렀을 정도였다.

그러나 '의식'의 민주화라는 측면에서 볼 때에는 군사독재하에서 근대화가 성취되는 수준에 비례해서 국민의 의식이 꾸준히 성장한 시기였다. 특히 군사정권이 근대화를 추진하기 위해 강조한 '하면 된다'는 군사구호에 가까운 표어와 '잘살아 보세'라는 새마을운동의 표어는 경제성장에 도움이 됐을 뿐 아니라, 분단과 전쟁을 겪으면서 깊어진 열등의식 혹은 좌절감에서 벗어나 국민에게 자신감을 회복시키는 계기가 될 수 있었다. 경제성장의 추진동인을 넘어 장차 민주주의의 발전을 내포한 씨앗이 국민의식의 내면에 뿌려진 시기였다.

박정희정부 시기에 한국의 자본주의는 고도 경제성장 단계에 진

독재'라는 비판을 받았다. 그러나 달리 생각해 보면, 이러한 '정당성 없는' 이념이 한국사회에서 장기간 지속될 수 있었던 현실적 토대는 과연 무엇이었는가에 대한 반성적 고찰이 필요하다. 또한 역으로 현실을 정당화하기 위한 이념의 모색, 즉 '반공'주의의 역할에도 주목할 필요가 있다.
7) 법제처, 『법제처 40년사』(1988), 184-186쪽.

입하여 본격적인 축적과 발전을 이룩했다. 그 결과 비록 타율적인 선택에 의한 것일지라도, 한국사회는 전근대적 농촌사회에서 근대적 산업사회로 탈바꿈하기 시작했다. 근대화의 결과로 도시화, 산업화가 진행되면서 시민사회 영역이 발달할 수 있는 조건이 성숙해 가고 있었다. 물론 박정희정부하에서 시민사회는 거의 자율성을 확보하지 못한 한계는 있었지만, 장기적으로 시민사회의 성장에 필요한 물적 토대가 마련된 시기였다. 그러나 이 시기에 급속히 추진된 근대화과정에서 경제성장에 따른 정당한 배분이 이뤄지지 않음으로써 사회갈등 구조가 심화되어 큰 문제를 초래할 수 있는 위기의 씨앗이 사회적으로 확산되는 양상도 조성됐다.[8]

근대화과정을 거치면서 이후 정치현실의 변화와 연관된 주목할 만한 정치행위자로서 중산층이 서서히 부각되는 양상도 나타났다. 근대화가 진행됨에 따라 전통사회가 해체되고 도시화가 급격히 진행되면서 새로운 사회계층으로 중산층[9]이 형성되기 시작했다. 도시를 중심으로 집중된 사무직과 관리직의 꾸준한 증대는 시민사회의 성숙에 필수적인 중산층이 확대되는 결과를 가져왔다.[10] 근대화 시기에 달성된 경제성장의 과실은 재벌과 대기업을 비롯한 소수

---

8) 진덕규,『한국 현대정치사 서설』(지식산업사, 2000), 161쪽.

9) 박광주는 이들 중산층을 신중산층이라 부르며 임금노동자 및 이들의 선도부분으로 교사, 언론기자, 연구원, 의료기술자 들을 들고 있다. 박광주, "한국국가의 성격과 민주주의의 전망,"『현대사회』제12권 1호(1992년 봄), 85쪽; 이규영, "세계화와 한국 시민사회의 역할," 한국정치학회,『세계화시대의 한국정치: 쟁점과 과제』, 제4회 한국정치 세계학술대회 논문집(1994), 14쪽에서 참조.

10) 김성국, "한국자본주의 발전과 시민사회의 성격," 한국사회학회·한국정치학회 편,『한국의 국가와 시민사회』(한울, 1992), 154쪽.

특권층이 대부분 독점했지만, 중산층은 경제성장의 혜택을 일정 부분 누리면서 비록 소극적 차원이지만 정치적 비판의식을 배양하고 있었다.11) 중산층의 증대는 한편으로 군사독재를 수용하고 합리화하는 요인으로 작용하기도 했지만, 다른 한편으로 경제적 여유와 높은 교육수준을 바탕으로 비록 제한된 범위일지라도 정치적 민주화를 요구하는 등 시민사회의 저변을 점차 확대해 나갔다.12)

권위주의 통치를 근간으로 근대화를 통해 한국사회를 근본적으로 변화시킨 박정희정부 시기는 한국 민주주의 전개 전반에 걸쳐 중요한 계기를 내포하게 된다. 군사정권으로 상징되는 반민주주의 세력과 민주화운동으로 상징되는 민주주의 세력의 대립구도가 형성되는 시기였기 때문이다.

특히 경제성장을 강하게 독려한 군사정권의 탄압이 심해지는 만큼 한국사회에서 민주주의의 실시를 강력히 요청하는 세력이 등장했다. 이들은 권위주의 가치의 정당성을 부인하고, "과연 어떤 삶이 잘사는 것이냐?"를 묻는 방식으로 군사독재의 비정통성을 지적하며 인권, 자유, 사회정의 등 민주주의의 가치를 수호하기 위하여 저항했다.13) 현대정치사의 변화를 주도해 온 또 하나의 중요한 세력으로서 이른바 '민주화운동' 세력이 한국 민주주의의 추진주체로 부각된 시기였다.14)

---

11) 박광주, "산업화와 정치체제의 변화," 『한국자본주의의 정치경제학적 연구』(성남: 한국정신문화연구원, 1988), 171-189쪽; 김성국, "한국 시민사회의 성숙과 신사회운동의 가능성," 임희섭·양종회 공편, 『한국의 시민사회와 신사회운동』(나남, 1998), 154쪽에서 참조

12) 오일환, 『현대 한국정치의 쟁점』(을유문화사, 2000), 130-131쪽.

13) 손학규, "유신체제하 반체제운동의 이념적 기초," 김영국 외, 『한국정치사상』(박영사, 1991), 383-407쪽.

군사정권의 탄압에도 불구하고 민주화세력은 끊임없이 저항했다. 특히 유신독재 이후 민주화운동은 대학생과 노동자뿐 아니라, 일부 지식인층이 합류하여 양적으로 성장하게 된다.15) 그러나 이 시기에 경제성장의 과실 분배에서 소외된 생산직 노동자들은 일찍이 노동운동의 형태로 민주화운동에 점차 합류했지만, 중산층의 참여는 거의 찾아보기 힘들었다.

1980년대 직전인 70년대 말에 이르러 한국사회에서는 민주화를 주도한 각 부문운동 가운데 학생운동, 노동운동, 농민운동, 빈민운동 등이 꾸준히 성장하여 유신독재를 종식시키는 데 중요한 역할을 담당했던 부마항쟁16)으로 이어졌다. 그 결과 나타난 것이 박정희정부의 퇴장이었다. 비록 박정희정부의 몰락이 대통령 주변 핵심

---

14) 민주화운동에 대한 개괄적 논의는 박호성, "한국사회 민주화운동의 실천과제와 방향," 『21세기 정치학회보』 제9집 2호(부산: 21세기정치학회, 1999), 121-143쪽을 참조하라. 한국현대사에서 수십 년간 지속된 민주화운동 관련자료는 헤아릴 수 없을 만큼 많지만, 이 시기의 흐름을 파악하기 위한 자료의 일부를 예시하면 한국기독교교회협의회 인권위원회, 『1970년대 민주화운동 Ⅰ~Ⅴ』(한국기독교교회협의회, 1987); 『1980년대 민주화운동 Ⅵ~Ⅷ』(한국기독교교회협의회, 1987)등을 참조하라.

15) 지식인의 민주화운동 참여는 박정희정부의 1969년 3선개헌과 1972년 유신체제 선포를 기점으로 확대되기 시작해 1976년 '명동사건'을 통해 조직화된 방식으로 참여하는 형태를 띠었다. 특히 정치활동이 제약된 조건에서 군사독재에 저항하는 민중문화 운동이 급격히 등장했다. 민중문화 운동은 지식인운동이 민중운동과 결합하는 동시에 민족·민주문화의 보급을 통한 대중운동의 성장에 기여했다. 1970년대에 발생한 김지하의 '오적 필화사건'은 이 시기 지식인과 민중의 결합을 상징적으로 드러내는 사건이었다.

16) 부마항쟁기념사업회, 『부마항쟁 10주년 기념자료집』(부산: 부마항쟁기념사업회, 1989).

인사들의 권력투쟁과 맞물려 일어난 사건에서 비롯됐다고 할지라도, 그러한 사건이 일어난 정치현실과 사회적 배경을 고려하면 군사독재에 부단히 저항해 온 민주화운동의 역할이 적지 않았기 때문이다. 그러나 이후에 보게 되듯이 박정희정부의 퇴장이 군사정권의 퇴장으로 직결되지 않고, 더 나아가 민주주의의 성취로 현실화되기는 결코 쉽지 않다는 사실이 1980년대 한국 민주주의의 전개를 통해 드러났다.

그에 앞서 1980년대 이전 한국 민주주의의 성취수준을 간략히 평가해 보자면, '제도'의 민주화와 '의식'의 민주화를 정착시키기 위한 기반조차 취약한 상태에서 '생활'의 민주화라는 측면은 상상하기조차 힘들었다. 심지어 민주화운동 주도세력의 요구도 현실적으로 절박한 '제도의 민주화' 추진에 급급했지, '의식의 민주화'를 넘어 '생활의 민주화'로 이어져야 민주주의 정착이 가능하다는 장기적 전망에 대해서는 전혀 혹은 거의 인식하지 못하고 있었다.

3. 1980년대 민주주의의 전개: 시기별 고찰

1) 1980년대 초 유신독재의 종식과 '서울의 봄'

1979년 10월 26일 박정희 대통령의 갑작스런 죽음은 반민주적인 유신체제의 종식을 가져왔다. 그러나 민주화운동의 직접적인 성과로 얻어진 민주주의의 전개가 아니라 사전에 예기치 못한 돌발사태의 발생은 민주주의의 순조로운 이행을 보장하지 않았다. 특히 장기간 집권해 온 군사정권의 공백을 대체할 민주화세력의 역량이 축적되지 못한 상태에서 정치권력을 추구하는 세력간에 각축이 치열하게 벌어짐으로써 독재에서 민주주의로 이행하는 데 어두운 전망을 예견케 하는 움직임이 10·26 이후 곧이어 나타나기 시작했다.

한편으로 10·26 이후 군부에서는 하나회 중심의 강경파들이 12월 12일 군사반란을 통해 군사권력을 장악했고, 전두환 소장을 정점으로 형성된 '신군부'가 등장해 국가권력을 찬탈하기 위한 일련의 행동이 표출됐다. 다른 한편으로 1980년 이른바 '서울의 봄'을 전후하여 장기간 군사독재에 억눌려 온 국민의 민주화열망이 전 사회의 영역과 부문에서 분출됐다. 민주화의 열망은 어느 특정 개인이나 집단 혹은 정치세력에게 국한된 요구가 아니었다.

군사정권 하에서 연금, 투옥 등으로 제도정치권에서 통상적인 정치활동을 제약당했던 정치인들도 1980년 초에 복귀할 수 있었다. 당시 김대중, 김영삼 두 야당 지도자와 공화당 총재로 취임한 김종필 등의 정치권은 일단 최규하 과도정부를 인정하고, 유신헌법의 폐기 및 신헌법 제정을 통해 민주화일정에 따른 조속한 정권이양의 실시를 촉구했다. 그간 군사정권하에서 침묵을 강요당한 지식인들도 변화하는 현실에 동참했다. 1980년 4월 24일 발표된 대학교수들의 지식인선언은 기존 군사정권에 대한 지지철회와 새로운 민주질서 이행을 촉구한 대표적인 사례였다.

그러나 이 시기에 무엇보다 주목할 만한 움직임은 군사독재 치하에서 치열하게 민주화투쟁을 해 온 학생운동 세력의 '민주화행진'을 통한 선도적 역할, 특히 군사정권하에서 최소한의 인간다운 생활을 보장받지 못한 노동자들의 폭발적 욕구의 분출이었다. 예컨대 강원도 정선군 사북읍에 소재한 사북탄광에서는 탄광노조 지도부의 어용성과 지방경찰의 비호에 대한 저항으로 광부들과 그 가족들이 포함된 시위군중이 경찰의 무기고에서 무기를 탈취해 무장하고 면사무소를 점거하는 충격적인 파업사태가 일어났다.[17] 이 사건을 계기로 전국에서 노동조합 결성, 임금인상, 해고반대 등 노동조건 개선투쟁이 연이어 일어났고, 5월11일에는 한국노총 민주화투쟁이 전개되는 등 1980년 들어 노동쟁의는 비약적으로 증가했다.[18]

그러나 신군부세력에 의한 억압은 훨씬 더 강했던 반면, 민주화세력이 총체적인 역량을 규합하기에는 너무도 짧았던 시기에 군사독재의 사슬에서 벗어나 회복의 계기를 맞이한 한국 민주주의는 위기에 봉착하게 됐다. 특히 1980년을 전후하여 당시 신군부의 치밀한 권력장악 시나리오에 제대로 대응하지 못한 최규하 과도정부의 무능력과 통합된 지도력을 신속히 확립하지 못한 제도정치권의 한계, 오랜 기간 동면상태와 다름없어 자율성을 상실한 시민사회 영역에서 갑작스레 찾아온 민주화의 계기를 활용할 수 있는 주체적 대응능력의 부재 등이 중첩되어 새로운 정치세력 형성을 주도할 역량이 대단히 취약한 현실이었다.

더욱이 1980년 '서울의 봄' 당시 가장 강력한 결집세력이었던 대학생들이 급변하는 사태의 와중에서 학생운동 지도부의 미숙한 경험과 인식의 한계로 나타난 '서울역 회귀'사건 이후 신군부에 저항할 수 있는 조직화된 세력 혹은 집단적 역량은 실질적으로 부재한

---

17) 정선지역발전연구소, 『1980년 4월 사북(사북사건 자료집)』(2000); 허상수, "개발독재 시기와 위기시대의 운동정치," 조희연 편, 『한국 민주주의와 사회운동의 동학』(나눔의 집, 2001), 253쪽에서 참조.

18) 허상수, 위의 글, 253쪽.

상태였다. 그 결과, 1960년 4·19혁명 이후 기나긴 민주주의의 암흑에서 벗어나 '제도'와 '의식'의 차원에서 소생하는 듯하던 한국의 민주주의는 1980년대 초기에 전 국민의 기대와 열망과 달리 광주항쟁을 계기로 정치권력의 전면에 재등장한 신군부 주도의 군사정권에 의해 미처 회복되기도 전에 강제적으로 중단됐다.

2) 1980~1987년 전두환정부 출범 이후 6월항쟁까지

1980년 5월 광주에서 일어난 신군부의 민간인 학살과 그에 대한 광주시민의 저항[19]은 이후 국민적 저항으로 이어졌고, 1980년대를 민주화운동 시대로 특징짓는 결정적인 계기가 됐다.[20]

광주항쟁을 무력으로 진압하고 최규하 과도정부를 무기력하게 만든 상태에서 모든 실권을 장악한 신군부의 집권시나리오는 큰 저항 없이 빠른 속도로 진행됐다. 신군부는 국가보위비상대책위원회(약칭 국보위)를 설치하고, 전두환 국군보안사령관 겸 중앙정보부장 서리가 상임위원장으로 취임했다. 국보위는 사회비리를 척결한다는 명분으로 고급공무원 정화, 교육정상화 및 과열과외 해소, 사회악 일소 특별조치 등에 관한 법률들을 통과시켰으며, 최규하 대통령을 강압적으로 사임시켰다.[21]

전두환 국보위 상임위원장은 통일주체국민회의를 소집하여 대통

---

19) 한국현대사사료연구소 편, 『광주 5월민중항쟁 사료전집』(풀빛, 1990).
20) 1980년 5월 광주항쟁에 대해서는 이 공동연구에 공동연구자로 참여한 정용욱, "광주민주화운동의 역사적 정착과정"을 참조하라.
21) 한국역사연구회, 『한국사강의』(한울아카데미, 1989), 395-396쪽.

령에 선출된 다음 10월 22일 대통령 단임제를 명시한 '제5공화국 헌법'22)을 마련하여 통과시킨 후, '국가보위비상대체위원회'를 '국가보위입법회의'로 개편하여 전두환정부 강압통치의 기반이 되는 각종 법안을 제정했다. 1980년에 개정된 헌법에서는 최고통치권자인 대통령의 선출방식을 '대통령 선거인단'을 통한 간접선거로 채택하고, 대통령에게 비상조치권, 국회해산권 등 초헌법적 특권을 부여했다. 또한 사법부와 헌법위원회에 대한 실질적 통제권은 물론 사실상 정당해산권까지 부여했다. 특히 3권분립의 원칙에 따른 대통령의 통상적인 의회통제권을 넘어 국회의원 3분의 1을 전국구로, 그것도 3분의 2를 제1당이 차지하도록 함으로써 입법부에서 제1당이 편법으로 다수를 점하도록 만드는 기형적 제도를 도입했다.

더욱이 '국가보위입법회의'를 통해서 기존의 반공법을 '국가보안법'으로 통합·개정하여 사상과 이념의 자유를 억압하는 제도적 장치23)를 마련하고, '언론기본법'을 공포하여 언론을 통폐합하는 조치를 실행했다. 또한 '집회 및 시위에 관한 법률'을 개정하여 국민의 민주화요구를 원천적으로 차단하고, '사회보호법'이라는 유례없는 국민의 기본적 인권을 침해하는 조치를 연속적으로 시행했다. 더 나아가 '노동조합법', '근로기준법', '노사협의회법', '노동쟁의조

---

22) 필자는 '제5공화국' 헌법이라는 명칭에 동의하지 않는다. 공화국 구분에 대한 합의가 없는 상태이긴 하지만, 필자는 군사정권하에서 편의적으로 행해진 제3공화국, 제4공화국, 제5공화국, 제6공화국 헌법이라는 명칭은 엄밀한 학계의 토론과 논증을 거친 뒤에 사용할 것을 제안하고 있기 때문이다. 이러한 문제제기는 박호성, "한국의 민주화와 시민운동의 과제," 민준기 편저, 『21세기 한국의 정치』(법문사, 2001), 507쪽 각주 18을 참조하라.

23) 박원순, 『국가보안법 연구 1~2』(역사비평사, 1992).

정법', '노동위원회법' 등 노동관계 법률들을 개정함으로써 노동3권을 사실상 유명무실하게 만들고, '제3자 개입금지' 조항을 만들어 노동자 탄압에 대한 연대파업 금지 등 노동자들의 권익보호를 위한 실질적인 저항수단을 제도적으로 봉쇄했다.

그 외에도 '정치풍토 쇄신을 위한 특별조치법'을 만들어 정치인과 재야인사들 가운데 비교적 영향력이 큰 600여 명의 정치활동을 중단시킨 상태에서 1981년 초에 형식적인 대통령선거와 국회의원 총선거를 실시했다. 그 결과 1981년 1월 '민주정의당'(약칭 민정당)을 창당해 실질적인 일당독재를 실시하게 되지만, 형식적으로는 복수정당제를 표방해 '민주한국당(약칭 민한당)' 등 이른바 '관제야당'을 들러리로 내세워 압도적 다수를 확보한 뒤 1월 24일 비상계엄을 해제하고 1981년 2월 25일 대통령 선거인단을 통해 단독 출마, 대통령에 당선된 뒤 군사독재의 연장으로 전두환정부를 출범시켰다.

당시 자유민주주의를 표방하는 우방국이자 현대 한국정치의 변화와 밀접한 관계를 유지해 온 미국이 취한 태도는 한국 국민이 이해하기 힘든 수준으로 판단되지만, 미국의 카터 대통령은 전두환정부 출범 즉시 축하 전문을 보냈다.[24] 더욱이 미국은 1981년 2월 한미 정상회담을 통해 주한미군 철수 백지화, 한국군 현대화 적극지원을 약속하는 등 전두환정부를 지지하는 태도를 보였다.[25]

---

24) 1979년 박정희 대통령 사망 이후 1980년대 초 전두환정부 출범시기에 한국정치의 변화는 미국의 대한정책과 분리시켜 고찰할 수 없을 정도로 긴밀히 연관돼 있었다. 이에 대한 논의는 이 연구에서 공동연구자로 참여하는 이완범, "박정희정부의 정권교체와 미국, 1979"를 참조하라.

25) 1980년 8월 8일 위컴 주한미군사령관이 <로스엔젤레스타임스>와 가진 기자회견은 커다란 파문을 일으켰다. 위컴은 "한국민의 국민성은 들쥐와 같아서 누가 대통령이 되든 그 지도자를 따라갈 것이고, 한국민에게는

전두환정부 출범 이후 한국 민주주의는 일시적으로 질식상태에 빠진 것으로 보였다. 그러나 그 이전 유신정권하에서도 부단히 진행돼 온 민주화운동의 역사는 이미 쉽게 단절될 수 없을 만큼 현대 정치사의 중심축으로 자리잡고 있었다. 특히 1980년 이전 민주화운동이 '반공주의'(anti-communism)에 의존한 군사정권의 정치적 정통성을 문제삼고 '자유민주주의'의 성취를 목표로 삼은 민주화요구였다면, 1980년 광주항쟁의 경험은 민주화운동을 양적·질적으로 변화시키는 계기가 됐다.

광주민주화운동에 대한 신군부의 무자비한 유혈진압과 그 참상에 크게 자극받은 학생운동은 1984년에 단행된 '학원자율화' 조치를 계기로 크게 강화됐다. 처음 복교대책 운동에서 출발한 1980년대 초 학생운동은 학원 민주화운동으로 발전했고, 연대조직의 강화를 위해 각 학교마다 '학원자율화추진위원회'를 조직했다. 이후 학교마다 학생회를 구성하고 전국적인 학생연대를 위해 '전국학생대표자기구회의'를 만들어 사회민주화 투쟁으로 방향을 선회했다. 1985년 4월에는 전국적 연대조직으로 '전국학생총연합회'(약칭 전학련)를 결성했고, 그 산하에 '민족통일, 민주쟁취, 민중해방을 위한 투쟁위원회'(약칭 삼민투)를 두어 급진적 성향의 민주화투쟁을 조직적·체계적으로 수행했다. 학생들은 삼민투를 중심으로 1985년 '5월투쟁'과 5월 23일 미문화원 점거농성을 주도했다. 특히 미국문화원 농성사건은 광주에 대한 미국의 책임문제를 전면적으로 제기하

민주주의가 적합치 않다"는 요지의 발언을 한 것으로 알려져 있다. 한국정치연구회, 『한국정치사』(백산서당, 1990), 378쪽. 회견문 전문을 확인하지 않은 상태에서 성급한 판단이겠지만, 위컴의 발언은 당시 미국측에서 한국 민주주의의 수준을 평가하는 한 시각을 보여준다.

여 국민에게 상당한 충격을 주었다.

1980년대 민주화운동의 전개에서 가장 중요한 역할을 한 것은 그 이전과 마찬가지로 대학생들을 중심으로 하는 학생운동 세력이었다. 특히 기성세대에 비해 급진주의(radicalism)를 쉽게 수용할 수 있었던 대학생들은 1980년 광주항쟁을 계기로 '변혁운동의 과학화'를 목표로 좌파이념을 과감히 수용하기 시작했다. 특히 대학에 몸담고 있는 진보적 지식인층을 중심으로 전파된 급진주의 성향을 지닌 좌파이념의 확산은 학생운동을 그 이전과 전혀 다른 방향으로 전개시켰다.

더 나아가 1980년대 초부터 학생운동 출신 지식인들이 노동운동에 광범위하게 투신하는 흐름이 본격화됐다. 노동운동의 확산에 기폭제가 된 것은 1980년대 초반부터 급진화된 학생운동의 활성화와 함께 '노학연대'라는 슬로건하에 노동현장에서 활동하던 학생운동 출신세력과 지식인들이었다.26) 이들은 기존 노동조합을 어용노조로 비판하면서, '민주노조' 건설을 목표로 노동자들의 노동조건 개선투쟁을 지원하고 노동자들의 권익과 계급의식을 고취시키는 노학연대투쟁, 연대파업 등을 주도했다.

특히 사회변혁을 목표로 정치투쟁을 지향하는 대중조직인 서울노동운동연합(약칭 서노련)이 결성된 이후 인천, 안양 등 여러 지역에서도 유사한 성격의 단체들이 조직됐다. 이들 노동단체는 노동자의 노동운동을 활성화시키고 정치의식을 고취시키는 데 일정한 역할을 담당했다. 그러나 군사정권하에서 비합법, 비공개로 결성될 수밖에 없었던 이러한 노동단체들이 노동자들을 민주화운동에 합

---

26) 오일환, 『한국정치의 쟁점』, 100쪽.

류시키는 데는 어쩔 수 없는 한계가 있었다. 따라서 노동자들이 민주화운동에 직접 참여하는 경우는 일부 사례, 그 중에서도 노동운동 지도부를 제외하고는 거의 찾아보기 힘들었다.

1980년대는 신군부정권의 노동운동 대탄압으로 시작됐다고 해도 지나친 표현이 아니다. 군사정권은 노동조합에 대한 물리적 탄압, 민주노조의 파괴, 노동법 개악을 통하여 강력한 노동통제 정책을 실시하여 1970년대 이래 싹트기 시작한 노동운동 역량을 철저히 파괴하고자 했다.[27] 특히 군사정권은 취약한 정치적 정통성을 경제성장으로 상쇄하려는 의도하에서 정부주도의 산업발전 계획을 추진하는 데 노동자들의 희생을 감수하도록 강요했을 뿐 아니라, 노동운동의 세력화를 막기 위해 공권력을 동원하는 등 각종 노동자 탄압정책을 강화시켰다. 노동문제는 시국문제나 치안문제 차원에서 다루어졌고, 심지어 정부가 실정법을 어기면서까지 노동운동을 억압하는 사례도 많았다.[28]

그러나 군사정권의 노동운동 탄압에도 불구하고 노동자들의 단합된 힘이 사회변혁의 원동력이라고 인식한 학생운동 출신 활동가 및 지식인들이 노동현장에 뛰어드는 수효는 나날이 늘어갔다. 따라서 당시에 노동운동의 노선과 방향을 둘러싼 다양한 논쟁[29]과 숱한 조직의 이합집산에도 불구하고, 실제 노동현장을 중심으로 노동자들이 꾸준히 세력화되는 추세에 있었다.[30] 특히 신군부의 탄압으

---

27) 한국역사연구회 현대사연구반, 『한국현대사 4: 1980년대 한국사회와 민족민주운동』(풀빛, 1998), 116쪽.

28) 오일환, 『한국정치의 쟁점』, 101쪽.

29) 김용기·박승옥 엮음, 『한국노동운동논쟁사』(현장문학사, 1989); 한국역사연구회, 『한국현대사 4』, 117쪽에서 참조.

로 노동운동의 근간이 파괴되어 일시적으로 소그룹운동에 주력하던 노동운동은 1983년부터 다시 활성화되기 시작한다. 이러한 노동운동의 활성화는 1980년 이후 전개된 노동운동 역량의 잠재적 확산과 노동자들의 의식성장을 기반으로 하지만, 1983년 말부터 도래한 이른바 '유화국면'이 중요한 계기가 됐다.31)

이 시기는 1970년대 활성화된 노동운동이 군사정권의 탄압에 붕괴된 이후 '민주노조'라는 틀을 바탕으로 조직을 재건해 노동운동을 회복하던 시기였다. 노조결성을 주도한 세력들은 1970년대 민주노조의 한계로 지적된 고립분산성과 조직분산주의 및 조합주의를 극복하기 위해 과감한 투쟁을 전개했다. 이처럼 한국의 노동운동이 급진화하고 본격적인 조직적·정치적 투쟁의 형태를 띠게 된 것은 1980년대부터이다.

1984년 4월 '청계피복노조'의 조합복구 대회를 필두로 공단지역을 중심으로 한 노조결성 운동은 이러한 흐름의 일환이었다. 또 다른 흐름은 1970년대 조합주의적 노동운동의 경험을 반성하면서 합법적 노동조합의 외부에서 지원 및 지도할 조직으로서 공개적 민주 노동단체를 결성하려는 움직임이었다. 그 대표적인 사례는 1983년 블랙리스트 철폐투쟁을 주도한 세력들이 1984년 3월 조직한 '한국노동자복지협의회'(약칭 노협)이다. 그러나 '노협'은 노동운동 역량의 미흡을 근거로 정치투쟁을 반대하는 노선을 채택함으로써 노동운동과 정치투쟁의 연계를 주장하는 학생운동 출신 활동가들과 자체 대립하면서 각종 투쟁을 효과적으로 주도·지원하지 못했다.

---

30) 한국역사연구회, 『한국현대사 4』, 117쪽.
31) 한국역사연구회, 『한국현대사 4』, 119쪽.

이러한 상황에서 소그룹운동과 기업별 노조의 한계를 극복할 수 있는 운동조직이 필요하다는 '정치적 대중조직론'이 제기되어 지역별·산업별 노동운동 지도부 건설 움직임이 진행됐다. 이러한 움직임은 1980년대 노동운동의 전환점이 된 1985년 '구로지역 동맹파업'을 통해 표출됐다. 30여 명이 구속되고 20여 명이 불구속 입건됐으며 1천여 명이 해직된 구로동맹파업은 많은 한계에도 불구하고 노동조합주의를 극복한 연대투쟁, 한국전쟁 이후 최초의 대규모 노동자 정치투쟁, 현장노동자들의 조직적 투쟁이라는 점에서 기존의 노동운동과 구별됐다. 구로동맹파업은 노동운동이 사회변혁의 성격을 지닌 민주화운동의 일환으로 전환되는 중요한 계기였다. 구로동맹파업 이후 노동운동은 1985년 구로지역과 청계피복노조를 중심으로 '서울노동운동연합', 1986년 인천지역을 중심으로 '인천지역노동자연맹' 등 지역 노동운동 조직의 창립을 바탕으로 연대투쟁을 전개했다. 그러나 지역 노동운동 조직의 건설이 전국적인 통일성을 갖고 진행되지 못해 부분적인 전술차이를 이유로 서울지역의 경우 '남서울노동운동연합'이 따로 조직됐다.[32]

1980년대 노동운동은 군사정권의 탄압에도 불구하고 크게 성장했다. 특히 1980년대 중반 택시파업, 대우자동차파업, 구로동맹파업 등 노동자들이 상당한 힘을 과시하는 사례가 이어졌고, 대중투쟁의 경험이 축적되는 만큼 노동자들이 사회변혁에 중요한 세력으로 인식되기 시작했다. 더욱이 1980년대에 들어와 한국경제의 산업환경이 변화하는 만큼 노동운동의 양상도 그 이전과 달라지게 됐다. 그 특징적 현상으로 노동운동의 구심점이 종래에는 소규모 경공업체

---

[32] 한국역사연구회, 『한국현대사 4』, 119-120쪽.

품 수출산업체에 있었으나, 대기업, 특히 재벌기업의 남성근로자 밀집 사업체로 이동하는 경향이 나타났다. 재벌기업에 소속된 노동조합들을 중심으로 이뤄지는 노동운동이 잠재적 동원력, 기업간의 연계, 경제에 미치는 영향 등이 크기 때문에 이러한 변화는 노동운동 세력의 기반확대로 이어졌다.

1980년대 노동운동의 특징은 1960년대 이후 한국자본주의의 급속한 전개에 따라 확대된 자본축적과 양적, 질적으로 성장한 노동자들이 1970년대 이후 노동운동을 통해 인식하기 시작한 노동자의 개별 권리찾기로부터 점차 확대돼 정치의식 확립으로 나타났다는 점이다. 그 결과 노동운동의 쟁점에 임금인상이나 노동조건 개선 등에 머무르지 않고 노동자의 권리, 군부독재 타도 같은 정치적 구호(slogan)가 등장하기 시작했다.

더 나아가 1980년대에 이르러 노동운동이 그 이전의 양상과 달리 노동자뿐만 아니라 재야세력, 종교단체, 특히 반체제를 지향하는 학생운동 등과 수시로 연대를 갖기 시작했다는 점은 민주화운동의 전개와 관련해 적지 않은 의미를 갖는다.[33] 이 과정에서 학생운동 출신의 활동가들은 농민운동, 빈민운동 등의 활성화에도 큰 노력을 기울였다. 이는 1980년대 민주화운동이 부문과 영역별로 세분화된 조직기반을 확보하는 계기가 됐다. 즉 민주화운동이 학생운동, 노동운동, 농민운동, 종교운동, 문화운동, 빈민운동, 청년운동, 여성운동 등의 부문운동으로 발전하게 되며, 이들 부문운동은 각각 특수한 기능적 과제를 가짐과 동시에 '군사독재 타도'와 같은 정치

---

33) 마인섭, "자본주의의 발전과 민주화," 임현진·송호근 공편,『전환의 정치, 전환의 한국사회』(사회비평사, 1995), 184-185쪽; 오일환,『한국정치의 쟁점』, 101쪽에서 참조.

적 목표를 중심으로 유기적인 전체로 결합하는 양태를 띠었다.34)

1980년대 민주화운동이 지니는 커다란 특징 중의 하나는 학생, 노동자 등을 중심으로 각 부문운동과 지역운동이 성장하면서 이러한 운동을 하나의 통합된 세력으로 결집시키려는 민주화세력 연합운동이 본격적으로 시도됐다는 점이다. 특히 1970년대 민주화운동의 정치·계급적 한계와 조직적 한계를 반성하며 투쟁력을 복원하고 있던 민주화운동 세력은 1983년 내외적 요인에 의해 조성된 '유화국면'을 통해 민주화운동의 조직과 역량을 급속히 확장해 간다.

1983년 하반기에 전개된 유화국면은 당시 민주화운동 세력의 '아래로부터' 압력으로 얻어낸 성과가 아니라 정부에 의해 '위로부터' 일방적으로 실시된 독재 완화조처였다. 유화국면은 전두환정부가 출범한 이래 비록 폭압적인 탄압으로 '강요된' 정치·사회적 안정이지만, 정권유지에 자신감을 갖게 된 군사정권이 민주화를 촉구해 온 국내외의 요청에 부응하는 형식으로 '제한된 자유화'를 실시하는 몇 가지 조치를 내린 데서 비롯됐다.35) 물론 광주민주화운동 이후에도 꾸준히 군사정권에 저항하면서 성숙해 온 민주화운동의 역량도 유화국면의 조성에 적지 않게 영향을 미친 요소였다.

민주화운동 세력은 이 시기 유화국면을 이용해 민주화세력을 급속히 조직화시킨다.36) 1983년 9월 30일 창립된 '민주화운동청년연

---

34) 박형준, "전환기 사회운동의 성격," 임희섭·박길성 공편, 『오늘의 한국 사회』(사회비평사, 1993), 422쪽; 오일환, 『한국정치의 쟁점』, 96쪽에서 참조

35) 윤상철, 『1980년대 한국의 민주화이행 과정』(서울대학교 출판부, 1997), 특히 "제4장 2. 정치적 개방: 지배블록의 중간계급 연합전략," 91-110쪽.

36) 윤상철, 『1980년대 한국의 민주화이행 과정』, <표4-2> 유화국면의 재야 정치조직 및 시민사회단체 조직현황, 106쪽.

합'(약칭 민청련)의 출범은 이 시기 대표적인 사례이다. 민청련은 "민족의 존립 자체가 위협받고 있는 오늘의 현실상황은 뿔뿔이 흩어진 민주청년들이 다시 한데 모여 민중운동의 흐름 속에서 양심적인 지식인, 종교인, 정치인, 노동자, 농민들과의 연대를 강화하면서 민주주의와 민족통일을 위한 새로운 사회건설에 온몸으로 매진할 것을 강력하게 요구하고 있다"는 요지의 발기문을 채택한 것처럼, 당시까지 축적된 경험과 역량을 강화하기 위해 민주화운동 세력들의 연대를 공식 선언하며 창립됐다.37)

1980년대 민주화세력 연합운동은 1970년대 사회 명망가 혹은 지식인층을 중심으로 이뤄진 상층부 연합운동과 달리 새로운 양상으로 전개됐다. 물론 1970년대 민주화세력 연합도 국민운동 방식을 취하면서 상당부분 국민의 지지를 받았지만, 학생운동과 노동운동을 비롯한 각 부문과 지역운동과의 조직적·체계적인 연계활동은 찾아보기 힘들었다. 그러나 1980년대에 들어오면 각 부문·지역운동과 조직적 연계 속에서 민주화세력 연합운동이 활발히 전개됐다.

1983년 9월 민청련 출범 이후 1983년 12월 '해직교수협의회', 1984년 3월 '한국노동자복지협의회', 1984년 4월에 '민중문화운동협의회'와 '해직언론인협의회', 1984년 6월 '민중민주협의회'(약칭 민민협)와 1984년 10월 '민주통일국민회의'(약칭 국민회의), 1985년 3월 '민주·통일민중운동연합'(약칭 민통련), 1987년 '민주헌법쟁취국민운동본부'(약칭 국본), 1989년 1월 '전국민족민주운동연합'(약칭 전민련)의 결성 등은 대표적인 사례들이다. 이러한 1980년대 민주화세력 연합운동의 전개는 낮은 수준의 공동투쟁과 부분적 연합에서 점차

---

37) 민주화운동청년연합, 『민주화의 길』 창간호(1984. 3. 25).

높은 수준의 공동투쟁과 전면적 연합으로, 연대조직 틀의 건설에서 전위조직→통일전선→합법정당의 총체적 전략계획의 수립으로 변했으며, 조직운동과 계급적 대중노선의 강화·발전 및 민중세력의 독자성 확대를 특징으로 발전해 왔다.

더욱이 이 시기에 주목할 만한 사실은 중앙조직뿐 아니라 지역조직이 활성화되기 시작했다는 점이다. 서울 중심의 민주화운동 단체연합 경향에 자극되어 각 지방별로 청년운동 역량을 중심으로 종교운동 역량이 결합하여 1984년 10월 '전북민주화운동협의회'를 시발로 1984년 11월 '전남민주청년운동협의회'와 '인천지역사회운동연합' 등 지역운동 단체들이 결성됐다. 이러한 각 지역·부문을 중심으로 한 민주화세력 연합운동 틀의 새로운 정립은 민주화운동의 전국적 확산으로 이어졌다. 1984년을 전후해 민주화운동은 종전의 사안별·한시적 연대를 극복하고 각 부문과 지역에 축적된 역량을 기반으로 조직적인 연대틀을 결성하려는 노력이 활발해졌다.

그러나 민주화운동 단체의 연대방식을 둘러싼 민주화운동 세력들의 견해차이로 연대조직 건설은 두 갈래로 진행되어, 1984년 6월 '민민협'과 1984년 10월 '국민회의'가 각각 결성됐다.[38] 이후 두 조직이 일정기간 별도로 활동했지만, 민주화운동 세력의 분산된 역량을 극대화하고 연합운동을 한 단계 높은 수준에서 통합한 민통련

---

[38] 민민협은 1970년대의 '국민운동' 방식을 지양하면서, 조직단위 가입과 민중주체 역량강화를 위한 계급적 대중노선의 견지, 연대를 통한 각 부분의 강화와 그 성과의 조직적 수렴 등을 모색해 민주화운동의 올바른 방향정립과 통일성 획득의 계기를 만들었다. 이에 비해 국민회의는 1970년대 국민연합의 연장선상에서 재야민주인사의 명망성에 기초한 반독재 투쟁을 강조했다. 한국역사연구회, 『한국현대사 4』, 130-131쪽.

이 1985년 3월 결성됐다. 1980년대 민주화세력 연합운동의 귀결점인 민통련은 1989년 1월 전민련이 결성되면서 해소되기까지 약 3년여에 걸쳐 구로동맹파업 지지투쟁, 민주헌법 쟁취투쟁, 고문살인 은폐조작 규탄투쟁 및 국본 결성과 그 활동 등에 중요한 역할을 수행하면서, 1960~70년대 각 지역·부문의 고립분산적인 활동을 극복하고 집단적 규율과 전국적 연대운동의 경험을 축적해 운동의 통일성을 제고하는 데 기여했다.

이상에서 살펴보았듯이 1980년대 전반기는 1980년 5월 광주민주화운동에서 제기된 문제점과 한계를 극복하기 위해 민주화운동 세력들이 각 부문과 지역조직을 통해 처음에는 개별단위로 활동하다가 점차 연합운동의 양상으로 전개됐다. 민주화세력 연합운동도 초기의 사안별·한시적인 결합수준에서 점차 조직적·체계적인 연대틀의 양상으로 발전했다.

1980년대 전반기를 통해 민주화운동 세력은 일찍이 찾아보기 힘들 정도로 급성장했다. 이 시기 민주화운동의 역사는 어느 특정부문에 한정지을 수 없을 만큼 거의 전 사회적으로 확산됐다. 그 중에서도 민주화운동의 선두에 나선 학생운동, 노동운동, 재야운동 등은 민주화운동을 대표했다고 해도 과언이 아니다.

1980년대 이후 학생운동은 사회운동뿐 아니라 기성 정치권이 침묵을 강요당한 시기에 집단적 결속력을 갖춘 실체로서, 정치적으로도 가장 큰 영향력과 동원력을 갖는 군사독재에 대한 저항세력이었다. 또한 비록 학생운동 전체 역량을 하나로 묶을 수 있는 통일된 이념을 창출하는 수준에까지 이르지는 못했지만, 서구사회에서 유래된 수많은 좌파이념이 한국사회 민주화를 위한 강력한 결속수단의 하나로 역할하기 시작했다. 1980년대 이전 학생운동이 근대

서구식 자유민주주의를 회복하는 수준에 머물렀다면, 1980년대 이후 학생운동은 자유민주주의를 넘어서 급진 좌파이념을 실현하려는 요구에 이르렀던 것이다. 더 나아가 제각기 상이한 좌파이념을 중심으로 결속력을 강화한 학생운동 세력은 대학 내에서 변혁운동의 목표와 실현방법 등을 둘러싸고 치열한 논쟁[39]을 벌였을 뿐 아니라, 대학을 벗어나 사회 전 부문에 영향을 끼치기 시작했다.

1980년대에 나타난 특이한 양상은 외형적으로는 군사정권의 탄압이 거세질수록 민주화운동 세력이 양적·질적으로 확충돼 대학생, 노동자, 농민 등 수많은 사람들에게 민주주의 가치에 대한 인식이 내면적으로 확대돼 갔다는 점이다. 더욱이 이 시기에 도입된 급진주의의 영향은 부정적 결과를 초래한 측면도 있지만, "반공이념에 지배되는 한 왜곡될 수밖에 없는" 자유민주주의가 한국 정치 발전의 유일한 대안이 아니며 다양한 이념 중 상대적으로 우월한 장점을 지닌 이념일 뿐이라는 인식이 지식인층을 중심으로 비로소 나타나기 시작했다.[40]

---

[39] 강신철 외, 『80년대 학생운동사: 사상이론과 조직노선을 중심으로(80~87)』(형성사, 1988); 최문성, "'80년대 한국학생운동," 김영국 외, 『한국정치사상』, 408-436쪽.

[40] 이른바 진보 지식인층을 중심으로 학생운동 세력에서 치열한 이념논쟁이 전개된 이후 점차 전 사회부문으로 확산된 변혁운동의 목표와 노선 등을 둘러싼 다양한 이념은 본래 이념이 갖고 있는 다양성으로 인해 결코 하나의 단일한 이념으로 통합될 수 없는 것이었다. 따라서 1980년대 한국사회 민주화세력 내에서 팽배했던 이념논쟁은 서구의 경험과 마찬가지로 어찌 보면 한국사회에 이질적인 외래이념이 수용되는 과정에서 노출되는 문제점으로서, 이념 및 이념 추종세력이 확산되는 과정에서 나타나는 당연한 절차 혹은 과정일 수도 있다. 이 과정에서 활발한 이념논쟁은 그만큼 이념의 확산으로 나타나 이념을 중심으로 결속된 강력한 정치

민주화운동 주도세력도 학생, 노동자, 농민, 지식인 등을 중심으로 점차 거의 사회 모든 계층이 민주화운동에 직접·간접으로 참여하기 시작했다. 지식인들도 예외가 아니었다. 지식인층의 민주화운동은 재야운동, 종교운동, 문화운동 등에 참여한 지식인들을 중심으로 군사독재 철폐와 민주화를 요구했다.

1980년대 초 광주항쟁 이후 등장한 신군부와 뒤이은 전두환정부 하에서 제도적 차원에서 민주주의는 전혀 실현될 가능성이 없는 암흑기에 비유할 정도로 최악의 상태로 전락했다. 그러나 민주화운동 세력의 적극적 저항은 1983년 들어와 전두환정부의 유화조치를 이끌어 내는 성과를 얻어낼 만큼 의식의 차원에서 민주주의의 가치는 국민의 내면에서 꾸준히 성장하고 있었다. 이처럼 1980년대 초부터 양적·질적으로 확대된 민주화운동의 역량은 1983년 유화

결사체가 등장하기 때문이다. 1980년대 한국사회에 민주화세력이 확대되는 데는 이념논쟁이 기여한 바도 적지 않다. 더 나아가 1980년대 학생운동을 비롯한 사회운동 세력간에 전개된 지나친 이념논쟁이 민주화운동을 위축시켰다는 일방적 평가는 곤란하다. 물론 1980년대 한국사회 현실과 전혀 다른 토양과 배경 속에서 탄생한 근대서구 혹은 다른 사회주의국가들에게 어느 정도 적합한 추상적 이념이 어느 사회에도 적용 가능한 '보편성'을 확보한 것으로 집착해 한국사회 현실을 도외시한 결과 민주화운동 세력을 분열시킨 책임은 결코 적지 않다. 그러나 그 책임의 상당부분은 민주화운동 세력 전반에 있다기보다는, 정치의식 수준이 낮은 국민들이 참여할 수 있도록 민주화에 대한 대강의 원칙과 실천방안 등에 대해 쉽게 다가갈 수 있는 대체적인 합의를 도외시하고 고도로 추상화된 이념을 내세우며 결과적으로 선택을 강요(?)한 일부 지식인층의 책임이 훨씬 크다. 지난 역사를 돌이켜볼 때 해방 이후 한국사회를 지배해 온 '반공이데올로기'라는 금기를 깨고 1980년대 한국사회에 대두된 급진주의 이념을 적절히 수용할 수 있었다면, 민주화운동은 양적으로나 질적으로 괄목할 만한 성장을 할 수 있었을 것이다.

국면 시기를 계기로 공개적으로 표출되기 시작해 1980년대 중반에 이르러 군사정권의 강압적인 탄압으로 억누를 수 없는 수준에 이르렀다. 그 결과 나타난 것이 1987년 초부터 시작된 군사정권 연장을 위한 일련의 조치를 더 이상 허용하지 않겠다는 국민의 민주화 의지를 집단적으로 표출한 6월민주항쟁이었다.

3) 1987년 6월항쟁 이후 노태우정부 초기까지

1987년 6월의 민주항쟁이 일어난 배경은 오랜 기간 내면으로 축적된 민주화세력의 역량이 일정한 계기를 맞이해 표출된 것으로 볼 수 있지만, 그 해 초까지만 해도 6월항쟁과 같은 대규모 민주항쟁이 일어나리라고 예측하기는 힘들었다.

1987년 초 2월 7일과 3월 3일에 고문으로 사망한 박종철 국민추도대회가 열렸지만, 전두환정부가 위기를 느낄 수준은 아니었다. 그러나 전두환정부 출범을 위해 제정된 비민주적인 헌법을 통해 군사정권의 장기집권을 기도하는 4월 13일 호헌조치가 발표된 직후부터 제도정치권에 속한 야당과 재야 민주화운동 세력은 물론 지식인층을 중심으로 국민의 저항이 표출되기 시작했다.

'4·13호헌조치'가 발표된 이후 5월 20일경까지 전두환정부는 일방적인 정치일정을 진행함으로써 야당인 통일민주당과 민주화운동 세력의 강력한 항의에도 불구하고 대화나 타협을 통해 해결할 의사를 전혀 보이지 않았다. 오히려 4·13호헌조치 반대세력에 대해 강압적으로 탄압하는 태도로 일관했을 뿐이었다. 그러나 5월 18일 명동에서 개최된 광주민주화운동 희생자 추도회에서 발표된 가톨

릭정의구현사제단의 "박종철군 고문치사 사건의 진상이 조작됐다"는 성명은 1987년 6월 한국의 정치현실을 근본적으로 뒤흔드는 계기가 됐다.41) 5월 22일 검찰발표에 의해 명확하게 드러난 고문치사 은폐조작 사건은 언론을 통해 널리 알려지게 됐고, 4월부터 5월에 걸쳐 '정경유착'에 의한 부정부패 사례로 커다란 사회적인 파문을 일으켰던 '범양사건'과 더불어 국민의 분노를 사게 됐다.

이러한 일련의 사건은 정치적 정통성이 없는 상태에서 출범한 군사정권의 도덕성을 더욱 추락시키는 계기로 작용했으며, 민주화운동 세력들은 4·13호헌조치 이후 각종 세력 혹은 집단들이 산발적으로 제기해 온 소극적인 개헌운동을 범국민적 차원의 적극적인 운동으로 전환시킬 수 있었다. 그 결과 5월 23일 재야인사들을 중심으로 '박종철군 고문살인 은폐조작규탄 범국민대회준비위원회'가 발족되고, 5월 27일에 재야와 통일민주당의 연합조직으로 '민주헌법쟁취국민운동본부'(약칭 국민운동본부)가 결성됐다. 국민운동본부는 1980년대 이래 성장한 각 부문과 지역 민주화운동의 총연합체로서, 4·13호헌조치와 박종철 고문치사 은폐사건을 계기로 제도정치권의 야당과 재야 민주화세력, 학생운동 세력 등이 연대해 범국민운동 형식으로 6월항쟁의 구심체 역할을 수행했다. 국민운동본부는 결성 직후 6월 10일 전 국민이 참여하는 규탄대회를 갖고, '6·10대회'에서 박종철 고문치사 은폐사건 규탄뿐 아니라 4·13호헌조치의 철회 및 민주개헌 쟁취에 이르는 목표를 설정했다.

그러나 전두환정부는 6월 10일에 민정당 전당대회를 열어 노태우 대표를 차기 대통령후보로 공식 선출했다. 그 자리에서 전두환

---

41) 이하의 논의는 한국기독교사회문제연구원, 『기사연 리포트 2: 6월 민주화대투쟁』(민중사, 1987)을 참조.

대통령은 "정치권 밖에서 폭력으로 혼란을 조성하는 일은 평화적 정부교체를 방해하는 행위로서 어떤 희생이 있더라도 단호히 대처할 것"이라면서 4·13호헌조치 이후의 강압적 태도를 고수했고, 노태우 후보는 "양대사(1987년 대통령선거와 1988년 서울올림픽 개최) 이후에 내각제 합의개헌을 관철하겠으며, 민주발전을 위해 누구와도 대화하겠다"고 말했다. 특별한 사태가 발생하지 않는 한 군사정권의 연장을 공식 선포하는 자리라고 평가될 수 있는 전당대회가 개최된 것이다.

그러나 4·13호헌조치에 뒤이어 전두환정부가 주도하는 일방적인 정치일정은 제도정치권에 소속된 야당과 재야 민주화운동 세력의 반발로 인해 순탄하게 진행될 수 없었다. 같은 날 같은 시각에 열린 민주당과 민추협의 영구집권음모 규탄대회에서 김영삼 총재는 "지금 이 시간 민정당은 4천만 국민의 뜻을 무시한 채 역사 속의 치욕스럽고 부끄러운 '돌아올 수 없는 다리'를 건너고 있다"고 비판하고, "4·13호헌조치의 계속과 일방적인 정치일정 강행은 이 정권의 비극이고 불행"이라고 경고했다.

1987년 6월 10일 국민운동본부에 의해 개최된 6·10국민대회는 전국 22개 지역에서 40만 이상의 학생, 시민이 참여해 동시다발적인 시위투쟁의 양상으로 전개됐다. 이 날 시위는 엄격한 훈련과 시위진압 장비로 무장한 경찰이 오히려 시위대에 포위되는 상황이 발생할 만큼 대규모로 진행돼 경찰이 진압할 수 있는 수준을 넘어섰다. 특히 주목할 만한 변화는 6·10대회를 계기로 상당수의 시민들이 학생과 재야 민주화세력에 적극 호응·가세하는 양상이 나타났다는 점이다. 시위의 전국적 확산, 대규모화, 이른바 '넥타이부대'라 불린 사무직노동자와 일반시민들의 가세, 경찰력의 한계노출 등 종전의 시위와는 전혀 다른 양태로 6·10대회는 진행됐다.

한국 민주주의의 역사, 더 나아가 세계 민주주의 역사에 기록될 만한 장엄한 6월항쟁의 주역들이 역사의 전면에 등장하는 순간이었다. 그때까지 '침묵하는 대중'으로서 군사정권의 압제와 억압에 신음해 온 한편, 경제적 과실의 제한된 분배에 만족하는 정치적 무관심층으로 분류돼 여·야 정치권은 물론 심지어 민주화운동 세력으로부터도 별로 주목받지 못했던 중산층이 오랜 침묵에서 깨어나 군사정권에 정면으로 맞서 민주화를 추동하는 주도세력으로 역사의 전면에 부상하는 '행동하는 시민'의 대행진이 시작됐다. 6·10대회 이후 대도시의 시위대열에 합세한 중산층의 존재는 당시 극도로 취약한 처지에 몰렸던 제도정치권의 야당과 재야 민주화운동 세력에게 정당성을 부여하는 상징이자 커다란 격려가 됐다. 전두환 정부는 6월항쟁 초기부터 시종일관 강력한 탄압을 자행했으나, 6·10대회 이후 2주일이 넘도록 전국에서 전개된 범국민적 가두시위는 경찰력으로 감당할 수 있는 수준을 훨씬 넘어섰다.

이러한 예기치 못한 사태에 직면한 군사정권은 물론 한국의 정치현실에 상당한 관심을 갖고 있던 미국정부조차 크게 당황했다.[42] 군사정권이 취할 대처방법은 또다시 군의 투입에 의한 초강경탄압이냐, 국민적 차원에서 제기된 민주화요청의 수락이냐 외에 거의 선택의 여지가 없었다. 이러한 상황에서 한국민의 광범위한 민주화 요구와 군사정권의 탄압에 대한 저항역량의 성장으로 인해 군부의 개입으로는 사태해결이 어렵고 오히려 악화시킬 뿐이라는 판단으로 미국정부는 레이건 대통령의 친서 전달, 더윈스키 국무차관, 시

---

42) 브루스 커밍스, 『한국현대사』, 김동노 외 역(창작과비평사, 2001), 555쪽.

거 차관보의 방한, 미 행정부의 명확한 태도표명 등 적극적인 교섭과 권고에 의해 군부개입을 저지하는 영향력을 행사한 결과, 전두환정부는 다른 대처방안을 모색하지 않을 수 없었다.43)

군의 동원이 차단된 상태에서 전두환정부가 선택할 수 있는 유일한 방안은 '제한된 민주화' 수용이었다. 그러나 전두환정부가 4·13호헌조치라는 스스로 내린 결정을 6월항쟁에 참여한 국민들의 압력에 의해 번복하는 형식을 수용하는 것은 군사정권의 속성상 허용될 수 없는 것이었다. 따라서 비록 군사독재의 절대적 영향력에서 벗어난 인물을 찾기는 불가능할지라도, 외관상 민주화를 요구하는 역할을 맡는 데는 다른 대역이 필요했다. 그 결과 노태우 차기 대통령후보가 6월 29일에 제도정치권 인사들의 해금과 대통령 직선제 개헌 등을 요지로 하는 "시국수습을 위한 8개항 대책을 포함한 요구조건이 수락 안 되면 차기 대통령후보, 대표직을 사퇴하겠다"는 성명서를 발표하고 전두환 대통령이 민주화를 수용하는 형식으로 나타난 것이 이른바 '6·29선언'이었다.44)

6·29선언이 전격적으로 발표되고, 곧이어 마치 기다렸다는 듯이 정부측에서 즉각 수용되는 것으로 6월항쟁은 대단원의 막을 내렸다. 6월항쟁을 주도한 국민운동본부를 비롯한 민주화운동 세력은 물론 모든 국민은 6·29선언과 그에 뒤이은 전두환정부의 대통령직

---

43) 한국기독교사회문제연구원, 『기사연 리포트 2: 6월 민주화대투쟁』(민중사, 1987), "내정간섭과 우정어린 충고의 경계선-6월 정국에서 미국의 역할," 29-57쪽.

44) 6월 29일 선언은 당시 전두환 대통령이 기획한 것을 노태우 민자당 대표가 발표한 것이라는 주장이 제기돼 정확한 배경에 대해서는 논란이 있다. 그러나 한국 민주주의의 전개를 전반적으로 살펴보는 이 글에서는 논의의 실익이 없다.

선제 개헌추진 방침에 적극 환영했다. 그러나 이후의 사태전개에서 보듯이 국민이 참여한 6월항쟁을 통해 성취된 것은 '대통령직선제' 실시였을 뿐이다. 당시 오랜 기간 군사독재에 신음해 온 민주화운동 세력의 역량과 수준은 민주화 실천계획이 전혀 뒷받침되지 않은 조건에서 6·29선언이라는 외관상 민주화 촉구형식이 갖는 허구성을 전혀 혹은 거의 인식하지 못했다. 그럼에도 불구하고 6월항쟁과 그 일부 성과로 나타난 6·29선언 이후 민주화운동은 공개적인 활동공간이 대폭 확대될 수 있었다.

1987년 7월 중순 이후부터 노동자대투쟁이 활발히 전개될 수 있었던 것도 6월항쟁의 성과에 힘입은 바 컸다. 그러나 노동자대투쟁은 단순히 6월항쟁의 부산물로 발생한 사건이 아니었다. 1987년 울산에서 출발해 전국 대도시로 확산된 노동자대투쟁이 표출될 수 있었던 근본적인 이유는 1970년대 이후 노동현장 저변에서 꾸준히 확대되기 시작한 노동운동 역량의 축적이었다.[45]

노동자대투쟁이 처음 발생한 곳은 울산지역이었다.[46] 일찍이 울산지역은 정부주도의 산업 근대화정책으로 인해 대규모 공업단지가 설립되고 생산직노동자들이 집결된 지역으로서, 특히 재벌기업

---

[45] 정대용, "재야 민주노동운동의 전개과정과 현황," 한국기독교산업개발원, 『한국 노동운동의 이념』(서울: 정암사, 1988), 148~171쪽. 노동운동의 전개와 연관해서 1987년 노동자대투쟁 이전과 이후 민주노조건설운동을 거쳐 민주노총의 설립에 이르기까지 종합적인 분석이 뒷받침된다면, 이 문제를 좀더 폭넓게 인식할 수 있을 것이다. 6월항쟁 이후 노동운동의 변화를 정치민주화와 연관시켜 분석한 최장집, "민주주의 이행하에서 한국노동운동," 『한국민주주의의 조건과 전망』, 319-357쪽을 참조하라.

[46] 이하 울산사회선교실천협의회 노동문제상담소, 『울산지역 7월 노동자대중투쟁 자료집』(1987. 8. 15) 참조

인 현대그룹 산하기업들이 집중된 곳이었다. 6월항쟁 이후 전두환 정부의 노동운동 탄압정책이 완화되는 분위기에서 7월 5일 현대 주력기업 중 하나인 현대엔진에서 노동조합을 설립했다. 이른바 '노조 없는' 재벌기업에서 최초로 건설된 현대엔진 노동조합 설립 소식은 울산지역의 사회운동 단체인 울산사회선교실천협의회 노동문제상담소에서 속보형식의 소식지를 통해 울산지역 전 노동자들에게 알려졌다.

현대엔진 노조설립의 직접적 영향과 현대미포조선의 특수한 사정이 맞물려 7월 15일에 현대미포조선도 노조를 설립했다. 이때 현대 사용자측은 노조설립 방해공작으로 '현대미포조선 노조설립신고서 탈취사건'을 일으켰으나, 이 사건이 오히려 노동자들과 국민에게 합법적인 노동조합 설립조차 폭력적으로 억압하는 재벌에 대한 비판으로 이어지게 됐다. 더욱이 7월 21일에 현대중공업, 7월 24일에 현대자동차에서 회사측이 어용노조를 급조해 신고하게 하자, 노조설립 움직임은 더욱 확산되어 "사용자측에서 만든 어용노조 결성에 반대하고 노동자들을 대표하는 민주노동조합 건설"을 목표로 민주노조 건설투쟁이 전개됐다. 이후 울산지역을 중심으로 이뤄진 민주노조 설립운동이 현대계열사 전체로 확산되어 8월 8일에 '현대그룹노조협의회'가 결성됐다.

울산에서 시작된 민주노조 건설투쟁은 현대그룹뿐 아니라 다른 대기업에까지 영향을 미치게 됐고, 이러한 투쟁은 다른 지역으로까지 확산되기 시작했다. 7월 하순에는 부산지역의 대기업에서 동일한 양상으로 전개됐고, 8월 초에 마산, 창원, 대구, 구미, 광주, 전북, 수도권으로 확산되어 8월 중순에는 전국 규모에 걸쳐 노동자대투쟁이 전개되는 양상으로 확대됐다. 공단지역 외에도 강원도와 충청도지역에 위치한 광산노동자들은 파업과 점거농성 등을 벌였고, 전국 대도시 운수노동자들은 지역별 연대투쟁을 벌이기도 했다. 이처럼 노동조합 설립에 대한 노동자들의 호응에 힘입어 노동조합과 조합원 수가 비약적으로 증가하기 시작했고, 특히 1987년 노동자대투쟁은 개별 단위노조의 역량을 극대화하기 위해 지역별・전국적 연대조직의 발전을 모색하는 계기가 됐다.47)

이 시기 노동자대투쟁을 통해 노동자들이 요구한 사항은 1970년 11월 13일 청년노동자 전태일이 분신 사망하며 요구한 수준에서 크게 벗어나 있지 않았다. 즉 헌법에 보장된 대로 "노동자도 사람이다. 사람답게 대접해 달라"는 기본권 확보의 차원에서 노동3권을 확보하려는 투쟁이었다.

1980년대 초 이래로 보도통제가 시작됐지만, 6월항쟁 이후 비로소 어느 정도 자유롭게 보도할 수 있게 된 언론을 통해 사용자측의 부당한 인권탄압 실상과 노동자들의 열악한 사정을 알게 된 국민도 노동자대투쟁에 대해 크게 우려하기보다는 상당 부분 노동자들의 요구가 정당함을 인식할 수 있었다.48) 그 반면 6월항쟁을 통해

---

47) 신광영・박준식, "80년대 후반 한국 노동조합의 조직적 성격과 발전과제," 한국사회학회 편, 『한국사회의 비판적 인식: 80년대 한국사회의 분석』(나남, 1990), 301-334쪽.

48) 1987년 노동자대투쟁은 1980년대 초 전두환정부에 의해 만들어진 노동(악)법의 제약에서 벗어나는 양상을 띠었다. 따라서 기존 노동법에 따른 '합법적' 절차를 밟은 쟁의는 극소수였고, 절대다수 쟁의가 '불법적인' 투쟁을 전개했다. 노동자들의 쟁의수단으로는 작업거부, 집단농성, 시위, 파업 등이 주로 행해졌고, 사용자측에서는 '불법적인' 구사대 동원 폭력 행사, 노조지도부 납치 등으로 대응했으며, 정부측에서는 일방적으로 사용자측의 입장을 옹호하는 양태로 전개됐다.

사무직노동자들의 잠재역량을 확인한 터에 7월부터 두 달이 넘도록 진행된 노동자대투쟁을 통해 생산직노동자들의 조직된 역량을 체험한 전두환정부는 군사정권에 대한 비판세력으로서 제도정치권인 야당과 재야 민주화운동 세력뿐 아니라 중산층을 비롯한 노동자들이 실질적인 위협세력이 될 수 있다는 것을 인식하게 됐다.[49]

그러나 노동자대투쟁은 노동자들의 기본권보장 요구에서 출발해 노동현장의 민주화를 요구하는 수준으로 발전했으나, 정치적 민주화를 요구하는 수준에까지 이르지는 못했다. 노동자대투쟁의 성과는 경제제도나 분배구조의 개혁보다도 부분적인 개선수준으로 축소되는 결과를 가져왔다. 다만 그 이전에는 불법으로 인정됐던 노동운동의 쟁점들이 합법적인 활동영역을 확보해 노동자의 권익이 점차 확대되기 시작했다.[50]

이처럼 1987년 6월항쟁과 곧 이은 노동자대투쟁이 지닌 정치적 한계는 '대통령직선제'로 헌법을 개정[51]한 후 치러진 1987년 12월

---

[49] 1980년대 한국정치의 전면에 대두되기 시작한 중산층을 체제유지 기반으로 포섭하기 위한 군사정권의 정치적 동원수단과 포섭전략에 대해서는 윤상철, 『1980년대 한국의 민주화이행과정』, 특히 제5장을 참조하라.

[50] 노동자대투쟁 이후 한국의 노동운동은 노동자 권익확보 차원에서 복수노조 인정 등 민주노조 운동을 통해 1990년 1월 전국노동조합협의회(전노협)의 창립, 1995년 11월 민주노동조합총연맹(민주노총)의 건설 등으로 영역을 확대하는 데 성공했지만, 일부 세력에서 제기한 정치세력화 문제를 현실화시키는 데는 한계가 있었다. 최장집, "한국 노동계급의 정치세력화 문제, 1987-1992," 109-138쪽. 본 주제와 연관시켜 본다면, 1987년 6월항쟁 이후 시민운동이 성장해 가면서 노동운동과 시민운동은 서로 다른 부문과 영역에서 활동하게 된다.

[51] 이때 전두환정부의 주도하에 개정된 헌법은 기본적으로 제'3공화국' 헌법으로 환원하는 것을 원칙으로 삼았다. 그러나 당시 대통령후보 출마

에 실시된 제13대 대통령선거 과정에서 드러나게 된다. 대통령직선제 개헌을 핵심으로 하는 개정헌법에 따라 대통령선거를 실시하기로 확정돼 형식적으로 보면 민주화운동 세력의 집권기회가 확실한 것으로 보였지만, 실제 진행과정은 민주화운동 세력, 더 나아가 민주화를 열망하는 국민의 기대와는 전혀 다른 양상으로 전개됐다. 대통령선거 결과는 김영삼, 김대중 후보의 동시출마로 나타난 민주화운동 세력의 분열과 지역감정의 표출 및 정권장악을 위한 반공주의의 위기국면 조성 등으로 인해 군사정권의 연장인 전두환정부에 이어 노태우정부가 집권하게 됐다.

그러나 1988년 4월에 실시된 제13대 국회의원 총선거에서는 민주화운동과 연관된 세력이 정치권에 일부 진입하면서 여소야대 정국을 구성해 군사정권의 연장인 노태우정부의 정치권력 행사에 어느 정도 균형을 유지할 수 있었다. 그 결과로 나타난 것이 여소야대로 구성된 국회에서 실시된 각종 청문회의 개최였다. 국민의 관심이 집중된 '광주항쟁' 진상규명 및 '5공화국' 비리청산을 위한 청문회를 통해 광주학살에 대한 진상이 어느 정도 밝혀지고 전두환 전 대통령 부부의 백담사 유배 등 일정 부분 가시적인 조치가 이뤄졌다.

그러나 군사정권의 연장으로서 근본적으로 뿌리가 같은 전두환

예상자들의 초미의 관심사였던 대통령직선제 채택을 제외하고는 권위주의정권하에서 제정된 각종 반(비)민주적 헌법조항에 대한 폐지 혹은 수정 없이 민주화시대에 걸맞는 헌법으로 개정하지 못한 채, 신중한 검토절차 없이 졸속으로 개정됐을 뿐이다. 이러한 문제점은 군사정권의 퇴장 이후 민간정부의 부담으로까지 이어져 권위주의 유산이 잔존하는 헌법 아래서 민주화를 추진해야 한다는 난제(dilemma)를 극복하지 못하고 한국 민주주의의 정착을 지체시키는 걸림돌로 남아 있다.

정부와 노태우정부의 완전 단절은 결코 이루어질 수 없는 요구였다. 다만 여소야대 국회를 통해 노태우정부에 대한 견제력을 확보하고, 청문회에서 밝혀진 과거의 잘못된 조처가 일부 인정됨으로써 1970~80년대 민주화운동 과정에서 투옥된 많은 민주화인사들이 석방되는 성과를 얻을 수 있었다. 특히 1988년 2월에 전두환정부와 차별성을 표방하기 위해 '6공화국'이라고 선포한 노태우정부의 출범, 4월 실시된 국회의원 총선거를 통한 여소야대 국회의 성립과 청문회 개최 등 정치적으로 확장된 공간 외에도 국제적 관심사인 서울올림픽 개최를 앞두고 정부측에서 과거와 같은 강압적인 탄압을 행사할 수 없는 계기가 마련돼 있었다. 이러한 국내외적 조건으로 인해 각계각층에서 민주화운동이 꾸준히 전개될 수 있었다.

더욱이 6월항쟁 직후 과거 군사독재 시대에 기존 언론사에서 정권과 밀착 혹은 타협을 거부하다가 해직된 언론인을 중심으로 민주화운동의 주요 이념적 목표였던 '민족·민주·통일'을 제도권 내에서 공개적으로 천명하는 언론매체가 창간됐다. 즉 6월항쟁에서 나타난 국민의 열망을 모아 국민주 모집이라는 언론사상 최초의 과정을 통해 1988년 5월 15일 창간된 '한겨레신문'은 민주화의 현장과 국민을 일상적으로 매개하는 유일한 언론으로 표현될 정도로 이후 한국사회 민주화를 위한 안전판으로서 중요한 역할을 했다.[52]

---

52) 군사정권 당시 민주화를 요구하다 해직당한 언론인과 지식인층을 중심으로 이른바 국민주를 모집한 결과, 3만여 명 이상의 국민들이 117억 원을 출연하는 전폭적인 국민의 성원에 힘입어 창간될 수 있었다. 이후 군사정권의 체제 대변지를 비롯한 대다수 보수언론에 대항하는 언론으로 자리잡기 시작한 한겨레신문은 그간 한국사회에서 마땅한 표출구를 찾지 못한 재야민주화의 목소리를 제도권 내에서 반영할 수 있는 대중매체의 역할을 수행했고, 한국사회의 쟁점을 사회구조적 차원에서 조명할 수 있

이처럼 1980년대 후반기 들어 한국사회의 민주화를 지속적으로 추진할 수 있는 제반 역량이 점차 가시화되는 양상이 나타났다. 그러나 무엇보다 80년대 한국 민주주의의 전개에 가장 큰 영향을 미친 계기는 1987년 6월항쟁과 뒤이은 노동자대투쟁이었다.53) 6월항쟁과 7~8월 노동자대투쟁을 경과하면서 민주화운동은 양적으로 크게 성장했고, 각 부문과 지역조직이 전국적 규모로 확대되는 양상이 일반화됐다. 민주화요구도 단순히 생존권확보 차원뿐 아니라 정치민주화를 요구하는 수준으로 점차 높아졌다. 과거 민주화운동을 대표했다고 해도 과언이 아닌 대학생과 재야세력뿐만 아니라 노동자, 농민, 도시빈민 등 각계각층의 세력이 민주화운동에 동참하게 됐다.

학생운동은 6월항쟁 이후에도 민주화운동에서 중요한 역할과 비중을 차지했다. 1987년 8월에 대학생들은 6월항쟁에 참여한 경험을 통해 학생운동의 전국적 통일조직인 '전국대학생대표자협의회'(약칭 전대협)를 결성했다. 1985년에 결성된 '전학련'이 주로 서울지역 학생운동, 그것도 상층 지도부 일부에 국한된 것임에 반해 '전대협'은 6월항쟁을 통해 더욱 성장한 학생운동의 역량을 집결시킨 조직이었다. 이후 전대협은 제13대 대통령선거에 적극 참여해 야당후보를 지지했으나 선거패배로 인해 일시적인 좌절상태에서 벗어나지 못했다. 그러나 1988년 2월에 이뤄진 '청년학생구국결사대'의 미문화원 점거투쟁 이후 전두환 전 대통령 부부 구속투쟁 외에도 남북학생회담의 추진, 공동올림픽 쟁취투쟁, 임수경 대표의 방북파견

는 또 하나의 시각을 국민에게 제공했다.
53) 좀더 구체적인 논의는 이 공동연구의 공동연구자로 참여한 김광운, "1987년 6월 민주화운동 연구"를 참조하라.

등 통일운동에 적극 나서게 됐다. 전대협은 이러한 일련의 투쟁을 통해 학생운동의 영역을 민주화운동에서 통일운동으로 확장하는 데 중요한 역할을 했다.54)

무엇보다도 6월항쟁을 계기로 나타난 최대의 변화는 '화이트칼라'로 지칭되는 사무직·전문직노동자들뿐 아니라 교수, 언론인, 의료인, 법조인 등 중간계층의 여러 집단이 조직화해 민주화운동에 합류한 것이다. 그 외에도 6월항쟁 이후 사무금융노련, 전문노련, 언론노련 등의 결성과 조직강화가 두드러지게 나타났다. 예를 들면 1987년 2월에 여성민우회 등을 중심으로 '한국여성단체연합'이 조직되고 민족음악, 민중미술 등 각 분야에 걸친 문예운동을 결집한 '민족예술인총연합'(약칭 민예총)이 결성됐다. 학계에서도 '민주화를 위한 전국교수협의회'(약칭 민교협)와 '학술단체협의회' 등이 결성되어 지식인운동이 공식적인 조직의 형태로 나타났다.

특히 한국사회 전통상 국민의식 차원에서 노동자로 분류되기를 허용할 수 없었던 교사들이 1989년 5월에 '전국교직원노동조합'(약칭 전교조)을 결성하면서 교육민주화 운동에 참여한 것은 국민에게 커다란 충격을 주었을 뿐 아니라 노동운동에 대한 인식을 새롭게 만드는 중요한 계기가 됐다.55) 전교조는 결성 이후 무려 1,500여 명에 달하는 교사가 해직되고 많은 간부들이 구속·수배되는 등 집중적인 탄압을 받았다. 그러나 전교조는 공안정국하에서 가혹한 탄압을 받으면서도 조직을 굳건히 사수·유지했다. 이러한 '전교조 사수투쟁'은 1989년에 민주화운동 세력이 노태우정부의 공안통치를

---

54) 한국역사연구회, 『한국현대사 4』, 218-219쪽.
55) 좀더 구체적인 논의는 이 공동연구에 공동연구자로 참여한 이길상, "1980년대 교사운동의 전개과정"을 참조하라.

돌파하는 데 중요한 계기를 마련했다.56)

그 결과 6월항쟁과 노동자대투쟁 이후 양적·질적으로 급속히 성장한 각계각층, 각 지역에 속한 민주화운동 세력들이 모여 1989년 1월에 전민련을 결성했다. 전민련은 노동, 농민 등 8개 부문단체와 전국 12개 지역조직이 참여한 1980년대 최대 민주화운동 세력으로서 그 이전까지 결성된 조직 중에서 유례를 찾기 힘든 대규모 민주화운동 조직이었다.57)

> 노동자, 농민 등 8개 부문단체와 전국 12개 지역단체의 연합으로 결성된 전국민족민주운동연합은 그 동안 혼돈스러웠던 민족민주 운동 대열을 새롭게 정비하고, 지난날 연합운동의 한계를 극복하면서 근로민중이 운동의 중심이 되고 청년학생들이 투쟁의 동력이 되며, 양심적인 교사, 문인, 종교인, 법조인, 언론인, 의료인, 과학인들과 중소상공인, 해외동포들이 참여하는 애국적 민족민주 운동역량의 총집결체로 나아갈 것입니다.58)

전민련은 출범하자마자 노태우정부의 공안정국하에서 핵심간부들이 구속·수배되는 등 외부의 탄압이 겹쳐 내부적으로 미처 조직을 정비할 사이도 없었으나, 자주·민주·통일을 3대 투쟁과제로 설정하는 등 이후 민주화운동을 민족통일의 과제로까지 확장시키

---

56) 한국역사연구회, 『한국현대사 4』, 215쪽.
57) 한국역사연구회, 『한국현대사 4』, 223-225쪽.
58) "전국민족민주운동연합 결성선언-전국민족민주운동연합의 깃발 아래 자주·민주·통일의 새 조국을 건설하자," 『신동아』(1990년 1월), 별책부록, 『선언으로 본 80년대 민족·민주운동』(동아일보사, 1990), 52쪽에서 참조

는 역할을 했다. 물론 전민련에 참가한 수많은 조직들이 추구하는 민주화의 이념과 목표가 다른 상태에서 통합된 지도력을 발휘할 수 없다는 한계를 드러내기도 했다. 그러나 전민련의 출범은 과거 이념과 노선의 대립에 따라 이합집산을 거듭했던 민주화운동 세력이 6월항쟁과 노동자대투쟁에서 나타난 중산층을 비롯한 새로운 참여층을 세력화하기 위해 총집결한 1980년대 후반 민주화운동의 성장을 표상했다.

전민련이 창립되기 직전인 1988년 서울올림픽이 끝난 후 노태우 정부는 이른바 '체제수호 선언'을 표방하며 '공안정국'을 조성해 민주화운동에 대해 강압적으로 탄압하기 시작했다. 노태우정부는 공안통치를 통해 6월항쟁과 노동자대투쟁 이후 급성장한 각계각층의 대중운동을 약화 혹은 개량화시키는 한편, 이념공세를 가속화하고 극우단체를 육성·조종함으로써 사회 전반을 보수와 혁신, 좌파와 우파의 대립으로 몰아 갔다. 또한 야당에 대한 선별적인 탄압과 공작정치를 통해 야소야대 국회에서 3야당간의 공조체제를 이완시키는 분할지배 정책을 시도했다.[59] 그 결과 1989년 초 노태우정부는 야당의 협조를 얻어 대통령선거 과정에서 국민에게 약속했던 중간평가를 유보하는 성과를 얻어내는 한편, 1989년 1월에 출범한 전민련 등 민주화운동 세력을 공안통치를 빌미로 강력히 탄압했다.

노태우정부는 1989년 초 여의도 농민시위, 문익환 목사 방북, 5월에 발생한 부산 동의대 사태, 8월에 전대협에서 파견한 임수경의 방북 및 평양축전 참가 등을 계기로 전민련 간부들을 구속·수배

---

59) 한국역사연구회, 『한국현대사 4』, 207쪽. 1990년 1월에 전격적으로 나타난 3당합당은 공안정국의 연장선상에서 모색된 노태우정부의 위기탈출 해법으로 볼 수 있다.

하는 한편 현대중공업과 지하철노조 파업에 공권력을 투입해 강제 해산시키는 등 민주화운동을 조직적으로 탄압했다. 더욱이 서경원 국회의원 방북문제를 계기로 보수정당인 야당에까지 이념공세를 하는 정도에 이르렀다.

공안정국 시기에 노동운동은 강압적인 탄압으로 거의 저항할 수 없을 정도였고, 전교조도 결성과 동시에 불법화되면서 탄압을 받았다. 물론 공안정국 시기에도 각계각층의 민주화운동 세력은 명동성당 단식농성 투쟁, 전교조 사수투쟁 등을 통해 부단히 저항했다. 그러나 노태우정부는 민주화운동 세력의 일부가 지닌 급진적 성향을 더욱 부각시켜 이념공세를 지속시키는 한편, 1989년 '7·7선언'을 통해 공산주의국가들과의 수교교섭을 천명하는 등 전향적인 북방외교정책을 수립하고 통일운동 세력의 추상적인 구호보다 실천적인 구상을 발표해 민주화운동 세력을 국민으로부터 고립시키는 제반 조치를 강화해 나갔다.

더 나아가 노태우정부는 공안정국을 통해 민주화운동 세력을 국민으로부터 고립시키는 제반 조치를 강화해 나갔다. 그 목표는 '안정을 희구하는' 중산층의 지지를 유도하는 것이었다. 이러한 노태우정부의 의도는 학생과 노동자들을 비롯한 당시의 급진주의 성향에 대해 한편으로 지지하면서도 다른 한편으로 경계심과 불안감을 갖고 있던 중산층의 사회심리적 요소를 살펴볼 때 상당히 실현될 가능성이 높은 선택이었다. 이 시기에 중산층이 '급격한 변화보다는 점진적 개혁을 요구하는' 사회심리적 요인을 반영하는 사례들이 적지 않았기 때문이다.60)

---

60) 노태우정부의 의도와 전혀 다른 차원에서 일어난 일이지만, 1989년 7월에 중산층의 사회참여 의지를 결속시켜 경제개혁을 주도하겠다는 목표로

그 외에도 1980년대 후반, 특히 노태우정부 초기는 국제적으로 유례없는 변화가 일어난 시기였다. 구소련과 동구권을 비롯한 사회주의국가들이 몰락하고 냉전이 급격히 해체되는 시기였다. 이러한 국제적 변화, 특히 냉전시대를 특징짓는 양대 이념의 대립구도가 다양한 가치를 추구하는 이념의 표출로 전환되는 시기에 일어난 변화가 국내에 미친 충격도 적지 않았다. 1980년대 후반 한국사회에서 일어난 온갖 변화가 통일된 형태로 나타나지 않고 다양한 양상으로 전개된 것도 이와 무관하지 않았다.

비록 군사정권의 연장이 분명하지만 노태우정부 출범 이후 장기간 한국 민주주의를 억압해 온 군사정권은 서서히 퇴장하는 추세로 접어들었다. 이 시기에 권위주의에서 민주주의체제로 이행하는 시기의 특징이 일부 나타나기도 했다. 극히 일부의 사례에 그쳤지만 형식적이나마 제도적 차원에서 민주주의가 운영되는 양태를 보였기 때문이다. 그러나 6월항쟁을 통해 표출된 국민의 민주화요구를 수용하는 듯한 모습을 일부나마 보여준 초기의 외형상 변화와 달리, 군사정권의 속성에서 벗어나지 못한 노태우정부는 위기에 처한 군사정권의 변형된 연장방식으로서 1980년대에 도달한 한국 민주주의의 성취수준을 정체 혹은 일시적이나마 역전시키는 계기가 되는 반민주적인 3당합당이라는 정치공작을 준비하고 있었다.

출범한 경제정의실천시민연합의 출범도 그 중 한 사례이다.

4. 1980년대 민주화의 추진동인:
정치행위자를 중심으로

1980년대 한국 민주주의의 전개, 달리 말하자면 한국의 민주화를 추진해 온 동인은 무엇인가? 이 글에서는 대외차원에서 국제사회를 비롯한 외부의 변수를 제외하고 대내차원에 국한시키고자 한다.

필자는 한국 민주주의의 동인을 사회구조적 요인에 주목하는 다양한 접근보다는, 좁은 범주에 속하지만 정치행위자를 중심으로 접근하는 기존의 논의를 좀더 확대된 범주에서 찾고자 한다.[61] 한국 사회의 민주주의를 추진해 온 동인으로 흔히 거론되는 제도정치권과 학생운동, 더 나아가 노동운동이나 민중운동 같은 민주화운동 세력에 주목하는 것은 일정단계 혹은 특정시기에 국한시켜 보면 어느 정도 타당성이 있지만, 한국 민주주의의 전반적인 전개과정을 살펴볼 때 나타나는 한계가 두드러지기 때문이다.

1980년대 전반에 걸쳐 민주화를 위해 투쟁한 학생운동 세력, 군사정권 시절 가장 가혹한 탄압을 받으면서도 1987년 노동자대투쟁

---

61) 한국민주주의의 동인을 사회구조적 요인에서 찾는 분석은 훨씬 더 정교할 수 있지만, 정치행위자를 중심으로 보는 이 짧은 글에서는 거의 언급하지 않는다. 앞에서 언급했듯이, 전자의 분석이 뒷받침되지 않은 채 이뤄지는 후자의 분석은 어디까지나 극히 제한된 설명이 될 수밖에 없으므로, 전자에 의해서 보완되는 것이 향후 과제가 될 것이다.

을 수행한 노동운동 세력 외에도 1980년대 최대의 민주화운동이었던 6월항쟁에 참여한 중산층을 비롯한 국민의 민주화를 향한 열망과 행동이 민주화를 촉진시켜 왔다. 더욱이 시기별로 민주화의 주도세력과 후원세력이 중첩되는 면도 있지만, 경우에 따라 주도세력과 후원세력이 상이한 경우도 적지 않다.62) 이처럼 1980년대 민주화를 추진해 온 세력은 그 참여의 정도와 수준에 차이가 있지만 권위주의정권과 그것을 뒷받침한 권력기관 및 일부 반민주적 세력을 제외한 국민 모두라고 말해도 지나친 표현이 아니다. 물론 민주화의 적극적 주도세력과 소극적 가담세력의 차이는 있다. 설명의 필요상 세부적으로 구분하면 다음과 같다. 그러나 여기에서 제시한 범주에도 각각의 분야에서 반민주적인 세력 혹은 요인들이 혼재해 있다는 점을 고려해야 한다.

우선 의회민주주의를 신봉하며 반독재투쟁에 앞장선 야당을 비롯한 제도정치권의 역할도 적지 않았다. 특히 김대중, 김영삼을 비롯해서 민주주의를 신봉한 정치인들은 민주화세력을 결집시키는 구심점으로 중요한 역할을 했다.63) 물론 1980년대 초 민주화의 봄 시기에 양김을 비롯한 정치권의 인사들이 단합된 지도력을 형성하지 못하고 신군부가 들어설 기회를 제공했다는 점과 1987년 대통

---

62) 박태균, "한국민주주의의 주도세력," 학술단체협의회 제6회 연합심포지엄 논문집, 『한국민주주의의 현재적 과제-제도, 개혁 및 사회운동』(창작과비평사, 1993), 155·176쪽; 전재호, "자유민주주의와 민주화운동: 제1공화국에서 제5공화국까지," 강정인 외, 『민주주의의 한국적 수용』(책세상, 2002), 129-144쪽.

63) "김대중·김영삼 8·15공동선언: 민주화투쟁은 민족의 독립과 해방을 위한 투쟁이다"(1983. 8. 15), 『선언으로 본 80년대 민족·민주운동』, 30-35쪽.

령선거에서 분열해 지역감정을 악화시켰다는 점 등은 비판받아야 할 부분이다. 그러나 사형선고나 단식 등 생명의 위협을 무릅쓰면서도 민주화를 촉구하는 정치활동을 부단히 전개한 사실은 1980년대 민주화세력을 일정부분 결속시키는 계기가 될 수 있었다.

더욱 중요한 민주화 추진세력은 재야(在野)로 총칭되는 민주화운동 세력이었다. 여기에는 학계, 종교계, 문화예술계, 언론계 등 한국사회의 여론주도층 가운데 급진주의의 영향을 받은 비판적 지식인들이 중심이 된 지식인운동이 포함된다. 그러나 가장 중요한 세력에는 역시 대학생들이 주도한 학생운동과 노동자들의 노동운동, 농민운동과 빈민운동 등을 비롯해 소외계층을 총칭하는 표현으로서 이른바 '민중'이 주도한 민중운동 세력이었다.

민주화운동 초기에는 제도정치권에 속한 야당정치인과 소수 지식인을 중심으로 권위주의체제에 반대해 쟁점별·산발적으로 투쟁하는 양상으로 전개됐다. 그러나 권위주의체제의 유산에 군사정권의 장기집권이 이어지면서 체제 반대세력도 점차 체계적·조직적으로 투쟁하게 된다. 특히 1980년대에 들어와서는 군사독재와 자본주의체제의 모순을 직접적으로 체험하는 현장, 예컨대 자본과 노동의 대립구조에서 성장하게 된 노동운동의 형식으로 표출하게 된다.

더욱이 세계적으로 유례를 찾기 힘든 학생운동의 선도적 투쟁과 학생운동가 출신들이 사회 전 부문과 영역으로 침투·확산되어 각 부문운동이 성장하면서 개별 영역을 넘어선 연대활동으로 발전해 점차 민주화운동에 합류하는 양상으로 전개됐다. 여기서 중요한 역할을 한 것은 일부 지식인층의 양심에 따른 저항과, 대학생과 노동자를 포함한 전문운동가들의 헌신과 희생을 들 수 있다. 특히 민주화운동 시기에 학생운동과 노동운동은 군사정권의 폭압적 지배에 강력히 저항해 온 세력이었다. 이들은 한때 좌파사상에 경도된 급진적 지식인들의 영향으로 당파성과 파벌주의에 매몰되어 민주화세력의 조직과 조직간, 지도부와 조직구성원들간 분열은 물론 국민으로부터 고립을 초래하는 문제점도 드러냈지만, 크게 보아 한국사회 민주화운동 과정에서 선도 혹은 전위역할을 통해 국민의식의 계몽에 일익을 담당했다.64)

다음으로 중산층을 비롯한 국민의 동참이다. 이 점이 한국현대사에서 실체를 분명히 파악하기 어렵고 가장 설명하기 어려운 문제이다. 군사정권 시절 대다수 국민은 분명히 침묵했기 때문이다. 그 이유와 관련해서 민족분단과 한국전쟁 이후 절대빈곤 상태에 놓였던 한국사회의 객관적 조건에 주목할 필요가 있다. 즉 한국사회에서 근대화의 성취에 따라 절대빈곤의 상태에서 벗어나면서, 중산층을 중심으로 국민의 의식은 경제적 필요에 못지 않게 정치적 필요에 대한 관심사로 점차 이행해 갔다. 이 과정을 더욱 촉진시킨 것이 민주화운동이었다. 장기간에 걸쳐 전개된 민주화운동은 국민의

---

64) 지식인운동에 참여한 급진적 지식인들은 초기에 순수한 학문적 양심(?)의 차원에서 민중, 더 나아가 국민을 위한 민주화운동에 동참할 것을 역설했다. 한국사회의 특성상 지식인층에 보장된 안락과 보상을 거절한 이들의 용기 있는 희생(정신)에 학생과 민중은 깊이 감동해 군사정권에 맞서 싸우는 민주화운동에 동참한 것이다. 그러나 어느 순간 일부 급진적 지식인들의 당면과제와 투쟁전략 등의 지침은 민주화운동의 주체(목적)인 학생과 민중, 더 나아가 국민이 민주화운동의 객체(수단)로 전락되는 역설적인 결과로 나타났다. 그러나 군사정권에 동조·협력한 지식인층의 책임과 비례해서 이 시기 급진적 지식인의 책임을 어느 정도까지 물어야 하는 것이 균형 있는 접근인지 참으로 해결하기 어려운 난제이다. 앞의 각주 40의 내용을 참조하라.

정치교육에 커다란 영향을 미쳤다. 특히 각 부문과 영역에서 민주화운동을 주도한 선도세력의 노력으로 민주화에 대한 국민의식의 전반적인 성숙과 일정부분 현실참여가 이뤄지기 시작했다.

그러나 6월항쟁에 중산층을 비롯한 일반국민이 동참할 수 있었던 요인은 그 이전에 있었던 민주화운동 세력 내부의 변화와도 무관하지 않다. 즉 1980년대 초 민주화운동 세력에 이념적 결속력을 제공해 준 급진주의에 대한 반성과 새로운 대안모색이 유화국면 이후 중반기에 이르러 활발해지기 시작했다. 그 결과 민주화운동 세력들은 추상적인 계급과 이념에 치우친 급진주의의 현실적 한계를 인식했다. 따라서 민주화운동 세력들은 군사독재를 종식시키기 위해서는 급진주의보다 오히려 자유민주주의 원칙에 호소하는 것이 유용함을 인식하고, 반독재라는 기치하에 다양한 세력간 연대를 모색하게 됐다.

달리 표현하자면 자유민주주의가 내포한 사회변혁 요소에 주목하기 시작한 것이다. 그 대표적인 사례가 6월항쟁 직전에 제도정치권은 물론 재야 민주세력을 포함한 민주화운동 세력들이 총망라해 결집된 '국민운동본부' 같은 '민주대연합'의 결성으로 나타났다. 이처럼 민주화운동 세력이 군사독재라는 '타도'의 대상을 목표로 삼아 이념과 이해관계의 차이를 넘어 총집결하고, 근대화과정을 통해 꾸준히 성장하고 있던 비판의식을 지닌 중산층이 민주화운동의 전개과정에서 직·간접으로 민주주의의 가치를 학습한 정치교육의 효과와 맞물려 6월민주항쟁에 대거 동참했던 것이다.

수십 년간, 특히 1980년대 들어와 민주화를 주도해 온 지식인운동과 민중운동에 민주주의 의식을 지닌 중산층이 대거 합류해 나타난 결과가 6월항쟁이었다. 군사정권의 무리한 탄압과 국민을 무시하는 오만한 태도는 중산층을 비롯한 국민의 각성된 의식과 반민주주의에 대한 분노의 표출에 기름을 끼얹은 격이 됐던 것이다. 물론 6월항쟁 이전 1983년 말에 시작된 '유화국면'을 계기로 시민사회 영역에서 활발히 조직되기 시작한 자율적인 사회단체의 성장과 더불어 1985년 2월 12일 실시된 제12대 국회의원 총선거를 통해 유권자로서 중산층이 갖고 있던 잠재력을 표출한 적도 있지만, 군사정권의 탄압과 통제하에서 중산층이 민주화운동에 꾸준히 직접 참여하기를 기대하기는 힘든 실정이었다. 이처럼 그간 여러 경험과 계기를 통해 개별의식의 내면에서 성숙되고 있었지만 사회적 제약과 정치적 한계로 소극적 차원에 머물러 왔던 민주주의 의식이 군사독재라는 반민주주의적인 적대세력을 목표로 국민이 총집결해 저항권을 행사하는 적극적 차원의 행동으로 이행됐던 것이다.

그러나 6월항쟁을 비롯한 민주화의 직접적인 성과는 국민의 기대에 못 미치는 것이었다. 더욱이 1987년 12월에 실시된 제13대 대통령선거는 군사정권의 상속자인 노태우 후보의 당선으로 결정됐다. 민주화세력의 집권을 열망한 국민의 기대와 다른 결과로 나타난 선거패배 후 많은 사람들이 심각한 좌절감과 상실감으로 무기력한 상태에 빠질 정도였다. 그러나 제도정치권과 일부 민주화운동 세력과 달리 국민은 다음해인 1988년 4월에 실시된 제13대 국회의원 총선거에서 야당정치인들을 지지해 여소야대 정국을 형성시켜 노태우정부의 독주를 막을 최소한의 안전판을 마련할 수 있었다. 더 나아가 6월항쟁 직후 자유언론에 대한 국민의 열망에 힘입어 1988년 5월 15일 한겨레신문이 창간됨으로써 민주화를 지속적으로 추진할 수 있는 중요한 계기가 성립됐다.

민주화세력 내부에서도 1980년 광주항쟁 이후 87년 대통령선거에 이르기까지 전개된 민주화운동에 대한 평가와 반성이 두드러졌다. 그 결과 민주화운동의 역량을 집결시킬 수 있는 지도력의 부재, 국민이 처한 당면과제를 방기하고 추상적인 이론논쟁에 치우친 관념적 접근, 대다수 국민이 처해 있는 현실적 조건을 무시한 운동방식 등이 문제점으로 지적됐다.65)

더 나아가 민주화운동의 한계를 극복하기 위한 대안모색 차원에서 민주화운동 세력들은 1980년대 전반에 걸쳐 가장 큰 사건인 6월항쟁에서 일정부분 성취를 얻었던 배경과 원인에 대해 주목했다. 무엇보다도 6월항쟁은 중산층을 비롯한 일반시민들이 민주화운동에 합류·참여해 '정치의 민주화'를 달성할 수 있다는 인식과 확신을 심어 준 계기였다. 이때부터 중산층을 비롯한 일반시민들은 조직적 차원에서 결집된 힘을 갖고 국가권력에 대항할 수 있는 잠재적인 세력으로 부상하게 된다. 그에 따라 계급의식에 따른 노동과 자본의 모순에 집착하는 기층민중 역량의 강화, 민중운동 중심에서 중산층을 비롯한 일반시민들을 포함하는 민주화운동의 필요성, 민주화운동의 전체 역량을 집결시킬 수 있는 연합조직 건설, 더 나아가 공개적 정치활동의 필요성 등이 제기됐다.

민주화운동 세력이 1987년 대통령선거 이후 패배의식을 극복하고 지속적으로 민주화운동을 추진할 수 있던 배경은 이와 무관하지 않았다. 다만 그 이전에 '유일무이한 적대세력'으로 상정한 군사정권에 저항하는 민주화운동과는 다른 양상으로 전개됐다. 즉 한국사회 각계각층이 처한 현실적 조건의 차이를 인식하게 되면서, 단일대오로 전개되는 민주화운동보다는 세분화된 사회 각 부문과 영

---

65) 오근석, 『80년대 민족민주운동』(논장, 1988), 170-176쪽.

역에서 민주화를 요구하는 양상으로 나타났다. 그 결과 나타난 조직형태 중 하나가 1989년 7월에 부동산투기 근절과 경제정의 실현 등을 목표로 한 경제정의실천시민연합(약칭 경실련)의 창립이었다.

> 이제는 우리들 '보통시민'들이 나설 수밖에 없습니다.…… 입법이 되고 제도가 바뀌어진 이후에도 과연 운용이 잘 되는지를 감시할 사람도 바로 시민들입니다. 이러한 건전한 시민행동이 정착될 때 민주주의는 우리 사회에 확고히 뿌리내릴 것입니다. 이러한 시민의, 시민에 의한, 시민을 위한 운동이 바로 경제정의실천시민연합입니다.…… 우리가 힘을 모으려는 세력은 소외되고 억눌린 민중만이 아닙니다. 선한 뜻을 지닌 가진 자도 이 운동의 중요한 주체입니다.…… 선한 의지를 가진 사람이면 그가 기업인이든 중산층이든 할 것 없이 이 운동의 중요한 구성원이 될 수 있기 때문입니다.…… 우리가 오늘 이 운동의 주체를 시민이라고 표현할 때는 단지 민중과의 차이를 보여주기 위한 것만은 아닙니다. 오히려 우리의 깊은 관심의 대상은 1987년 6월 민주화 대항쟁 때 길거리에 쏟아져 나왔던 시민들입니다.…… 우리가 이 운동을 진전시킬 때 비폭력 평화운동의 방식으로, 대중적이고 합법적인 방식으로 전개하고자 하는 것도 이 때에만 일반시민들이 가장 편안하게 참여할 수 있기 때문입니다.…… 이 운동은 철저하게 비정치적인 순수한 시민운동으로 끝까지 나아갈 것입니다.[66]

경실련은 '시민의, 시민에 의한, 시민을 위한 운동'으로서 시민운동이 이전의 민중운동과는 다른 운동의 주체와 방식에 따를 것임

---

66) 경제정의실천시민연합, "발기취지문: 우리는 왜 <경제정의실천시민연합>을 발기하는가?"(1989. 7. 8), 『경실련창립 1주년 자료집』(1990), 12-14쪽.

을 선언했다. 즉 사회운동의 주체를 민중에서 시민으로 확대하고 운동의 목표도 비정치적인 쟁점을 중심으로 삼는 한편, 운동의 방식도 대중적이고 합법적인 참여를 유도하기 위한 비폭력 평화운동을 원칙으로 채택했다.

경실련의 출범은 한국사회에 이후 시민운동이 본격적으로 시작되는 중요한 계기가 됐다.[67] 1980년대 말 당시 서구의 신사회운동과 유사한 형식으로 제기된 시민운동이 그 이전까지 부단히 진행돼 온 민주화운동을 대신하는 한국 사회운동의 전형으로 평가할 수 없는 것은 분명하지만, 새로운 민주화의 영역에 대한 관심으로 사회운동이 점차 영역별, 부문별 혹은 쟁점별로 분화될 가능성을 시사하는 사례였다.

---

67) 물론 경실련에 앞서 시민단체의 존재 자체가 없었던 것은 아니다. 그러나 한국사회 민주화의 역사에서 지속돼 온 민주화운동의 전통이 6월항쟁을 매개로 시민운동으로 확대·발전됐다는 점에서 경실련 창립 이후 나타난 시민단체와 그 이전에 존재했던 시민단체는 구분해서 살펴볼 필요가 있다. 『한국민간단체총람 2000』에 나타난 한국 민간단체 현황을 살펴보면, 1980~90년대에 민간단체의 77.5%가 설립됐고, 특히 1987년의 민주화운동을 분기점으로 활동이 활발해졌음을 알 수 있다. 인사이트 리서치, "한국민간단체의 현황: 한국 민간단체 총람 2000 분석"(1999. 10. 12), 시민의 신문, 『시민운동정보센터 서울NGO세계대회 보고자료』, 5-6쪽.

5. 1980년대 말 한국 민주주의의 성취수준: 성과와 한계

　1980년대를 거치면서 한국정치는 상당한 변화를 겪었다. 그 중에서도 1979년 말 유신체제의 종말 이후 1980년 초 소생의 기미를 보인 민주주의에 대한 국민의 열망을 무산시키며 재등장한 군사독재에 저항하는 민주화운동 세력은 1980년대 한국 민주주의를 전개시키는 원동력이 됐다. 특히 1980년대에 사회 각 부문과 영역으로 확산된 민주화운동은 한국정치를 민주화시키는 데 가장 중요한 역할을 수행했다. 그러나 군사정권은 사회발전에 걸맞는 국민의 민주화 요구를 철저히 외면했으며, 그 결과 폭발하게 된 것이 1960년 4·19혁명 이후 30년 가까운 세월이 흐른 1987년 6월의 대규모 민주항쟁이었다.

　6월항쟁과 7~8월 노동자대투쟁에 뒤이어 한국사회에는 민주화를 요구하는 각계각층의 요구가 군사정권의 탄압을 무릅쓰고 곳곳에서 분출하기 시작했다. 그 결과 1987년 6월항쟁 이후 군사독재를 뒷받침하던 헌법의 개정으로 나타났듯이, 군사독재로부터 일부나마 '형식상' 민주주의가 도입되는 과정으로 전개됐다. 그러나 6월항쟁에 참여했던 국민의 민주주의에 대한 열망과 달리 1987년 대통령선거에서 야당이 패배하고 군사정권의 변형된 연장으로 집권한 노태우정부가 출범했다. 이 시기에 도입된 한국 민주주의의 성취수준은 민주주의의 제도적 형식일 뿐, 민주주의의 내용실현에는 여전히 미치지 못하는 '민주주의의 빈곤'이라는 특성을 지니고 있다.

'제도'의 민주화라는 측면에서 볼 때, 1980년대 말에는 군사독재 대신에 자유민주주의가 어느 정도 실시되는 수준에 도달했다. 그러나 이 시기에 실시된 '제한된' 자유민주주의 제도는 민주주의의 형식이 민주주의의 내용을 기만할 수 있다는 것을 실증한 시기에 다름 아니다. 이 시기에 집권한 노태우정부는 존재와 외관의 분리, 즉 근본적으로 군사정권의 연장선상에서 관료적 권위주의의 속성을 지니고 있으면서도 외관상 민주주의처럼 장식하는 자기 한계 혹은 모순을 극복하지 못한 채, 민주주의를 왜곡시킴과 동시에 민주주의를 지체시켰다.[68]

'의식'의 민주화라는 측면에서 볼 때, 1980년대 들어와 한국민주주의는 그 이전의 시기와 중요한 차이점을 드러내는 양상으로 전개됐다. 특히 1980년대는 한국사회에서 자유민주주의의 한계가 근본적으로 드러난 시기였다. 이 시기에 한국의 민주주의는 자유민주주의의 형식에서 내용에 주목하게 되는 전환점을 맞이하게 된다.

1980년대 초 '유산된 민주화'(aborted transition),[69] 즉 군사정권의 강압적 지배가 종식되고 '서울의 봄'을 계기로 국민이 기대했던 권위주의체제에서 민주주의체제로의 전환이 무산된 이후 전두환정부 하에서 민주주의는 질식상태에서 사라진 듯이 보였다. 그러나 이 시기에 군사정권의 재등장과 긴밀히 연관된 1980년 5월 광주항쟁에 개입된 것으로 드러난 주한미군의 선택은 결과적으로 미국식

---

68) 진덕규, 『현대 한국정치사 서설』, 168-174쪽.
69) 임혁백, "80년대 한국의 민주화과정," 김영국 외, 『한국정치사상』, 443-446쪽.

민주주의에 대한 비판과 1980년 12월 광주 미국문화원 방화사건, 1982년 3월 부산 미국문화원 방화사건을 계기로 '반미운동'으로 이어졌다.70)

반미운동은 1985년 서울 미국문화원 점거농성과 1986년 '미제의 용병교육 철폐'를 주장하는 과정에서 일어난 '김세진·이재호 분신사건'을 통해 사회적 쟁점으로 부상했다. 1980년대에 전개된 반미운동은 농축산물 수입개방 등 미국의 경제개방 압력과 관련해 농민들의 시위와 자살사태가 발생하는 등 생존권투쟁과도 연결되는 양상으로 나타났으며, 이러한 사태의 전개는 민주화운동 세력에게 인식의 지평을 확대하는 계기가 됐다.71) 그 결과 반독재·민주화운동의 성공을 위해서는 독재정권을 지원하는 미국을 반대하는 운동으로 성장해야 한다는 논리를 내세웠고, 이후 민주화운동의 과제로 자주·민주·통일이라는 구호가 설정되는 중요한 계기가 됐다.72)

더 나아가 이 시기에 대두된 급진적 반미운동은 한국사회에서 장기간 보편적 이념으로 간주된 자유민주주의에 대한 일부 지식인층의 각성을 중심으로 반공주의에 입각한 지배이념의 정당성을 전면 재검토하는 반성의 계기를 제공했다.

자유민주주의의 지위를 의심의 여지 없는 보편적 타당성을 지닌 이념의 수준으로 끌어올리고, 그것이 공산주의에 대한 국제적 투쟁에

---

70) 박형권, "한국 반미주의의 구조," 현대한국정치연구회, 『한국과 정치』 (1989), 55-75쪽.
71) 문부식, "부산 미문원 방화사건: 조국의 허기진 역사를 넘어," 『항소이유서: 80년대를 꿰뚫는 양심수 10인의 외침』(사상계, 1988), 61-97쪽.
72) 조진경, 『민족자주화운동론 II』(백산서당, 1988), 83-100쪽.

동원된 정치무기로서 특수역할을 가졌던 것에 대해서는 주의를 소홀히 해 결과적으로 그 정치무기가 국내정치에 어떻게 기능해 왔는가를 인지하[지 못하]는 사태가 발생했다. 정치무기인 것을 이상으로 등장시키면서 그들은 현실적인 실천감을 상실하고, 그에 입각한 그들의 현실비판은 비판의 대상인 바로 그 질서를 오히려 정당화해 주는 것이 됐다. 그 결과 한국에서 자유민주주의의 작동에 대한 그들의 비판은 빗나간 불평이 되고 현실에서 사유의 탈출만을 도운 셈이 된 것이다.73)

한국 민주주의의 전개에 대한 반성의 결과 지식인층을 비롯한 민주화운동 세력 내에서 '한국식 자유민주주의'의 문제점에 대한 자각이 두드러졌다. 특히 1980년대에 들어와 사회통합을 위한 지배이념으로서 자유민주주의의 실패가 현실적으로 확인된 이후, 한국사회에서 민주주의 논쟁은 종전과는 차원을 달리하게 된다.74)

1980년대 광주항쟁의 경험은 민주화운동이 추구하는 목표를 '자유민주주의'를 넘어 새로운 사회의 비전을 목표로 삼는 '급진주의'를 대두시키는 결정적 계기가 됐다. 즉 1980년대 민주화운동 과정

---

73) 노재봉, "이데올로기로서 민주주의: 한국의 경우,"『사상과 실천』(녹두, 1985), 338쪽. 인용문 가운데 [ ]로 표기한 부분은 문맥 해석상 필자가 추가한 것임.

74) 조희연, "1980년대 민주화운동과 체제논쟁," 강광식 외,『한국 현대체제논쟁사 연구』(성남: 한국정신문화연구원, 1992), 217-258쪽; 김동택, "한국사회와 민주변혁론: 1950년대에서 1980년대까지," 한국정치연구회 사상분과 편저,『현대민주주의론 II』(창작과비평사, 1992), 477-503쪽; 월간 사회와 사상 창간 1주년기념 전권특별기획,『80년대 사회운동논쟁』(한길사, 1989); 월간중앙 1990년 신년호 별책부록,『80년대 한국사회 대논쟁집』(중앙일보사, 1990) 등.

에서 대두된 이러한 급진주의는 정치적 힘을 보유하지 못한 명망가 위주의 재야세력 혹은 지식인들의 '당위적인 호소'에 그친 것이 아니라, 군사정권에 맞서 일정부분 정치적 힘을 보유한 학생운동과 노동운동을 비롯한 정치세력들을 결속시키는 매개체로서 '변혁운동의 이상'으로 상정됐다. 따라서 1980년대 민주화운동의 전개는 그 이전과 달리 '추상적인 급진적 이념'이 현실변혁을 추구하는 실천적인 대안모색 차원의 일환으로 자리잡게 됐다.

1980년대 한국사회 전면에 부상한 급진주의는 이러한 시대적 배경하에서 태동했다. 이 시기에 나타난 급진주의는 그 이전과 달리 단순한 이념으로서만이 아니라 민주화운동 세력의 인식과 행동에 직접적인 영향을 미칠 정도로 일정부분 정치세력화의 형식까지 갖추었다. 급진주의 태동 이후 그간 자유민주주의라는 제한된 틀 내에서만 민주주의를 모색하는 차원에서 벗어나 사회민주주의를 포함한 근대 이후 거의 모든 이데올로기가 한국사회의 변혁을 위한 논의에서 수용되기 시작했다. 비록 1980년대에 국한되는 일시적인 기간이지만, 한국사회에서 금기로 간주됐던 한 영역이 무너지고 이른바 진보학자들을 중심으로 사회과학의 전성기가 도래했다.[75]

주목할 만한 현상은 이 시기를 전후해 한국현대사를 재해석하려는 시도가 광범위하게 이루어졌다는 점이다.[76] 이러한 현상은 학계

---

75) 이진경, 『사회구성체론과 사회과학 방법론』(아침, 1986); 김진균, 『사회과학과 민족현실』(한길사, 1988); 박현채·조희연, 『한국사회구성체논쟁 1~2』(죽산, 1989) 등.

76) 한국민중사연구회 편, 『한국민중사 I~II』(풀빛, 1986); 최민지·김민주 공저, 『일제하 민족언론사론』(일월서각, 1978); 송건호 외, 『해방전후사의 인식』 1~6 (한길사, 1979~1989); 박현채 외, 『한국사회의 재인식 1』(한울, 1988); 아라리연구원 편, 『제주민중항쟁 I』(소나무, 1988); 정해구 외, 『광

뿐 아니라 대중에게 쉽게 다가가고 호소력이 큰 문학계에서도 나타난 현상으로, 한국현대사를 배경으로 삼은 소설77)이 의외로 폭넓은 독자를 확보하게 됐다. 비록 이러한 역사인식의 전환과 계몽을 통한 민주주의 인식확대가 일부 지식인층 위주로 이뤄졌다는 한계는 있지만,78) 민주주의의 부재 혹은 빈곤이라는 형식 속에서 민주주의의 내용성숙을 위한 계기가 태동되는 시기였다. 결과적으로 이 시기에 참여했던 사람들이 의식했든 안 했든, 역사의 기원을 찾아 재조명하는 탐구방식을 통해 군사독재의 비정통성을 뿌리로부터 해체하고, 더 나아가 자유민주주의의 모순 혹은 한계를 노출시키는 지적 작업의 일환이었다고 평가할 수 있다.

이 글에서 거의 다룰 수 없었으나, 1980년대 한국 민주주의의 전개에 영향을 미친 요인으로 국제적 환경의 변화도 적지 않았다. 이 시기에 급격히 진행된 구소련과 동구권을 비롯한 사회주의체제의 몰락은 한국사회에 커다란 충격을 주었다. 특히 민주화운동 세력이

주민중항쟁 연구』(사계절, 1990); 역사문제연구소 민족해방운동사 연구반, 『쟁점과 과제: 민족해방운동사』(역사비평사, 1990); 한국정치연구회, 『한국전쟁의 이해』(역사비평사, 1990); 한국정치연구회, 『한국정치사』(백산서당, 1990); 김종철·최장집 외, 『지역감정 연구』(학민사, 1991); 한국역사연구회, 『한국사강의』(한울, 1991); 임종국 지음, 반민족문제연구소 엮음, 『실록 친일파』(돌베개, 1991); 역사문제연구소, 『인물로 보는 친일파 역사』(역사비평사, 1993); 역사문제연구소, 『바로잡아야 할 우리 역사 37장면 1~2』(역사비평사, 1993) 등. 물론 이러한 작업의 연장선상에서 '민족'과 '통일'에 대한 관심도 두드러진 현상이지만, 이는 별도의 고찰이 필요한 주제이므로 생략한다.

77) 조정래, 『태백산맥』 1~10권(한길사, 1986~1989) 등.
78) 1980년대 진보논쟁의 성과와 한계에 대해서는 조희연, 『한국의 민주주의와 사회운동』(당대, 2000), 125-146쪽을 참조하라.

정치적 대안으로 추구하는 이념으로서 사회주의를 비롯한 좌파이념에 대한 신념이 급격히 상실돼 갔기 때문이다. 이것은 일부 지식인에 국한되는 것이 아니라 대다수 국민에게도 정체 모를 불안감과 동요로 확산됐다. 그러나 그 진행결과는 일부에서 주장된 '역사의 종언'이자 '자유민주주의의 승리'라는 표현[79]이 함축하고 있는 것처럼 일방적인 결과로 나타나지는 않았다.

현실 사회주의체제의 붕괴에 대한 한국사회의 반응은 자유민주주의에 대한 확신으로 나타나리라는 일부의 예상과 달리 탈냉전·탈이데올로기 시대의 도래라는 세계사의 조류와 보조를 같이하는 움직임으로 나타났다. 한국사회는 이념적으로든 현실적으로든 어떤 면에서 이미 충분할 정도로 국제적·세계적인 수준에 도달해 있었던 것이다.[80] 다른 한편으로 탈이념시대의 도래는 분단시대가 지속되고 있는 한국사회에서 반공주의·자유민주주의라는 이상에 '고정된' 현실인식에 대한 변화를 가능하게 만드는 또 다른 방향으로 진행될 양면성을 지닌 것이었다. 현실사회주의의 붕괴는 오히려 한국사회에서 민주주의가 다양한 관점에서 이론적·실천적으로 재조명되는 중요한 계기가 됐다.[81]

'생활'의 민주화라는 측면에서 볼 때, 1980년대 이전부터 지속된 민주화운동 세력의 적극적인 저항에 중산층을 비롯한 시민들의 참

---

79) 프랜시스 후쿠야마, 『역사의 종말: 역사의 종점에 선 최후의 인간』(한마음사, 1992).

80) 라종일, "페레스트로이카와 한국," 『페레스트로이카의 충격과 파장』(예진, 1990), 311-379쪽.

81) 한국사회학회 편, 『한국사회의 비판적 인식: 80년대 한국사회의 분석』(나남, 1990); 이성형 외, 『현대민주주의론』(한길사, 1991).

여가 가세하는 결과로 나타난 1987년 6월항쟁은 주목할 만한 계기였다. 6월항쟁과 곧 이은 7~8월의 대규모 노동자대투쟁은 민주화세력과 영역을 확대시키는 데 결정적인 계기로 작용했다.82)

특히 1987년 6월항쟁을 통해 정치의 전면에 드러난 중산층의 대두는 이후 한국 민주주의의 과제를 결과에서 과정으로, 형식에서 내용으로 이행시키는 중요한 역할을 담당했다. 그 결과 6월항쟁의 일정부분 성취에 고무되어 1989년에 결성된 경실련의 태동으로 시민운동이 본격화되기 시작됐다. 물론 시민운동의 주체로서 '시민'은 여전히 찾기 힘든 수준이었다. 그러나 시민운동이 급증하는 시민단체의 설립과 더불어 민주화운동 이후 한국사회를 주도하는 사회운동의 한 영역으로서 잠재력을 갖고 태동하는 시기였다.

1980년대 말에 이르러 한국 민주주의의 주도세력은 종래 '민중'으로 상징되는 특정집단에 국한되지 않고 '시민'으로 표상되는 국민적 차원으로 확대되기 시작했다. 군사독재 타도로 상징되는 '정치의 민주화'에 대한 요구는 각종 영역과 부문별로 세분화되면서 시민사회 영역에서 실현돼야 할 '경제·사회·문화의 민주화'로 쟁점이 전환될 가능성을 보여주었다. 경실련 출범 이후 새로 설립되는 시민단체를 중심으로 본격화되기 시작한 시민운동은 권위주의에서 민주주의로 이행을 이끄는 주요 세력으로서 시민을 집단적으로 결속해 실질적인 참여의 장을 확대시켜 '생활의 민주화'를 위한 기반을 점차 형성하기 시작했기 때문이다.83)

이처럼 1980년대에 나타난 국내외의 급격한 정세변화와 맞물려

---

82) 김영래, "한국에 있어서 이익집단과 시민사회," 129-130쪽; 오일환, 『현대 한국정치의 쟁점』, 132쪽에서 참조.

83) 박호성, "한국의 민주화와 시민운동의 과제," 530-543쪽.

한국민주주의의 역사는 부침을 거듭하면서도 꾸준히 전개돼 왔다. 그러나 1980년대 한국 민주주의의 전개동인 중에서도 가장 중요한 역할을 한 것은 역시 민주화운동 세력이었다. 특히 6월항쟁을 통해 부각된 중산층을 포함한 국민의 민주화운동에 대한 동참은 한국정치를 장기간 지배해 온 군사정권이 더 이상 폭압적인 탄압수단을 행사하지 못하게 만들고 정치현실의 전면에서 퇴장시키는 요인으로 작용했다. 1990년대 초 3당합당의 배경은 1980년대 한국 민주주의의 성취수준에 위기의식을 느낀 것이 일차적인 요인이지만, 1980년대 후반기에 나타난 여러 변화의 흐름을 반영한 군사정권의 '변형된' 지배전략에 따른 대응이기도 했다.

참 고 문 헌

강신철 외, 1988, 『80년대 학생운동사: 사상이론과 조직노선을 중심으로』, 형성사.
김광운, 2001, "1987년 6월 민주화운동 연구," 한국학중앙연구원, 『1980년대 한국사회연구』, 백산서당.
김동택, 1992, "한국사회와 민주변혁론: 1950년대에서 1980년대까지," 한국정치연구회 사상분과 편저, 『현대민주주의론 II』, 창작과 비평사, 477-503쪽.
김성국, 1992, "한국자본주의 발전과 시민사회의 성격," 한국사회학회·한국정치학회 편, 『한국의 국가와 시민사회』, 한울, 149-169쪽.
김성국, 1998, "한국 시민사회의 성숙과 신사회운동의 가능성," 임희섭, 양종희 공편, 『한국의 시민사회와 신사회운동』, 나남, 15-71쪽.
김영국 외, 1991, 『한국정치사상』, 박영사.

노재봉, 1985, "이데올로기로서 민주주의: 한국의 경우,"『사상과 실천』, 녹두, 331-367쪽.
라종일, 1995, "한국 현대 정치사상: 민주주의의 전개,"『한국사회론: 제도와 사상』(사회비평사), 467-497쪽.
라종일 외, 1990,『페레스트로이카의 충격과 파장』, 예진.
문부식, 1988, "부산 미문화원 방화사건-조국의 허기진 역사를 넘어,"『항소이유서-80년대를 꿰뚫는 양심수 10인의 외침』(사상계), 61-97쪽.
민주화운동청년연합, 1984,『민주화의 길』창간호
박원순, 1992,『국가보안법 연구 1~2』, 역사비평사.
박태균, 1993, "한국민주주의의 주도세력," 학술단체협의회 제6회 연합심포지움 논문집,『한국민주주의의 현재적 과제-제도, 개혁 및 사회운동』, 창작과비평사, 155·176쪽.
박형권, 1989, "한국 반미주의의 구조," 현대한국정치연구회,『한국과 정치』, 55-75쪽.
박호성, 1999, "한국사회 민주화운동의 실천과제와 방향,"『21세기 정치학회보』제9집 2호, 121-143쪽.
박호성, 2001, "한국의 민주화와 시민운동의 과제," 민준기 편저,『21세기 한국의 정치』, 법문사, 501-555쪽.
박호성, 2003, "현대 한국정치사 연구 서설: 민주주의의 전개를 중심으로,"『한국정치외교사논총』, 제25집1호(2003년 8월), 87-113쪽.
배링턴 무어, 진덕규 옮김, 1999,『독재와 민주주의의 사회적 기원』, 까치.
부마항쟁기념사업회, 1989,『부마항쟁 10주년 기념자료집』.
브루스 커밍스 지음, 김동노 외 옮김, 2001,『한국현대사』, 창작과 비평사.
신광영·박준식, 1990, "80년대 후반 한국노동조합의 조직적 성격과 발전과제," 한국사회학회 편,『한국사회의 비판적 인식: 80년대 한국사회의 분석』(나남), 301-334쪽.

신동아 1990년1월호 별책부록, 1990, 『선언으로 본 80년대 민족・민주운동』, 동아일보사.

오근석, 1988, 『80년대 민족민주운동』, 논장.

오일환, 2000, 『현대 한국정치의 쟁점』, 을유문화사.

울산사회선교실천협의회 노동문제상담소, 1987, 『울산지역 7월 노동자대투쟁 자료집』.

월간사회와사상 창간1주년기념 전권특별기획, 1989, 『80년대 사회운동논쟁』, 한길사.

월간중앙 1990년 신년호 별책부록, 1990, 『80년대 한국사회 대논쟁집』, 중앙일보사.

유팔무, 김호기 엮음, 1995, 『시민사회와 시민운동』, 한울.

윤상철, 1997, 『1980년대 한국의 민주화이행 과정』, 서울대학교 출판부.

이규영, 1994, "세계화와 한국 시민사회의 역할," 한국정치학회, 『세계화 시대의 한국정치:쟁점과 과제』제4회 한국정치 세계학술대회 논문집, 1-41쪽.

이길상, 2005, "1980년대 교사운동의 전개과정," 한국학중앙연구원, 『1980년대 한국사회 연구』, 백산서당.

이완범, 2005, "박정희정부의 정권교체와 미국, 1979," 한국학중앙연구원, 『1980년대 한국사회 연구』, 백산서당.

이진경, 1986, 『사회구성체론과 사회과학 방법론』, 아침.

이진우, 2000, 『이성정치와 문화민주주의』, 한길사.

전재호, 2002, "자유민주주의와 민주화운동: 제1공화국에서 제5공화국까지," 강정인 외, 『민주주의의 한국적 수용』, 책세상, 121-167쪽.

정대용, 1988, "재야 민주화운동의 전개과정과 현황," 한국기독교산업개발원, 『한국 노동운동의 이념』, 정암사, 148-171쪽.

정용욱, 2005, "광주민주화운동의 역사적 정착과정," 한국학중앙연구원, 『1980년대 한국사회 연구』, 백산서당.

조진경, 1988,『민족자주화운동론 II』, 백산서당.

조희연, 1992, "1980년대 민주화운동과 체제논쟁," 강광식 외,『한국 현대체제논쟁사 연구』, 한국정신문화연구원, 217-258쪽.

조희연, 1998,『한국의 민주주의와 사회운동』, 당대.

조희연 편, 2001,『한국 민주주의와 사회운동의 동학』, 나눔의 집.

진덕규, 2000,『한국 현대정치사 서설』, 지식산업사.

최장집, 1996,『한국민주주의의 조건과 전망』, 나남.

프랜시스 후쿠야마, 1992,『역사의 종말: 역사의 종점에 선 최후의 인간』, 한마음사.

한국기독교교회협의회 인권위원회, 1987,『1970년대 민주화운동 I~V』, 한국기독교교회협의회.

한국기독교교회협의회 인권위원회, 1987,『1980년대 민주화운동 VI~VIII』, 한국기독교교회협의회.

한국기독교사회문제연구원, 1987,『6월 민주화대투쟁』, 민중사.

한국사회학회·한국정치학회 편, 1992,『한국의 국가와 시민사회』, 한울.

한국역사연구회, 1989,『한국사강의』, 한울아카데미.

한국정치연구회, 1990,『한국정치사』, 백산서당.

한국정치학회, 2000,『해방 정국 정치지도자들의 사상과 행동: 한국 정치이념의 모색』, 한국정치학회 주최 정치리더쉽 기획학술회의 자료집(2000. 9).

한국현대사 사료연구소 편, 1990,『광주5월 민중항쟁 사료전집』, 풀빛.

광주민주화운동의 역사적 정착과정

정 용 욱

1. 머 리 말

역사가 한 사회 안에 자리잡는 과정은 역사가 현재 속에서 지속적으로 재생산되고 의미를 확장하는 과정에 다름 아니다. 이것은 과거가 현재의 지평 속에서 재생산됨을 의미하며, 동시에 역사의 진행 자체가 과거를 계속 새롭게 규정하고, 새로운 의미를 부여함을 의미한다. 특히 한국현대사에서는 이러한 '역사구성'의 쌍방작업과 그로 인한 역사인식의 갱신 또는 재생이 어지러울 정도로 격심했다. 당대의 역사로서 그러한 현격한 인식변화를 가장 극적으로 보여주는 사례의 하나가 광주민주화운동이다.

광주민주화운동은 발생 당시에는 폭도들의 '소요'로 규정됐으나 현재의 시점에서는 한국사회의 민주화운동을 집약한 것으로 평가되고 있고, 공식적으로 '광주민주화운동'으로 자리매김되었다. 광주민주화운동 발생 당시의 폭압적인 상황을 기억한다면 이러한 인식의 전환은 놀라운 것이라고 할 수 있으나, 이제 광주민주화운동은 공인된 진실이 됐고 4차례에 걸쳐 피해자들에 대한 법적 보상이 이루어졌다.

그러나 이러한 인식의 전환과정이 저절로 이루어진 것은 아니다. 인식의 전환은 '광주항쟁'의 진상규명을 둘러싸고 야기된 정치적 긴장을 해소하는 과정에서 이루어졌다. 이것은 1980년 5월 광주에서 자행된 학살의 진상을 규명하려는 노력이 이후 지속적으로 전개됐기 때문에 가능한 것이었고, 동시에 이러한 노력은 광주항쟁 계승을 위한 민주화운동의 연장으로 받아들여졌다. 그리고 그 과정에서 '광주사태'의 실체적 진실에 한 발짝 다가갈 수 있었고, 또 '광주항쟁'의 역사적 의미를 밝힐 수 있었다.

이와 같이 광주민주화운동은 1980년 5월 18일 이후 '열흘'에 머물지 않고, 그 이후 한국사회에서 계속 외연을 확대했고, 내포적 의미를 심화했다. 이것은 광주민주화운동의 역사가 형성되는 과정이라고 할 수 있다. 이 글에서는 광주민주화운동의 실체적 진실에 대한 해명보다는 광주항쟁 발생 이후 광주민주화운동의 역사가 어떻게 형성됐고, 또 그것이 어떤 현실적 문제와 학술적 과제를 제기했는가를 살펴봄으로써 광주민주화운동의 역사적 의미를 돌아보고자 한다. 광주민주화운동과 관련해서는 지금도 해명돼야 할 많은 사실들이 있지만 객관적 실체를 해명하려는 노력과 함께 지금 시점에서는 광주민주화운동이 역사적으로 재구성되는 과정을 살펴보는 것 또한 광주민주화운동의 역사적 의의를 되새기는 유용한 방법이 될 수 있을 것이다.

광주민주화운동의 역사적 의미구성과 관련해서 이 글에서는 크게 두 가지를 분석의 대상으로 삼았다. 하나는 항쟁 이후 전개된 광주민주화운동의 성격을 둘러싼 논의 및 학생운동 또는 사회운동

영역에서 제기된 광주민주화운동 계승운동이다. 다른 하나는 1980년대 후반 이래 광주민주화운동의 진상규명과 희생자들의 보상, 명예회복을 둘러싼 논의이다. 전자가 광주민주화운동의 성격규정 및 운동의 정신을 어떻게 계승할 것인가의 차원에서 전개됐다면, 후자는 광주민주화운동이 제도권 내에서 수렴되고 공인된 역사로 자리매김되는 과정이라고 할 수 있다.

2. 광주민주화운동 성격논의 및 광주민주화운동 계승운동

광주민주화운동[1]은 발생 당시에는 '폭동' 또는 '소요사태'로 불렸다. 이러한 관점은 학살에 직접 가담했던 군부 집권세력에 의해 계획적으로 조작됐고, 보수적인 제도언론에 의해 대량 유포됐다. 제5공화국 시기에 집권세력은 이른바 '김대중 내란음모설'에 근거

---

[1] 광주민주화운동은 1979년 박정희 대통령 시해사건 이후 발효된 계엄령 하에서 대학생들을 중심으로 계엄해제와 민주화를 요구하는 민주화운동 세력과 군부독재정권의 지배를 유지하려는 신군부의 투쟁으로 촉발됐다. 신군부는 대학을 폐쇄하고 민간출신의 정치가들을 구속했는데, 김대중은 구속 후에 내란음모죄를 적용했고, 김종필은 부패혐의로 구속했으며, 김영삼은 자택에 연금했다. 이런 상황에서 촉발된 광주의 5·18봉기는 군인들의 학생과 시민에 대한 야만적 진압으로 인해 새로운 차원의 저항으로 전환됐다. 이후 열흘간 광주 민중은 신군부세력과 사활을 건 투쟁을 전개했다.

해 광주항쟁을 "불순분자들의 책동으로 유발된 폭도들의 무장난동"으로 규정했다. 이른바 김대중 내란음모 사건은 1980년 5월 17일 신군부에 의해 구속된 24인에 대해 붙여진 것으로 이들은 대부분 유신체제에 저항한 비판적 정치인이었다. 이들 외에 김대중 비서그룹 10명이 별도로 구속돼 재판을 받았다.2)

5공화국 집권세력은 1980년 5월 21일 정부의 첫 번째 공식입장인 이희성 계엄사령관의 담화문과 정부의 선무용 홍보문을 발표했고, 22일에는 '김대중 내란음모 사건'에 대해 중간발표를 했다. 신군부가 주장한 '광주폭동사태의 경위와 진상'은 북한의 고정간첩과 김대중 추종세력을 지칭하는 '불순분자들'이3) "조직적이고 치밀한 배후조종과 교묘한 선동을 통해 광주지역 시민들의 지역감정을 폭발·흥분시킴으로써 걷잡을 수 없는 군중심리의 폭발로 유도해 사태를 최악의 상황으로 몰아넣은 것"이었다.4)

---

2) 김대중에게는 내란음모, 계엄법 위반, 국가보안법 위반, 반공법 위반, 외환관리법 위반 등의 죄명이 적용됐다. 그는 1심에서 사형을 선고받았고 1981년 1월 징역 20년을 확정 받았다. 전두환 정권은 빗발치는 해외의 김대중 구명운동이라는 압력 속에서 1982년 12월 김대중 내란음모 사건으로 구속된 사람들을 석방했으며, 미국으로부터 정권의 정당성을 인정받는 대가로 김대중의 미국 입국을 허용했다.

3) 5월 22일 전두환 중앙정보부장 서리는 각 언론기관장과 가진 간담회 석상에서 "김대중 깡패조직 4개 파, 현지 데모에 합세해 활동 중이다.……무전감청 결과 통혁당 지령으로 '교도소를 폭파시켜라'라는 내용이 계속 타전되고 있다"고 발언하여, 광주민주화운동을 소수의 불순분자와 난동폭도의 '폭동사태'로 규정했다. 전남사회문제연구소 편, 『5·18광주민중항쟁 자료집』, 광주, 1988, 148쪽. 또 불순분자 선동문제에 대한 비판적 고찰은 오연호, 「광주간첩 이창용은 실존인가, 조작인가」, 『다리』(1990년 5월) 참고.

이러한 주장은 전두환 등 신군부세력이 그들의 쿠데타를 합리화하고 그것에 대한 저항이 전국적으로 확산되는 것을 막기 위해 고안한 모략선전에 가까운 것이었지만, 전두환 집권 초기인 1980년대 전반의 서슬 퍼런 상황에서는 '공인된 진리'로 취급됐다. 이러한 주장은 불과 몇 년을 버티지 못하고 집권세력 스스로에 의해 부정돼버리지만, 위의 논리는 한국사회의 역대정권이 상습적으로 이용한 반공이데올로기와 지역분할 통치수법을 잘 보여준다.

광주항쟁의 역사적 구성작업은 집권세력과 제도언론의 선전이 횡행하는 속에서 광주사태의 진실을 알리려는 노력과 광주항쟁에서 폭발한 민중의 민주화 실천의지와 노력을 계승하려는 작업으로부터 비롯됐다. 광주항쟁 계승운동은 1981년부터 매년 5월에 이루어진 대학가의 추도행사를 매개로 성장했다. 1988년 5월까지는 이 추도행위가 공식적으로는 금지됐기 때문에 집단적 추도행사 자체가 일종의 투쟁이었다.5) '5월행사'로 불리는 이 추도행사는 정치정세와 밀접히 연관된 것이어서 제5공화국하의 비합법기를 거쳐, 제6공화국하의 준합법기, 문민정부 수립 이후의 합법기, 그리고 1997년 5·18의 국가기념일 제정 이후 공식의례기로 진전됐다.

1980년대 초반은 국가권력이 광주항쟁을 전면적으로 탄압하면서 성립했기 때문에 '광주'를 언급하는 것 자체가 탄압의 대상이었고, 심지어 죽은 자들에 대한 추모의례 자체가 불법이었다. 하지만 광주항쟁 직후부터 직접 참여자나 학생운동권은 항쟁의 진상규명을

---

4) 계엄사 발표문, "광주사태," 『80년 전후 격동의 한국사회 2』(사계절, 1984), 941-942쪽.

5) 이에 대해서는 정근식, "사회운동과 5월의례, 그리고 5월축제," 『축제, 민주주의, 지역활성화』(새길, 1999) 참고.

요구했다. 광주항쟁이 끝난 직후 서울에서는 광주의 진상을 알리는 한 유인물이 살포됐다. 이것은 사건의 경과와 희생자의 수, 학살된 경위 등을 서술했다. 이때 '진상'은 항쟁 참여자의 경험을 의미했다. 이런 방식의 진상규명 운동을 적극적으로 추진한 사람들은 진실을 널리 전파함으로써 군사정권에 대한 국민적 저항을 일으킬 수 있고, 이는 곧 광주항쟁을 지지하고 그 정신을 계승하는 것이라는 생각을 공유했다.

운동의 주체들은 참여자의 경험담, 사진이나 영상기록 등이 공개되면 상황이 달라진다고 생각했다. 이 때문에 항쟁의 참여자들은 위험을 무릅쓰고 진실을 알리려고 했다. 광주항쟁의 진상을 체계적으로 밝힌 최초의 책은 항쟁 참여자들이 공동으로 참여해 만든 『죽음을 넘어, 시대의 어둠을 넘어』였다. 1985년 출판된 이 책은 검열을 받지 않은 불법 출판물이었지만, 이것이 미친 충격은 매우 컸다. 그러나 유인물이나 책을 통한 진실 전달은 한계를 내포한 것이어서 민주화를 적극적으로 염원하지 않은 사람들은 탄압과 항쟁의 진상을 여전히 '반신반의'했다. 이에 따라 항쟁 당시의 처참한 상황을 보여주는 '사진'이 유력한 매체로 부상했다. 그것은 가톨릭 정의평화위원회의 사진전시회에 이어 1987년 5월 전남사회운동협의회가 출판한 『죽음을 넘어 시대의 어둠을 넘어 2』라는 사진집의 출간으로 나타났다. 특히 계엄군에 의해 죽임을 당한 자들의 처참한 모습이 경악과 분노를 자아냈다.

항쟁 참가자들과 학생운동권은 광주항쟁의 진상을 전국적으로 확대하는 한편 학살자 처벌을 요구했다. 1985년 5월 전남대 총학생회가 '5·18원흉 처단하자'는 유인물을 발표했는데, 여기에서 전두환을 위시한 5명이 '5적'으로 규정됐다. 그 후 사건의 진상이 밝혀지면서 처벌 대상자는 변화됐다. 책임자 처벌은 1988년 학생운동 진영에서 나온 '구속 전두환, 퇴진 노태우'라는 구호를 통해 대중적 요구로 확산됐다. 서울에서도 '광주학살·5공비리 주범 구속처벌을 위한 투쟁본부'를 결성해 이에 동참했다.

5공화국 집권세력의 '광주폭동사태설'은 6공화국에 들어와 그 본질적인 부분은 유지하면서도, 민주화운동 역량의 성장과 군부세력의 선거를 통한 재집권전략에 의해 야당 및 민주화운동 세력의 요구를 부분적으로 수용해 이른바 양시론(兩是論)으로 변했다. 이는 1988년 1월 '민주화합추진위원회' 건의를 수용하는 형식을 빌어 4월 1일 발표된 '광주사태 치유방안'으로 공식화된다. 6개항으로 구성된 이 방안은 1980년 5월의 상황에서 비상계엄의 전국적 확대는 정당하며, 사태의 원인은 불순분자의 책동이 아니라 계엄군의 과잉진압이며, 5·18의 성격은 결과만 보면 폭동이라는 시각도 가능하지만, 전체적으로 보아 '학생, 시민의 민주화를 위한 노력의 일환'이었다고 정리했다. 즉 군부의 과잉진압 인정, 광주시민의 명예회복과 물질적 보상 등 종전과는 변화된 사항을 포함하고 있지만, 항쟁의 책임을 현장의 계엄군에게 돌림으로써 사실상 군부 집권세력의 책임을 면책하는 역할을 했다.

한편 1989년 광주청문회는 광주민주화운동을 본격적으로 제도권 정치의 장에서 다루는 계기가 됐다. 이 청문회에서는 광주민주화운동을 신군부의 5·17쿠데타에 대한 저항을 진압하기 위해 파견된 공수부대의 야만적 살상행위에 대한 광주시민들의 자위적 항쟁과 강경 신군부의 반민주적 폭거에 대한 저항운동의 의미를 강조하면서 '광주의거', '광주시민항쟁'으로 규정했다. 이러한 견해는 군의 과잉진압에 의한 봉기와 시민들의 순수한 투쟁을 부각시키는 데 성공했으나, 광주민주화운동의 역사적이고 구조적인 원인을 고찰하는 데에는 실패했다. 이 견해는 광주민주화운동을 '파괴된 자유민주주의 헌정질서의 복원운동'으로 파악했다.

한편 학계와 학생운동권, 사회운동권의 광주민주화운동에 대한 논의는 광주민주화운동을 군부의 학살과 시민의 희생이라는 도덕적·윤리적 차원을 넘어 이를 한국사회의 근원적 모순구조와 연결시켜 파악하는 데 특징이 있다. 이들은 항쟁을 "우리 사회가 안고 있는 계급적·민족적 모순이 만들어 낸 지배층과 피지배 민중간의 대립이 우리 사회가 역사적으로 발전하는 특정 국면 속에서 민주와 독재간의 대립으로 집약되고, 이렇게 집약된 지배층과 피지배층 간의 대립이 다른 요인들과 복합적으로 얽힌 가운데 특정 시기와 특정 장소에서 가장 날카롭고 적대적인 형태로 폭발한 것"으로 파악하면서, 군부의 거대한 무력에 맞서 싸우면서 민주주의를 쟁취코자 전개된 민중투쟁으로 성격을 규정했다.[6] 또한 운동의 역사적 지위를 "민족과 사회의 자주적 발전을 저해하고 억압하는 국내외적인 반민족·반민주·반민중적 세력에 대한 확고한 인식의 틀을 세워 주었으며, 그러한 적대적 세력에 대한 투쟁과 변혁주체로서 민중이 역사의 전면에 부상하는 것을 보여주었다"고 규정했다.[7]

학생운동권, 사회운동권과 진보적 학계의 논의는 이러한 기본적 관점을 공유했지만, 운동노선의 차이에 따라 광주민주화운동의 명칭을 포함해서 내부에 성격을 둘러싼 다양한 견해차가 있다. 그것은 크게 두 가지 경향으로 분류할 수 있는데, 첫째는 1980년대를

---

6) 김세균, "5·18광주민중항쟁의 사회적 배경," 『역사와 현장』 1(남풍, 1990), 13-14쪽.

7) 이종범, "5·18의 영향, 한계, 계승," <전대신문>, 1988년 5월 19일.

전체적으로 구조적 위기의 시기로 파악하면서 이를 신식민지국가 독점자본주의 체제의 구조적 위기가 표현된 것으로 보는 견해이다. 이 입장은 해방 직후 국가 건설운동 과정에서 나타났던 남한의 변혁운동 역량이 한국전쟁을 계기로 사라졌지만, 광주민주화운동은 새삼 한국사회에서 '변혁의 현실성'과 '목적의식적 지도'가 필요함을 보여주었다고 파악한다. 둘째는 한국전쟁 이후 변혁운동을 '변혁운동 역량의 연속성'과 '지도의 관철'이라는 관점에서 파악하면서 광주민주화운동은 한국민중 대 미국 및 매판세력의 싸움으로 극소수 매판세력을 제외한 전 계급적 투쟁이라는 점과 신식민지 민족해방운동의 일반적 성격을 띤다고 파악한다. 이러한 두 가지 경향은 각 운동세력의 입장을 고도의 추상차원으로 끌어올려 일반화한 관념적 편향을 보이고 있다. 이러한 논쟁은 광주민주화운동이 왜 광주에서 폭발할 수밖에 없었는가 하는 운동의 배경과 지역적 조건의 문제, 운동의 발생원인, 운동을 이끈 주체세력 등 보다 구체적인 분석과제의 해명 속에서 해결돼야 할 것이다.

학생운동권을 중심으로 전개되기 시작한 광주항쟁 계승운동은 광주항쟁을 한국의 민주화운동을 집약한 개념으로, 또 그것을 한 차원 발전시킨 것으로 인식했을 뿐만 아니라 동시에 이를 반미 자주화운동의 차원으로 발전시켜 갔다. 광주항쟁과 미국의 관련성 문제는 그 동안 광주항쟁과 관련해서 가장 민감한 정치적 쟁점이 돼 왔다. 미국 측은 '미국의 광주사태 개입설'이 부당한 오해에서 기인한 것이라고 변호해 왔다. 반면 많은 한국인들은 점차 미국의 '방조 또는 지원'을 부인할 수 없는 사실로서 인정해 왔으며, 사회운동 세력은 이것을 반미·자주화운동, 반파쇼·민주화운동의 주요한 고리로 인식하고 중심적인 이슈로 부각시켜 왔다.

미국 측의 '광주사태 무책임론' 주장은 대체로 두 가지 형태를 띠고 있다. 하나는 미국이 한국군에 대해 가지고 있는 작전통제권은 지극히 제한적이며 형식적인 것에 불과하다는 식의 논지이며, 다른 하나는 미국은 처음부터 끝까지 배후에서 사태의 '평화적 해결'을 촉구했으며, 20사단의 광주투입 승인도 한국군 공수부대의 잔혹상이 발생한 뒤의 일로서 그것도 광주지역의 '질서를 회복하기 위해서'였다는 것이다.

　먼저 검토해야 할 것은 미국이 광주민주화운동 이전에 이를 인지했는지 여부에 대한 문제인데, 이에 대해 비판자들은 광주민주화운동을 전후한 시기의 한미관계를 추적해 볼 때 미국이 운동발생 이후에야 이 사건을 보고받았다는 사실을 반박한다.

　비판자들은 1989년 6월 국회 광주특위에 미국이 서면으로 제출한 "1980년 5월 대한민국 광주에서 일어난 제반사건에 대한 미국정부의 성명서"[8]에 의하면 5·17계엄확대 조치 이전인 5월 9일 글라이스틴 주한미대사가 전두환 소장과 회담하는 자리에서, 또 위컴 주한미군사령관이 주영복 국방장관과 회담하는 자리에서 각각 시민에 대한 군사력 사용을 언급했다고 주장한다. 또한 5월 10일에는 한국정세와 관련해 콜버트 미 국무부 동아시아·태평양문제담당 부차관보와 리치 한국과장이 내한했고, 위컴은 5월 13일 전두환·

---

8) 이른바 『광주백서』로 알려진 이 문서는 국회 광주특위의 질의서에 대한 답변서 형식을 취하고 있다. 광주민주화운동과 관련된 미국 최초의 공식문서로 그간 부분적·개별적으로 발표됐던 미국의 입장을 총괄했다. 이 문서에 대한 소개와 비판으로는 민족민주운동연구소, "미국의 '광주 관련 답변서'를 통해 미국을 다시 본다,"『정세연구』6(1990. 6), 75-86쪽 참고.

주영복과 연이어 회담하고, 5월 14일 한국문제에 대해 워싱턴과 협의하기 위해 미국으로 떠났다. 그리고 5월 17일 김용식 주미대사가 홀브룩 미 국무부 동아시아·태평양문제담당 차관보와 한국사태를 논의했다. 특히 미국은 한국의 국무회의에서 계엄확대 의결이 있던 5월 17일 저녁 9시 42분보다 빠른 9시 30분에 청와대로부터 계엄확대에 대한 통보를 받았다는 것이다.

또한 5·17을 며칠 앞두고 '코압 제이드 80-II'라고 불리는 한미연합 군사훈련이 13일과 14일 이틀 동안 한국 각 기지에서 실시됐는데, 이 훈련에서는 한국에서 일어날 수 있는 돌발 사태에 대비해 후방으로부터 물자 및 병력지원을 차단하는 훈련, 실무장 투하훈련, 공중정찰 탐색 및 구조작전이 입체적으로 전개됐다고 한다.[9] 이는 외부의 침략뿐 아니라 내란의 경우에도 대비할 수 있는 훈련이었다. 특히 5월 17일 이미 광주 거주 미국인들의 철수요청과 미 공보관 폐쇄가 있었다는 점을 미루어볼 때 5월 19일이 돼서야 최초로 단편적인 정보를 입수할 수 있었다는 미국 측 주장은 설득력이 없다는 것이다.

다음으로 한국군에 대한 미군의 작전통제권 문제와 20사단의 광주투입 승인문제가 있다. 20사단의 선택배경에는 이 부대가 전두환 세력의 핵심 구성원인 박준병이 지휘했으며 서울지역 계엄업무를 통해 국회점거 등 혁혁한 공을 세워 능력을 인정받은 부대였다는 점이 고려됐다. 주한미대사 글라이스틴은 1985년 3월 『신동아』와의 인터뷰에서 "한국이 20사단을 광주에 파견할 수 있도록 승인해 줄 것을 미국에 요청했는데, 미국은 이에 반대할 법적 근거가 없었다.

---

9) <동아일보>, 1980년 5월 13일.

그러나 이런 사태에 대처할 수 있도록 훈련된 20사단이 계엄업무를 수행할 사명을 띠고 있어 주민을 상대하니까, 그것이 대단히 분별력 있는 행동이라고 생각해서 그 병력이동을 승인했다"고 서술했고, 주한미사령관 위컴과 함께 이 문제를 검토했고,10) 부대이동 전에 이를 워싱턴에 보고했다고 덧붙였다. 또한 20사단 투입승인 후 진압작전의 이틀 연기가 미국의 노력에 의해 이루어졌기 때문에 미국은 이 사태에 대해 책임이 없다고 주장했다.

비판자들은 미국 측 주장을 당시 미국 측 움직임과 그들 스스로의 자기변명 가운데서 인정한 일부의 사실로 볼 때 문제의 본질을 은폐하고 왜곡시키려는 책략에 불과한 것이라고 반박한다. 즉 미국 측이 광주학살에 대한 책임 여부를 미국 측의 작전통제권이 갖는 형식성 여부의 문제로 환원시키려는 시도는 문제의 핵심을 그르치는 것으로, 미국이 20사단의 이동요청을 승인했다는 것은 실질적이든 형식적이든 한국민의 민주화요구를 계엄령 확대를 통해 유린하고, 급기야는 광주에서 대규모로 발전한 민중봉기를 무력으로 억압한 정치군부와 미국이 발을 맞추어 나간 것을 확인해 주는 것이며, 이것은 어떤 논리로도 호도될 수 없다는 것이다.11) 이들은 한국 군부를 만들고 키워 온 미국의 오랜 역사적 역할을 그러한 승인권의 형식성 여부에 관한 논란 속에 묻어서는 안 된다고 주장한다.

비판자들은 미국 측의 두 번째 주장, 즉 미국은 처음부터 끝까지

---

10) 위컴은 글라이스틴의 20사단 광주투입 승인 인정발언에 대해 승인의 근거조차 부정했다. "미국은 광주사태에 아무런 역할도 하지 않았다," 『시사논평』(1988년 9월) 참고.

11) 이삼성, "미국의 12·12, '광주' 해명에 의혹이 있다," 『신동아』(1989년 8월), 303-307쪽 참고.

배후에서 사태의 '평화적 해결'을 촉구했으며, 20사단의 광주투입 승인도 한국군 공수부대의 잔혹상이 발생한 뒤의 일로서 그것도 광주지역의 '질서를 회복하기 위해서'였다는 주장에 대해서도 그것은 앞뒤가 안 맞는 사후 합리화에 불과하다고 비판한다. 당시 미국 측과 한국 신군부 공동의 관심사는 광주의 민중봉기가 다른 지역으로 확산되는 것을 방지하는 데 있었으며, 이에 따라 양측의 긴밀한 협의를 거쳐 미국은 광주에서 최종적인 무력진압을 위한 환경 조성에 열중했다는 것이다. 미국은 당시 한국에서 심각하게 그들의 '경제적·정치적·전략적 이익'이 위협받고 있다는 인식을 표명한 바 있었다.12) 아울러 20사단을 선택한 것도 한국의 정치군부가 항쟁 진압작전에 절실하게 필요한 '확실한 충성부대', 즉 공수부대 외의 병력 중에서 공수부대만큼이나 그들이 신임할 수 있는 부대를 일부러 선택한 것이고 미국 또한 이를 흔쾌히 승인했다는 것이다. 그런 면에서 비판자들은 이 문제를 '정치·경제·전략적 이익'이 위협받고 있다고 생각한 미국이 봉기가 다른 지역으로 확산하는 것을 방지하려는 5공 집권세력과의 공동이익을 위해 최종적 무력진압을 위한 환경조성에 열중하면서 군대에 의한 진압을 승인한 것으로 파악한다.

광주항쟁과 미국의 관련성에 관한 논의는 학계에서도 꾸준히 진행됐을 뿐 아니라13) 최근 미국 측 자료가 속속 공개되고 있는 상

---

12) *New York Times*, 1980. 5. 26.
13) 광주항쟁을 전후한 시기 미국의 역할과 그들의 책임문제에 대해서는 이삼성, "광주민중봉기와 미국의 역할," 『사회와 사상』(1989년 2월); 이삼성, "미국의 광주사태 무책임론을 반박한다," 『사회와 사상』(1989년 5월); 박미경, "광주민중항쟁과 미국의 개입구조," 『광주민중항쟁연구』(사계절,

황이기 때문에 실체적 진실에 다가갈 수 있는 기회가 늘고 있다.14) 미국정부는 이미 1989년 국회 광주특위에 『광주백서』를 제출해 광주항쟁과 미국의 관련성을 부인한 바 있지만, 팀 셔록15)이라는 기자가 밝힌 미국 국무부·국방부의 광주항쟁 관련 비밀전문에 의하면 광주항쟁 당시 미국이 한국군 투입계획을 승인했고, 백악관의 한 회의에서 직접 군사 개입하는 방안도 논의됐다는 것이다.

광주항쟁을 반미·자주화운동의 기폭제로 삼아 그 의미를 확대하려는 운동은 1980년대 내내 지속됐다. 광주항쟁 직후 발생한 부산 미문화원 방화사건이나 그 이후의 서울 미문화원 점거농성 등은 모두 광주항쟁을 적극적으로 반미·자주화운동과 연결시키려는 의도를 갖고 있었고, 이들 사건에 참여한 주체세력들은 한결같이 학살의 배후로 미국을 지목하면서 이 문제를 사회적 이슈로 제기했다. 광주항쟁과 미국의 관련성에 대한 실체적 진실은 좀 더 차분한 규명노력이 있어야겠지만, 광주항쟁을 계기로 해방 이후 한국사회에서 미국의 역할이 새롭게 조명되기 시작하고, 이후 남한사회는 반미운동의 무풍지대에서 반미·자주화운동의 열기가 가득찬 사회로 변모했다.

광주민주화운동은 5월 27일 새벽 계엄군의 전면적 탄압으로 좌절되고 말았다. 이 운동은 발생 당시에는 운동참여 주체들의 정치

1990); 남상기, "조작·은폐된 미국의 '광주 알리바이'," 『한미관계의 재인식』 1(두리, 1990); 이상우, 『군부와 광주와 반미』(청사, 1988) 등 참고
14) 광주광역시 5·18사료편찬위원회는 미국정부 광주항쟁 관련자료를 한데 모아 1997년에 『5·18광주민주화운동자료총서』 6~10, 5권으로 묶어 냈다.
15) *Journal of Commerce*의 기자 팀 셔록은 전라남도 순천에서 성장한 선교사의 아들이다.

의식을 반영해 반독재·민주화운동의 영역에 머물렀으나, 그 뒤 5공화국과 6공화국 정권의 정당성을 부정하는 민족민주운동의 토대가 됐다. 더 나아가서는 현대 한국사회의 성격과 그에 기반한 민족민주운동의 이념과 동력 등의 문제를 과학적으로 분석하게 만드는 출발점이 되기도 했다.

3. 광주민주화운동의 진상규명, 보상, 명예회복

광주민주화운동에 대한 본격적인 진상규명 작업은 1985년의 이른바 유화국면에서 5·18진상규명 요구로부터 시작됐다.16) 1981년부터 1984년까지의 투쟁과 함께 1985년 2월 총선거에서 정치적 변화17)가 발생하자 5공정권은 김대중, 김영삼, 김종필 등 14인 정치인들에 대한 전면 해금조치를 취했는데,18) 이런 상황의 변화는 광

---

16) 이하 진상규명, 보상 등 광주민주화운동의 복원과정에 대한 서술은 정근식, "청산과 복원으로서의 5월운동," 5·18사료편찬위원회 편, 『광주민중항쟁사』(광주직할시, 2001) 및 정근식, "한국의 분단체제, 민주화, 과거청산," University of California, Riverside 주최 International Conference on Japanese Crimes against Humanity: Sexual Slavery and Forced Labor(2001. 11. 28~29) 발표요지에 의존했다.

17) 신민당이 관제야당인 민한당을 제치고 제1야당으로 부상했다. 이것으로 신군부가 1980년 인위적으로 만든 정치지형은 더 이상 유지되기 어렵게 됐다.

18) 사형언도를 받고 난 김대중은 이후 감형됐고, 미국과 군부정권의 타협에 의해 미국에서 망명생활을 했다. 이 망명은 김대중을 한국사회로부터

주항쟁을 언급할 수 있는 정치적 기회를 제공했다. 당시 민주화운동 진영은 정권퇴진과 민주정부 수립이라는 구호를 내걸었으며, 청산의 출발을 광주학살 진상규명에 두었다. 집권세력과 청산주체들이 극단적으로 상호 부정하고 있는 상태였지만 양자의 대화는 1985년 제시된 위령탑 건립안을 통해 시작됐다. 광주를 중심으로 구성된 '5·18 광주민중혁명 희생자 위령탑건립 및 기념사업 범국민추진위원회'는 위령탑 건립을 통해 희생자들의 사회적 인정을 꾀했다.

진상규명 작업은 1987년 6월항쟁19)을 거치면서 근본적으로 전환됐다. '광주문제'를 둘러싼 저항주체의 요구수준과 정부의 수용태도는 결정적으로 변했다. 정부는 '광주'의 과오를 인정하지 않을 수 없었고, 이것은 6월항쟁 직후인 7월 초 발표된 '광주사태 치유방안'으로 나타났다. 정부는 1980년 5월의 사태에 대해 유감을 표명하고 유족에 대한 보상, 위령탑 건립의사를 표명했다. 제5공화국의 공식 입장이었던 '광주폭동'은 1980년대 중반 들어 광주항쟁에 대한 민중의 진상규명 투쟁이 거세지고 각종 관련 자료가 국민에게 광범

공간적·심리적으로 강제 격리하는 것을 의미했으며, 해금 이후 그의 귀국시 보여준 그에 대한 지지와 기대는 열광적인 것이었다. 이런 강제격리는 유신체제하에서도 이루어진 바 있다.

19) 1987년은 군부 권위주의정권의 재생산 여부를 가르는 대통령선거를 앞둔 시점이었다. 광주의 진상규명과 여기에서 미국의 책임문제를 추궁하면서 진행된 1986·87년 학생·노동자들의 분신투쟁은 1987년 초 경찰의 고문에 의해 서울대학생 박종철이 사망한 것이 알려지면서 전국적인 저항으로 확산됐고, 전두환의 4·13호헌조치를 맞아 정권퇴진 운동으로 발전했다. 이 항쟁은 6월에 발생한 연세대학생 이한열의 시위 중 경찰폭력에 의한 사망사건으로 최고조에 올랐으며, 5공 집권세력은 전면적 탄압과 직선제로의 개헌이라는 요구의 수용 사이에서 후자를 선택하지 않을 수 없었다.

위하게 알려지면서 근거를 상실하게 됐다.

　1987년 12월 대통령선거에서 민주진영은 지역주의에 의한 분열로 인해 정권교체에 실패했고, 대신 집권당 후보 노태우가 대통령에 당선됐다. 노태우정권은 그가 계승한 전정권과 이미지 단절이 필요했고, 여기에서 착안한 것이 바로 '제6공화국'의 공식입장이 된 '광주민주화운동론'이었다. 광주항쟁은 더 이상 '불순분자의 책동이나 유언비어에 의해 유발된 폭동'이 아니라 당시 전국적인 민주화운동의 추세 속에서 전개된 광주 학생·시민의 민주화를 위한 노력의 일환이었다는 것이다. 지역분할 전략을 통해 집권에 성공한 노태우정권은 1988년 4월 총선거를 앞두고 '민주화합추진위원회'를 만들어 초보적인 진상규명 활동을 통해 '광주사태 치유방안'을 제시하면서 공식적으로 광주사건을 민주화운동의 일환으로 규정하고, 기념사업을 추진할 의사도 표명했다.

　이러한 규정은 사태전개에서 군부의 '과잉진압'을 인정하고 '광주시민의 명예를 회복'시킨 측면이 있다는 점에서 종래 정부의 관점에서 일보 전진한 것이었다. 그러나 이러한 입장의 논리적 근거가 기본적으로 "광주시민도 정당하고 진압군도 정당하다"[20]는 식의 양시론(兩是論) 내지 쌍방 책임론을 전제하고 있다는 점에서 근본적인 한계가 있었다. 노태우정권은 이러한 주장을 폄으로써 유혈사태에 대한 자신의 책임을 무화시키고 사태의 본질을 어디까지나 광주만의 문제로 유폐시켜 두려는 정치적 의도를 품고 있었다.[21]

　당시 평민당 총재였던 김대중은 1988년 4월 5일 광주를 방문해

---

20) '민화위 국민화합분과'의 회의기록, 『동아일보』, 1988년 2월 10일자
21) 정해구, "광주민중항쟁을 보는 관점과 쟁점들," 『광주민중항쟁연구』(사계절, 1990), 13쪽.

광주문제의 해결방안으로 "완전한 민주화 실현, 진상규명, 광주시민의 명예회복, 유가족 및 부상자들에 대한 국가유공자 차원의 처우 등"을 제시했다. 광주의 민주화운동 진영은 노태우정권과 김대중 총재의 정책에 대응하면서, 광주항쟁 8주년 행사를 준비하는 과정에서 종합적인 '광주문제의 해결방안'을 발표했다. 이들은 "민주인사 중심의 진상규명과 책임자 처벌, 특별재판소 구성을 통한 광주시민 명예회복, 전남도청과 망월묘역의 성역화, 피해자들의 국가보훈대상자로서의 예우, 5·18의 교과서 수록" 등을 요구했다.

광주와 대학가, 민주화운동 세력을 중심으로 전개된 '5월행사'가 광주항쟁 계승과 진상규명을 위한 운동권 나름의 노력의 일환이었다면, 광주청문회는 제도적 차원의 진상규명 시도였다고 할 수 있다. 이것은 1988년 국회에서 야당이 다수당이 되면서 광주사건의 진실을 밝혀야 한다는 요구가 받아들여져 열리게 된 것이었다. 1988년 선거를 통해 야 3당이 수적 우세를 점하게 됐다는 사실은 광주시민들의 분노를 체제내화하지 않으면 정권이 유지되기 어렵다는 것을 보여주었다. 국회에서는 제5공화국의 비리를 조사하는 5공 청문회와 함께 5·18의 진상을 규명하기 위한 광주청문회를 11월부터 개최했다. 광주항쟁의 무력진압에 공을 세워 서훈을 받은 군인들의 명단이 공개됐고, 다수 군부 지도자들이 증언대에 섰다.

그러나 이 청문회가 광주의 진실에 좀 더 가깝게 다가갈 수 있는 기회를 제공할 것이라는 기대는 무산됐고, 오히려 진압의 책임자들은 여전히 과거의 생각을 유지하고 있거나 진실을 말하기를 회피하고 있다는 사실만 부각됐다. 특히 이 시기의 쟁점이었던 학살명령의 최고책임자와 미국의 개입 여부는 거의 밝혀지지 않았다. 이 때문에 광주청문회는 정치세력들 간의 타협에 의해 '적절한' 수준에서 광주의 진실을 '관리'한 결과라는 평가를 받게 됐다.

청문회가 종료된 후 전두환 전 대통령은 백담사로 '유배'됐지만, 이 책임추궁은 5·18에 대한 책임이라기보다는 제5공화국 시기의 비리에 더 많은 무게가 실려 있었다. 어떤 의미에서는 이미 실각한 권력에 대한 단죄였기 때문에 그 의미는 반감됐다. 더구나 광주청문회가 끝나고 이루어진 1990년의 3당 합당은 광주의 진상규명 노력에 치명상을 안겼다. 광주와 호남주민에게 미친 3당 합당의 충격은 엄청나게 컸다. 그것은 적나라한 반호남지역 연합체제의 출현으로 받아들여졌고, 민주화세력의 한 진영이 광주를 배반한 것으로 받아들여졌다.

1990년 8월에는 "광주민주화운동 관련자보상 등에 관한 법률"이 제정됐다. 이 법률은 1980년 5월의 역사적 사건의 명칭을 '광주민주화운동'으로 규정하고, 이 역사적 사건의 시점을 '1980년 5·18 전후'라고 규정했다. 이 법률 역시 '광주사태'를 전국적인 민주화운동의 추세 속에서 전개된 '광주지역 학생·시민의 민주화를 위한 노력의 일환'으로 규정했다. 그리고 이 법률에 의해 보상이 실시됐다.

그러나 이 법률은 3당 합당 시기의 정치 정세의 산물이었다. 따라서 이전에 제5공화국의 입장에 비해 사건의 진상에 가깝게 다가간 측면이 있지만, 동시에 반호남지역 연합체제가 5·18진상규명과 책임자 처벌을 회피하기 위한 수단으로 선택한 측면이 있었다. 정확하게는 1989년 12월 여소야대 상황에서 야 3당이 합의해 제출했던 "5·18광주의거 희생자의 명예회복과 배상 등에 관한 법률안"보다 훨씬 후퇴한 것이었다. 사건의 역사적 의의나 사건의 정확한 시점을 모호하게 규정했고, 법률의 적용대상을 '광주민주화운동 관련자'라고 규정함으로써 '관련'의 의미를 특정화하지 않았다. 이러한 모호함은 이후 해석상의 분란을 낳았다.

상황의 변화에도 불구하고 광주민주화운동 주체들에 의해 이 법률은 광주문제 해결로 받아들여지지 않았다. 이 법률이 1990년의 3당 합당에 의해 출발한 민자당에 의해 날치기로 제정됐기 때문이다. 이 사태는 광주문제의 해결을 위해서는 청산의 내용이나 과정뿐 아니라 청산주체의 문제가 중요하다는 것을 보여주었다. 청산의 주체가 배제된 채 청산대상이 스스로 적당한 선에서 청산을 행하는 모순은 1991년의 제2차 분신정국을 낳았다.22) 1992년 선거에서 김영삼의 당선과 김대중의 낙선은 3당 합당의 위력을 보여준 것으로 '광주'의 정치적 고립의 제도화로 여겨졌다. 광주학살에 책임이 있는 군부세력이 김영삼 정권의 중요한 구성요소이고, 이들이 정치권력을 유지하는 한 광주문제의 청산은 불가능한 것으로 인식됐다.

광주민주화운동 진상규명은 김영삼 문민정부 수립에 의해 큰 전환을 맞았다. 그의 초기 광주민주화운동 대책은 1993년 5월의 '광주담화'로 집약됐다. 김영삼 대통령은 1993년 5월 특별담화를 통해 광주문제에 관한 자신의 종합적인 대책을 발표했다. 여기서 대통령은 광주민주화운동에 대해 민주화를 향한 역정에서 '우뚝한 한 봉우리'를 차지하고 있으며, '오늘의 정부는 광주민주화운동의 연장선 위에 있는 민주정부'라고 선언했다. 그러한 평가 위에서 각종 기념사업의 추진, 관련 피해자에 대한 추가 보상대책 등을 추진하겠다고 약속했다. 또한 1990년의 신고 및 보상의 불완전성을 인정하고 추가신고를 받도록 했다.23) 이에 따라 1차 보상을 외면했던

---

22) 광주항쟁 계승운동에서 1차 분신정국은 1985~86년 광주 진상규명과 반미 구호를 공유하면서 진행됐고, 1991년의 2차 분신정국은 3당 합당을 통해 드러난 거대한 보수세력의 실체를 인식하면서 발생했다.

많은 사람들이 보상대열에 합류했다.

민주화운동 진영은 대통령의 담화를 미사여구로 수식된 말잔치로 받아들였지만, 다른 한편으로 이것은 광주민주화운동의 체제내화 가능성을 암시했다. 이에 민주화운동 진영은 문민정부의 광주문제 해결책에 대한 비판의 일환으로 '진상규명'과 '책임자 처벌' 문제를 제기했다. 진상규명도 되지 않은 상태에서, 책임자가 누구인지도 모르는 상태에서 무엇을 역사적 평가에 맡길 것인지 분명히 밝히지 않았고, 무조건 용서와 화해만을 강조했다는 비판이 가해진 것이다.24) 이런 상황에서 광주문제 해결 5원칙이 거듭 천명됐다. 그것은 진상규명, 책임자 처벌, 보상, 명예회복, 광주정신 계승을 위한 기념사업이었다. 이것은 1988년의 원칙을 재확인한 것이었다.

진상규명은 곧 광주민주화운동에 대한 책임자 처벌문제와 연관돼 있었다. 이것은 1980년 5월 17일 계엄확대와 광주에 대한 야수적 진압의 의도성 여부, 5월 21일의 발포명령과 진압작전 전반의 책임문제로 구성되는바, 진상규명이 미흡한 상태에서 책임자 처벌은 명확하게 이루어지기 어려웠다. 누가 책임자이며 처벌의 대상은 어디까지인가는 쉽게 답하기 어려운 문제였다. 책임자 규정문제에서 사용된 기준은 1979년의 12·12군사쿠데타와 1980년의 광주민주화운동에서 세운 공로로 상훈을 받았는가 여부였다. 여기에는 당시의 최고 실력자인 두 전직 대통령이 포함돼 있었다.

앞에서도 제시했듯이 책임자 처벌문제는 1988년 학생운동 진영

---

23) 이때 새롭게 2,750명이 신청했고, 이 중 1,843명에게 39,099백만 원을 지급했다. 이 두 신고에서 사망자는 205명이었다.
24) 진상규명과 책임자처벌은 5월 유관단체들 및 광주시민들이 주장하는 핵심적인 사항이었다.

이 '구속 전두환, 퇴진 노태우'라는 구호를 들고 나오면서 대중적 요구로 확산됐다. 이런 상황에서 11월에 광주청문회가 개최됐다. 1989년 초 노정권에 대한 중간평가 유보와 함께 '광주청문회'와 '5공청문회'의 종료, 전두환 전 대통령의 백담사 '유배'가 동시에 진행됐다. 그러나 그 유배는 광주학살의 책임자로서보다는 5공비리의 책임자로서 처벌의 측면이 강했다. 광주민주화운동의 책임문제는 종료되지 않았다.

책임자 처벌은 김영삼 정권 5·18정책의 아킬레스건이었다. 김영삼 정권 자체가 군부세력과 연합에 의해 탄생했기 때문에 그는 이 문제를 덮어 두려고 했다. 그러나 1994년 5월 군부 지도자들에 대한 공소시효 문제가 제기되면서 이 문제는 사회적 쟁점이 됐다. 신군부 핵심지도자들의 처벌문제는 1993년 7월 12·12군사쿠데타 피해자들에 의해 제기됐는데, 1994년에 이르러 '5·18진상규명과 광주항쟁정신계승 국민위원회'가 그들을 고발하고 광주민주화운동 참여주체들도 그들을 고발하면서부터 본격화됐다.

1995년 7월 검찰은 이른바 신군부세력들에게 공소시효 만료로 '5·18'과 관련해 내란죄를 적용할 수 없다는 최종 결정을 했는데, 이 결정은 오히려 꺼져 가던 책임자 처벌운동의 불길을 지피는 계기로 작용했다. 이에 대한 항의가 7월 말부터 전국적으로 전개되기 시작했다. 광주에서는 '5·18학살자 기소관철을 위한 광주전남 공동대책위원회'가 농성을 시작했고, 광주시의회도 기소촉구 결의안을 채택했다. 전국적으로는 '5·18진상규명과 광주항쟁정신계승 국민위원회'가 주도해 항의시위를 조직하기 시작했다. 그리고 '5·18특별법 제정 범국민대책위원회'가 조직되어 11월까지 6차례의 범국민대회를 개최했다. 전국적으로 대학교수 3,500여 명, 교사 수천 명이 검찰의 불기소처분에 항의해 특별법과 특별검사제를 도입하라고 서명을 했다. 민교협은 검찰총장을 탄핵소추하고 법학 교수 100여 명은 법률해석의 오류를 지적했다. 이런 여론에 힘입어 야당은 특별법 제정안을 국회에 제출했다.

10월 국회에서 노태우 전 대통령의 비자금 폭로가 이루어지면서 그와 연합했던 김영삼 정권은 정치적 위기에 몰리고 상황은 반전되기 시작했다. 급기야 11월에 이르러 노태우 전 대통령이 구속됐다. 뒤이어 김영삼 대통령의 5·18특별법 제정지시가 이루어지고, 이어 12월에는 전두환 전 대통령의 구속이 이루어졌다. "5·18민주화운동 등에 관한 특별법"은 12월 19일 여야합의로 통과됐는데, 과거의 잘못된 역사를 청산한다는 취지로 5·18의 가해자의 단죄와 피해자의 명예회복을 핵심내용으로 하는 것이었다. 김영삼 정권이 내세운 '역사바로세우기'가 절정에 이르렀다. 이 법을 통해 12·12쿠데타 및 5·18탄압의 주체들이 구속됐다. 이들은 1997년 4월 전두환 무기징역을 최고로 14명이 실형을 선고받았다.

두 전직 대통령이 권력에서 물러난 지 불과 수년 만에 구속되어 실형을 선고받았다는 것은 세계사적으로도 유례가 드문 일이었다. 이것은 불처벌이 일반화된 상황을 깨고 정의를 수립한다는 의미를 가지고 있었다. 그러나 이 '역사바로세우기'는 광주항쟁 처리의 주체가 누구여야 하는가, 처벌의 범위는 어디까지인가, 진실고백이 없는 처벌은 무엇을 의미하는가에 대한 의문을 제기했다. 이 법에 의해서도 끝내 진실고백은 이루어지지 않았고, 처벌과 정의의 완전한 의미에 도달하지 못했다. 또한 학살현장의 책임자 처벌도 이루어지지 않았다. 이들은 1997년 대통령 선거국면에서 지역감정 해소라는 명분으로 사면복권이 기정사실화됐다. 이들은 1998년 3월 김대중 대통령에 의해 사면됐다. 이 사면은 그러나 지역간·정치세력 간 화해를 달성하는 데에는 실패한 것으로 보인다.

광주민주화운동 진상규명 작업은 그것이 남긴 인적·물적 피해를 정부가 보상할 수 있는 길이 열림으로써 국가적 차원에서 제도화되고 의례화되는 단계에 접어들었다. 광주민주화운동에서 희생됐거나 피해를 받은 자들의 경우 진상규명, 책임자 처벌과 함께 국가에 의한 배상을 요구했다. 보상작업은 노태우 정권부터 시작됐다. 노태우 정권은 "광주민주화운동 관련자보상 등에 관한 법률"을 제정해 보상작업을 진행했다.

5월항쟁 희생자들은 많은 논란을 거쳐 이 법에 의한 보상을 수용한 사람과 이를 거부한 사람들로 나누어졌다. 당시 수많은 유가족과 부상자들의 경제적 어려움이 보상수용에 크게 작용했다. 정부는 광주보상법에 의한 금전적 보상과 함께 상무대 이전부지의 일부를 광주시에 무상 양여함으로써 광주시민들을 무마하려고 했다.

그 후 김영삼 정부는 1993년에 이전의 신고 및 보상의 불완전성을 인정하고 추가신고를 받도록 했다. 또 1998년 김대중 정권이 들어선 이후 3차 신고를 받아 보상작업을 진행했다. 3차 보상에서는 이른바 '김대중 내란음모사건'을 포함해 보다 많은 사람들이 '5·18 관련 희생자'로 재정의됐다.25) 보상은 2000년에 다시 4차로 이어졌다.

보상작업은 몇 가지 어려운 문제를 야기했다. 우선 국가는 배상의 형태를 취하는 경우 국가기구의 권위와 명예가 훼손되므로 명백히 국가폭력에 의해 희생이 발생했다 하더라도 이를 회피하는

---

25) 이를 통해 사망자로 인정된 사람은 162명, 행방불명자가 56명이며, 부상자는 2,915명이다.

경향이 있다. 둘째, 국가폭력의 희생에 대한 보상의 대상과 범위, 수준의 문제가 존재한다. 희생의 범위는 문제가 되는 사건의 시간적·공간적 범위와 함께 희생의 종류로 구성된다. 광주항쟁의 경우 시공간적 범위가 점차 확대되는 경향을 보였다. 또한 희생이 일시에 종료되는 것이 아니라 지속적으로 발생하는 고통을 발생시키는 경우 적절한 보상의 수준을 둘러싸고 협상이 지속됐다. 셋째, 보상은 많은 경우 화폐단위로 환산되므로 희생의 질적 성격이 무시되며, 다른 사건과의 형평성이나 특히 성격이 다른 국민국가 형성에서 희생자와의 양립문제가 발생한다. 예컨대 국가의 명령에 의해 진압에 참여한 군인에 대한 보상과 그 진압에 의해 희생된 자들에 대한 보상이 동시에 이루어지는 모순을 안고 있다. 넷째, 광주모델의 경우 보상은 개인보상으로 진행됐기 때문에 집단보상의 문제가 지속적으로 제기됐다. 광주항쟁의 주체가 전체 시민이었다는 점에도 불구하고 보상은 유족, 부상자, 구속자들에게 국한돼 있다는 지적이었다. 다섯째, 종종 보상은 진상규명이나 책임자 처벌문제를 회피하는 수단으로도 이용됐다. 이것은 과거청산의 최종적 단계에서의 보상이 아닌 초기단계에서의 보상은 청산운동에 많은 부작용을 낳는다는 교훈을 주었다. 다섯째, 보상에 응하지 않음으로써 보상행위에 저항하는 경우가 있다. 이것은 주로 보상을 실시하는 국가의 정통성에 대한 불신에 기인한다. 따라서 민주화의 진전에 따라 동일한 사건에 대한 보상이 반복되게 된다. 광주민주화운동의 경우 보상이 4차례나 반복됐다.

  광주민주화운동의 경우 물적 보상과 함께 법률적인 복원조치와 명예회복 역시 중요한 문제로 부각됐다. 광주항쟁 참여자에게 취해진 최초의 명예회복은 사건의 명칭변화였다. 제6공화국 전반기인

1989년 11월 노태우 대통령은 특별담화에서 '광주사태'를 대신해 '광주민주화운동'으로 명칭과 사건의 성격규정을 변화시켰다. 법률적 차원의 명예회복은 1980년 광주항쟁과 관련해 이루어진 세 가지 종류의 법률적 처벌을 무효화하는 것이었다. 하나는 이른바 김대중 내란음모 사건, 둘째는 김대중 추종 비서그룹 사건, 셋째, 광주항쟁 관련 구속자26) 재판이었다. 이들이 법률적으로 명예가 회복된 것은 사건이 발생한 지 18년이 지난 1998년이었다. 1995년 말에 제정된 광주특별법의 재심규정에 따라 200여 명의 구속자들이 재심을 청구해 무죄를 선고받았다.

1997년 4월 전두환, 노태우 두 전직 대통령에 대한 재판이 종료되면서 5·18이 국가기념일로 제정된 것도 명예회복의 중요한 조치로 간주된다. 이것은 17년간의 5월운동이 거둔 하나의 커다란 성과였다. 1998년 '내란음모'로 투옥됐던 김대중의 대통령 당선은 또 하나의 중요한 명예회복 조치로 받아들일 만하다. 그러나 그것이 지역연합에 의한 선거승리라는 점, 여전히 1980년에 만들어진 이미지를 벗어나지 못한 측면이 있다는 점에서 명예회복은 불완전하다고 볼 수 있다. 현재 유가족과 부상자, 구속자들은 5·18묘지의 국립묘

---

26) 광주민주화운동 관련자들은 1980년 5월 17일 예비검속자에 뒤이어 항쟁기간이나 항쟁종료 후에 구속됐다. 광주지역 사회운동 지도자들에 대한 구속과 수사는 이들을 어떻게 김대중과 연결시키고 누구를 책임자로 만들 것인가가 초점이었다. 이들은 일단 구속된 후 김대중과의 관련을 강요받았으며, 몇 차례의 우여곡절을 거쳐 정동년이 내란음모에 가담한 수괴로 조작됐다. 이들은 같은 해 10월 1심에서 5명이 사형, 7명이 무기징역을 선고받았고, 징역 5년 이상의 형을 받은 사람이 163명이었다. 이들은 몇 차례의 감형을 거쳐 차례로 석방됐고, 사형을 언도받았던 5명은 1982년 말에 석방됐다.

지화, 5·18희생자의 국가유공자화를 요구하고 있는데, 이들은 이것이 이루어져야 명예회복이 완결된다고 생각한다.

4. 맺음말

광주민주화운동은 이제 고난과 격동으로 점철된 한국현대사의 중요한 부분이 되고 있지만, 오늘까지도 여전히 해결해야 할 역사적·현실적 과제를 안겨 주고 있다. 광주항쟁은 항쟁의 폭발적 성격이나 민중의 광범하고 헌신적인 참여, 이들이 1980년 5월 18일 이후 열흘간 보여주었던 투쟁의 역동성과 지속성 등으로 인해 한국 현대 사회운동사에서 우뚝한 봉우리가 됐다. 또 진압과정에서 자행된 학살과 테러로 아직도 많은 사람들이 상처와 응어리를 간직하고 있기도 하다.

다른 한편으로 광주항쟁이 이후 80년대 한국사회에 미친 영향 역시 이루 헤아릴 수 없다. 무엇보다 1980년대는 한국의 사회운동이 대중적인 변혁운동으로 성장해 가는 시기라고 할 수 있는데, 광주항쟁은 이러한 사회운동 발전의 밑거름이 됐다. 항쟁 자체가 민중의 무장봉기라는 투쟁형태를 취했고, 광주항쟁 이후 각종 사회운동을 대중화하는 기폭제가 됐다. 또 한국사회의 민주화뿐만 아니라 반외세 자주화, 통일 등 한국사회의 근본적인 변화 방향성을 제시했다는 점에서도 중요한 역할을 했다.

그러나 역사의 일부분으로서 광주민주화운동이 자리잡는 과정이 그리 순탄하지는 않았다. 광주항쟁 참여자들은 신군부의 폭압과 테러 속에서 그들 자신이 커다란 피해자였지만, 제5공화국 하에서는 그들이 입은 상처와 피해를 속으로 삭여야만 했다. 광주항쟁이 폭동, 소요에서 광주민주화운동으로 자리잡기까지는 그 이후 지속적으로 전개된 민주화운동 등 광주항쟁의 정신을 되살리려는 노력이 있었다. 그리고 그러한 노력의 결과 정치권을 통한 광주민주화운동의 진상규명, 명예회복 등이 가능했다.

전체적으로 보면 광주항쟁은 '민주화운동'으로 우리 사회에 자리잡고 있고, 광주항쟁의 처리과정을 동아시아에서 국가폭력에 의한 인권침해를 회복해 가는 과정에서 '과거청산'의 하나의 모델로 파악하는 관점이 제시되고 있기도 하나,27) 그 내용을 보면 아직도 해결해야 할 많은 과제가 남아 있다. 우선 광주청문회 등 진상규명 노력이 있었지만 아직도 학살책임자에 대한 명시나 처벌이 제대로 이루어졌다고는 할 수 없고, 보상작업이 4차례나 계속됐던 것에서 알 수 있듯이 그것이 남긴 상처가 완전히 봉합됐다고 할 수도 없다. 또 광주민주화운동의 처리과정에서 김대중이 제시한 해결방안과 광주의 사회운동가들이 제시한 원칙의 관계는 별로 주목된 바 없지만, 광주민주화운동의 목표를 우리 사회의 완전한 민주화 실현으로 보는가, 정권교체라는 정치적 목표에 두는가 사이에는 엄연히 관점의 차이가 존재한다.

광주민주화운동이 남긴 과제의 해결을 위해서는 다면적 접근이

---

27) 서승, "동아시아에서의 국가폭력에 의한 중대한 인권침해에서의 회복: 한국과 대만의 비교," University of California, Riverside 주최 International Conference on Japanese Crimes Against Humanity: Sexual Slavery and Forced Labor(2001. 11. 28~29) 발표요지.

필요하다. 어떤 문제는 여전히 사법적 판단을 기다리고 있으며, 어떤 문제는 정치적 해결을 촉구하고 있다. 또 어떤 과제는 자료발굴과 축적 또는 새로운 해석틀의 도입 등 학문적 해결을 기다리고 있다. 또 이들 문제는 서로 연결돼 있기도 하다. 하지만 전반적으로 광주민주화운동의 역사적 정립은 사실은 광주항쟁의 배후에 있는 한국현대사의 전체 상과 관련돼 있다. 즉 한편으로는 광주항쟁 당시 그처럼 역동적으로 전개됐던 민중투쟁의 구조적 배경과 전개과정을 한국현대사 속에서 위치 짓는 작업과, 다른 한편으로 광주에서 자행된 국가폭력의 실체와 그것이 가능하게 된 구조적 원인을 추궁하는 것이 필요하다. 이것은 결국 해방 이후 한반도에서 전개된 분단체제의 본질을 규명하는 문제와 연결돼 있을 것이다.

참고문헌

광주광역시 5·18사료편찬위원회, 1997-1999, 『5·18광주민주화운동자료
    총서』 1~20.
5·18광주의거청년동지회 편, 1987, 『5·18광주민중항쟁 증언록 I』, 광
    주.
이광영·천춘심 외, 1990, 『광주여 말하라』, 실천문학사.
전남사회문제연구소 편, 1988, 『5·18광주민중항쟁 자료집』, 광주.
전남사회운동협의회 편, 황석영 기록, 1985, 『죽음을 넘어 시대의 어둠
    을 넘어』, 풀빛.
천주교 광주대교구 정의평화위 편, 1988, 『광주시민 사회의식조사 -광
    주민중항쟁을 중심으로』, 빛고을 출판사.
편집부 편, 1984, 『80년 전후 격동의 한국사회』 2, 사계절.
한국현대사사료연구소 편, 1990, 『광주5월민중항쟁사료전집』, 풀빛.

민주화운동청년연합, 1988, 『광주는 아직도 계속되고 있다』.
민통련·민청련, 1987, 『항쟁은 결코 멈추지 않는다』.
5·18광주민중항쟁동지회 편, 1990, 『부마에서 광주까지』, 샘물.
유시민 외, 1990, 『광주민중항쟁 - 다큐멘타리 1980』, 돌베개.
이상우, 1988, 『군부와 광주와 반미』 청사.
전학련, 1985, 『광주민중항쟁의 민중운동사적 조명』.
정해구 외, 1990, 『광주민중항쟁 연구』, 사계절.
조희연, 1998, 『한국의 국가 민주주의 정치변동』, 당대.
한국기독학생연맹, 1985, 『아, 광주여, 민족의 십자가여!』.
한국현대사사료연구소 편, 1990, 『역사와 현장』 1, 남풍.
한국현대사사료연구소 편, 1990, 『광주5월민중항쟁』, 풀빛.

김세균, 1990, "5·18광주민중항쟁의 사회적 배경," 『역사와 현장』 1,

남풍.

김진균·정근식, 1990, "광주5월민중항쟁의 사회경제적 배경," 『광주5월민중항쟁』, 풀빛.

김창진, 1990, "한국현대사와 광주민중항쟁," 『사회과학개론』 II, 백산서당.

남상기, 1990, "조작·은폐된 미국의 '광주 알리바이,'" 『한미관계의 재인식』 1, 두리.

마크 피터슨, 1989년 5월, "미국은 광주사태에 책임이 없다," 『사회와 사상』.

민족민주운동연구소, 1990. 6, "미국의 '광주관련 답변서'를 통해 미국을 다시 본다," 『정세연구』 6.

박미경, 1990, "광주민중항쟁과 미국의 개입구조," 『광주민중항쟁연구』 사계절.

박현채, 1990, "80년대 민족민중운동에서 5·18광주민중항쟁의 의의와 역할," 『역사와 현장』 1, 남풍.

서승, 2001.11.28~11.29, "동아시아에서의 국가폭력에 의한 중대한 인권침해에서의 회복 - 한국과 대만의 비교 -," University of California, Riverside 주최, "International Conference on Japanese Crimes Against Humanity: Sexual Slavery and Forced Labor."

서중석, 1989년 여름, "광주항쟁의 민족사적 의의," 『역사비평』.

오연호, 1990. 5, "광주간첩 이창용은 실존인가, 조작인가," 『다리』.

이삼성, 1989년 2월, "광주민중봉기와 미국," 『사회와 사상』.

이삼성, 1989년 5월, "미국의 광주사태무책임론을 반박한다," 『사회와 사상』.

이삼성, 1989년 8월, "미국의 12·12, '광주' 해명에 의혹이 있다," 『신동아』.

이정로, 1989년 5월, "광주봉기에 대한 혁명적 시각전환," 『노동해방문학』.

이종범, 1988. 5. 19, "5·18의 영향 한계, 계승," 『전대신문』.

이종범, 1990, "광주민중항쟁의 지역적 배경과 주체문제," 『역사와 현장』 1, 남풍.

정근식, 1999, "사회운동과 5월의례, 그리고 5월축제," 『축제, 민주주의, 지역활성화』, 새길.

정근식, 1997, "민주화와 5월운동, 집단적 망탈리테의 변화," 나간채 편, 『광주민중항쟁과 5월운동 연구』, 전남대학교 5·18연구소.

정근식, 2001, "청산과 복원으로서의 5월운동," 5·18사료편찬위원회 편, 『광주민중항쟁사』 광주직할시.

정근식, 2001.11.28~11.29, "한국의 분단체제, 민주화, 과거청산」(University of California, Riverside 주최, "International Conference on Japanese Crimes Against Humanity: Sexual Slavery and Forced Labor" 발표요지.

정해구, 1990, "광주민중항쟁을 보는 관점과 쟁점들," 『광주민중항쟁연구』 사계절.

주한미문화원, 1988년 9월, "미국은 광주사태에 아무런 역할도 하지 않았다," 『시사논평』.

1987년 6월민주화운동 연구

김 광 운

1. 1987년 6월민주화운동에 대한 분석시각과 연구동향

1987년 6월민주화운동은 한국국민이 스스로의 힘으로 민주화를 일궈낸 쾌거였으며, 한국 사회운동의 새로운 도약의 토대였다. 1987년 6월을 계기로 확대된 민주화 공간 속에서 '7~8월 노동자대투쟁'이 가능했고, 이후 1990년대 초까지 대중운동은 비약적으로 발전했다. 그런데 6월민주화운동은 한국의 민주화에 커다란 전기였음에도 불구하고 '미완의 시민혁명'이었다. 6월민주화운동의 계승자였던 노동자들의 경우 헌법에 보장된 노동3권과 노동조합을 지키는 데도 수많은 사람들이 구속과 수배를 당하고, 해고와 손해배상청구에 시달렸다. 1987년 6월민주화운동은 형태를 달리하며 아직도 계속되고 있으며, 역사적 평가를 둘러싸고 현실에서 첨예한 이해대립을 보이고 있다. 때문에 사건을 분석·정리해 종합·체계화하기란 쉽지 않다.

1987년 6월민주화운동을 포함한 한국 현대 사회운동사 정리와 관련해 크게 두 가지 서로 다른 연구방법이 있다. 그 하나는 운동의 발전과정을 '논쟁사' 형식으로 정리하는 방법이며, 다른 하나는 운동선상에서 부상했던 여러 갈래의 흐름을 하나의 줄기로 잡아내면서 각각의 위치와 역할 및 무게를 평가하는 방법이다. 전자는 당시 논쟁의 쟁점과 경과를 체계적이고 일목요연하게 살펴볼 수 있다는 장점이 있다. 반면 서로 다른 역량 차이까지도 '동격'에서 취급된다면 현실과 동떨어진 논의로 흐를 개연성이 있다. 후자는 운동의 전반적인 흐름과 기본줄기를 살피면서 역사적 사실에 대한 평가를 내리는 데 긍정적이지만, 평가의 기준이 객관적이지 못하면 자기 본위로 역사를 재단할 수도 있다.

이 글에서는 1987년 6월민주화운동의 역사적 사실을 재구성하면서, 당시 제기됐던 쟁점을 정리하고 사건의 역사적 특징과 의의에 대해 살펴보고자 한다.

먼저 1987년의 역사적 경험에 대한 정리구도를 어떻게 설정하는가에 대한 분석시각은 크게 세 가지 유형으로 나눠진다. 첫째 유형은 체제안정 이데올로기를 정책적으로 홍보하기 위한 기득권세력의 주장이며, 둘째 유형은 대중운동 추진과 관련해 사회적 합의를 중시하는 관점이고, 셋째 유형은 민족민주운동에게 주어진 역사적 과제해결을 원칙으로 설정해 주제에 접근하는 태도이다.

첫째 유형의 대중관 혹은 사회운동에 대한 기본입장은 탈코트 파슨스 류의 체제안정 이데올로기이다. 이들은 기성체제에 불만을 표시하는 민중의 움직임을 사회적 일탈행위로 바라본다. 1987년 6·10국민대회를 앞두고 당시 내무장관과 법무장관은 합동으로 담화를 발표해 6·10대회를 불법대회로 규정하고 즉각 중지할 것을 경고한 것이 대표적인 예라고 할 수 있다. 당시 집권 민주정의당은 6월 10일에 전당대회를 열고 "정치권 밖에서 폭력으로 혼란을 조성하는 일은 평화적 정권교체를 방해하는 행위로서 어떤 희생이 있더라도 단호히 대처할 것"이라며 자신들의 정치일정 외에는 모두 부정했다. 6·29선언 이후에도 이들은 틈만 있으면 '좌경용공세력 척결'을 내세워 민주화운동 세력을 탄압했으며, 그들과 시민 사이의 연결을 끊어 놓고자 노력했다. 기득권세력에게 정치란 엘리트의 전유물이며, 대중은 단지 그들의 행위를 정당화시키는 데 동원되는 '표밭'일 뿐이었던 것이다.

1987년 한 해 동안 군사정권은 집권연장을 위해 민중에 대한 억압을 계속했다. 박종철을 고문 살인하고 그를 추모하는 행사에 참가한 시민을 체포했다. 6월민주화운동 기간중 경찰의 과잉진압으로 인한 시민 피해상황은 사망 3명, 중상 57명, 경상 437명에 달했다. 6·29선언 이후에도 노동운동에 대한 탄압은 계속되면서 8월 22일 대우조선 노동자 이석규를 죽음에 몰아넣었으며, 362명이 구속되고 216명이 불구속 기소됐다.[1]

그런데 언론은 대중운동 고양의 원인이나 경찰 등의 무리한 공권력 행사에 대해서는 별반 언급 없이 폭력, 과격 등을 경계하는 보도로 일관했다. 언론이 행한 대중운동에 대한 편파보도는 사건과 사실들을 고립시켜 자의적으로 예정된 결론을 유도한 것에 불과하다. 1987년 한국경제는 민중운동의 폭발로 수출의 길이 막히고 금방이라도 무너질 것처럼 보도됐지만, 1986년보다 12%나 높은 실질성장률을 기록했다. 산업별 성장률에서도 제조업이 16.4%를 기록했

---

1) 민주헌법쟁취국민운동본부 노동자위원회, <노동자신문>, 1987년 8월 30일; 9월 4일 참조

으며, 특히 파업이 가장 활발했던 중화학공업 분야에서 20.4%의 높은 성장률을 나타냈다.[2] 그리고 1987년 12월 결산법인 분석에 의하면 상장기업의 당기순이익은 43.3% 증가했다.[3]

6월민주화운동 시기 운동 주도층이 공유했던 기본관점은 "첫째, 민주화의 과제는 자주화 및 통일의 과업과 분리될 수 있는 것이 아니다. 조국이 안고 있는 이 3대 과제는 민중의 주권이 확립됨으로써만 완수될 수 있다. 둘째, 선거를 통해 민주화는 크게 진전될 것이지만…… 선거혁명이란 개념은 우리 조건에서 그릇된 것이다. 셋째, 민주당과 평민당은 집권하게 되더라도 그 자체의 힘만으로는 민주화의 과제를 끝까지 수행할 수 없다. 넷째, 다가오는 선거에 참여해 선거공간을 최대한 활용하는 것이 옳다" 등이었다.[4]

그런데 기본원칙을 공유하면서도 운동 지도부는 대중운동 발전의 전략전술을 제각기 설정하며 작은 차이를 큰 차이로 확대하면서 사분오열됐다. 그들이 활동공간을 확대하는 데 필요한 유력한 방도의 하나였던 야당과의 제휴문제가 덫으로 작용하면서, 모두가 받아들였던 정세인식과 향후과제 및 활동목표를 상실했다.

제도정치권의 야당은 군부독재 종식을 위해 '선거혁명론'을 천명했다. 김영삼은 "여야 민주화 공동선언을 전제로 하는 선거혁명론"을, 김대중은 "거국중립내각 구성을 전제로 하는 선거혁명론"을 각기 제시했다. 이들은 "현재 대중의 주된 관심이 선거에 돌려지고 있으며, 대중은 선거를 통해 군부독재를 종식하고자 하기 때문에 반외세·반독재투쟁은 대중적으로 전개될 수 없다"고 주장한다. 따

---

2) <서울신문>, 1988년 3월 26일.

3) 『매일경제신문』 1988. 4. 4.

4) 가톡교사회문제연구원, 『군부독재 종식과 선거투쟁』(1987), 19-21쪽.

라서 한국에서도 다른 제3세계국가의 경우와 같이 선거를 통해 군부독재를 종식시키고 민선·민간정부를 수립하는 길만이 6월민주화운동을 계승하는 것이라고 결론지었다.

그러나 야당의 주된 관심은 누가 대통령후보로 나서야 하는가에 있었다. 야당은 노동자들의 투쟁이 "자칫 본의 아니게 민주화를 원하지 않는 세력에 이용당하지 않도록 노동자들의 자제를 촉구"했다. 야당의 관점은 국민운동본부, 서대협·전대협, 민통련 등의 활동까지 역으로 견인했다. 운동단체들이 주장했던 '선거혁명론' 역시 선거를 통해 군사독재를 종식하고 민선·민간정부를 세울 수 있다는 것이었다.

전두환정권이 '직선제'를 받아들였던 것은 민중의 정치적 성장을 한풀 꺾으면서 안정적 재집권을 기도하는 정치적 선택이었다. 따라서 선거를 통해 군사정권을 종식시키는 문제는 오직 민중의 정치활동 강화를 통해서만 해결될 수 있는 것이었다. 그런데 국민운동본부 등은 6월민주화운동의 계속 전진이 아니라 수해대책 특별활동(조사단 구성, 모금활동, 수해복구대 파견, 7월 28일~8월 중순)을 하면서 귀중한 시간과 노력을 낭비했다. 그 결과 군사정권과 제도야당에 국면 주도권을 빼앗기고, 다가올 선거에서도 대중의 독자적 정치세력화의 계기를 스스로 포기하고 말았다.

국민운동본부의 선택을 부정했던 단체들은 제헌의회 소집과 국민투표 거부투쟁을 핵심내용으로 하는 '임시혁명정부 수립투쟁론'을 주장했다. 이 흐름은 시민의 정치진출에 대한 조급한 이해에 근거했기 때문에 세력을 확보하지 못했다.[5] '1987년 6월민주화운동

---

5) 1987년 6월민주화운동이 전개되는 과정에서 난무했던 각 '정파', '분파' 혹은 개인의 입장과 주장은 구체적 현실에 대한 구체적 조사에 의거하기

과정에서 무수히 제기됐던 급진적 견해는 백화점에 상품 진열하듯 나열됐지만 곧 자취마저 찾기 어렵게 됐다.

1987년 6월민주화운동을 한국 사회운동의 합법칙적 발전 속에서 검토하고자 하는 시각도 제시됐다. 1987년의 역사적 경험을 사실 자체로 인식하고, 나아가 당시에 풀어야 했던 핵심과제를 해결하는 데 초점을 맞춰 서술된 글들이 그것이다.

장명국은 6월민주화운동과 곧 이어진 노동쟁의 폭발의 의의를 설명한 후 대중운동의 하부에서 토대를 구축할 것을 강조했다. 그는 1987년 당시 가장 부족했던 문제, 즉 '지도핵심조직'의 그릇이 적었다는 문제에 주목해 간부대오를 조직하자고 역설했다.6) 이 외에도 고성국의 6월민주화운동에 대한 분석적 논문이나,7) 조진경의 1987년 투쟁정리,8) 박승옥의 "7·8월 노동자투쟁을 다시 생각한다" 등은9) 1987년의 역사적 경험을 단지 사실기록의 차원을 뛰어넘어 실증적 해명 위에 평가까지를 포함한 논문이다. 이들의 성과는 이후 정진상,10) 조희연,11) 정해구,12) 김동춘,13) 최영기14) 등의 연구성

보다는 스스로 설정한 당위적 명제에 바탕한 것이 많았다. 그 결과 논쟁은 '보편적 법칙'이나 '보편적 개념'의 요구에 따라 논리만을 합리화하고 강화하는 방향으로 전개될 수밖에 없었다. 따라서 많은 경우 각 세력이나 개인의 실제 주장과 그것의 실천결과는 전혀 '객관성'을 담보하지 못했으며, '보편적 법칙'이나 '보편적 개념'과는 엄청난 불일치를 보였다. 당시의 주장이나 문건을 읽을 때 이 점에 특히 유의해야 할 것이다.

6) 장명국,『동지여, 새벽이 오고 있습니다』(석탑, 1990).
7) 고성국, "6월민주항쟁,"『사회과학개론』2(백산서당, 1990).
8) 조진경,『민족자주화운동론』(백산서당, 1988).
9) 박승옥, "1987년 노동자대투쟁을 다시 생각한다,"『창작과비평』(1990년).
10) 정진상, "6월항쟁과 한국의 변혁운동,"『영가비평』계간 36호(1997).

과로 이어졌다.

전체적으로 새로운 연구동향은 한국 민족민주운동사의 흐름 위에서 6월민주화운동의 위치와 역할, 의의를 규명하고, 특별히 주도세력의 활동과 역사적 경험을 부각시켰다는 데 의의가 있다.

2. 6월민주화운동의 전개과정

1987년에는 거의 30년 동안이나 지속돼 온 군사독재를 무너뜨리고 이 땅에 자주·민주·통일을 이룩하기 위한 각계각층 시민의 싸움이 한 해 동안 줄기차게 전개됐다. 군사정권의 장기집권 의도를 저지하는 과제로 시작한 이 해의 운동은 1월 14일 치안본부에 연행됐던 박종철의 고문살인사건을 계기로 대중적 항의로 불붙었으며, '4·13호헌조치'에 맞서 군부독재 종식과 직선제개헌을 위한 6월민주화운동으로 발전했다.15)

---

11) 조희연, "80년대 민주화운동과 체제논쟁," 『현대한국체제운동사연구』(한국정신문화연구원, 1992).
12) 정해구, "민족민주운동의 고양과 5공화국의 몰락," 『청년을 위한 현대사』(소나무, 1992).
13) 김동춘, 『한국사회 노동자연구』(역사비평사, 1996).
14) 최영기, "1987년 노동정치의 전개와 전망," 『1987년 이후 한국의 노동운동』(한국노동연구원, 2001).
15) '6·10국민대회' 이전의 주요사건 일지는 다음과 같다. 1. 5 정부, 공직자 자녀 시위가담 금지지침 시달. 1. 14 박종철군 사망사건 보도. 1. 16 미

6월민주화운동은 1987년 6월 10일 군사정권이 민정당 전당대회를 열고 '대통령후보 지명'을 강행해 국민의 민주화에 대한 염원을 저버린 것이 직접적인 원인이었다.

1980년대 중반 이후 한국의 정치변동을 이끌어 온 정치적 쟁점은 '개헌문제'였다. 이 문제는 현상적으로는 군사독재의 장기집권 의도에 대한 보수야당의 대응문제로 보였지만, 본질에서 독재와 민주의 대립축을 중심으로 외세, 군부정권에 대한 보수야당을 포함하는 일체의 민족민주세력의 공방전이었다. 이러한 상황은 1986년 5월 3일 인천집회에서 전형적으로 드러났듯이 반독재·민주화운동이 직선제쟁취와 민주정부 수립을 주요한 내용으로 하면서도 그것이 반외세문제까지 포괄하면서 발전했다.16)

이에 대응해 군부 독재정권은 대중적 개헌요구를 탄압하면서 민중운동 역량을 약화시키기 위한 노력도 계속했다.17) 말기적 탄압공세가 정국을 주도하면서 군부정권은 '4·13 개헌유보조치'를 선언하기에 이른다. 국민 일반의 민주개헌에 대한 소망을 물리치고 단행

국무성 대변인 '당국의 조사를 주목' 논평. 1. 28 박종철 관련 국조권 발동, 신민당 의원 농성. 2. 7 박종철군 추도집회, 경찰 원천봉쇄로 무산. 3. 3 박종철 49재 및 고문추방국민평화대행진. 4. 8 김영삼, 김대중 신당창당 선언. 4. 10 김대중 가택연금. 4. 13 개헌논의 유보 4. 13 호헌 발표 5. 1 통일민주당 창당(김영삼 총재 선출). 5. 27 민주헌법쟁취국민운동본부 결성. 6. 9 연세대 이한열 최루탄 맞아 중태(7. 5 사망).

16) 정관용, "80년대 한국사회 정치지형변화의 배경과 성격," 120-127쪽.

17) 1986년 5·3투쟁에 대한 검거와 수배, 학생운동에서 '전민학련' 사건 '구국학련' 사건, 노동운동에서 '반제동맹당' 사건, 'ML당' 사건, '제헌의회' 사건 등 각종 사상조직 사건, 그리고 10월에 건국대학교 '애학투' 사건, 1987년 박종철 추모대회 봉쇄가 계속됐다.

된 '4·13조치'와 다시 한번 전두환 정권의 부도덕성을 폭로시킨 '박종철군 고문은폐 조작사건'은 범국민적 저항에 불을 당겼다. 여기서 5월 27일 결성된 '민주헌법쟁취국민운동본부'는 민통련, 통일민주당 등 모든 반독재 민주역량을 망라하여, '6·10'에서 '6·18', '6·26'으로 이어지는 범시민항쟁의 구심점을 형성했다.

'4·13호헌조치'의 철폐, 군사독재 타도, 민주헌법 쟁취, 미국의 내정간섭 반대 등을 주된 슬로건으로 전개된 '6·10국민대회'는 전국 22개 주요 도시에서 24만여 명의 학생, 시민들이 참여한 가운데 동시다발적으로 진행됐다.18)

6·10국민대회에서 폭발적으로 표출된 민주화열기는 6월 10일 밤부터 15일까지 6일 동안 명동성당에서 진행된 학생, 시민들의 농성을 계기로 15일경부터 전국적으로 새롭게 발화하기 시작했으며, 국민운동본부가 주최한 '6·18최루탄추방대회'를 전후해 정점을 향해 치달았다. 이러한 열기는 정부, 여당의 '전·김회담' 발표(22일)를 전후한 대화공세 등의 정치적 분위기에 영향을 받아 일시(23~25일) 잠복하는 듯했으나, '6·26평화대행진'에서 더욱 엄청난 규모로 터져 나왔다. '6·26평화대행진'에 참가한 인원은 '6·10대회'의 거의 4배나 됐다.

지역적으로는 대구와 이리가 6월 10일 이후 26일까지 거의 매일 시위를 계속했으며, 부산·영남·대전지역이 15일 이후 21일까지 1주일간 연인원 1백만에 이르는 대규모 시위로 6월민주화운동을 선도했다. 광주·전남지역은 '6·18최루탄추방대회'를 전후해 시위를 재개, 23~25일의 일시적인 소강상태를 제외하면 26일 평화대행진에

---

18) 운동본부 집계이며, 경찰 발표는 1만 8,500명이었다.

이르는 10일간 지속적인 투쟁을 전개했다. 전주·이리지역은 22일 이후 전반적인 소강국면에서 연인원 20여만의 총력투쟁을 전개해 26일에 이르는 막바지 시기의 긴장을 최대한 끌어올렸다.

6월 26일 전국 34개 도시와 4개 군에서 같은 시각에 시작된 '국민평화대행진'은 경찰의 원천봉쇄 방침에도 불구하고 1백만여 명의 시민, 학생이 참여한 대규모 가두시위로 발전했다.19) 가두에서의 대중정치집회는 시위대의 도로 또는 광장 점거, 연좌시위의 형태로 시작되는 경우가 대부분이었는데, 여기서는 연설 등이 어우러져 진행됐다.20) 이날 경찰은 전국적으로 10만의 병력을 배치했으나 진압작전을 제대로 수행하지 못했다.

사태가 걷잡을 수 없는 방향으로 흐르면서 미국은 레이건의 친서 전달, 더윈스키 국무차관, 시거 차관보의 방한 등 명확하고 적극적인 개입을 통해 권력재편을 위한 대책마련에 분주했다.21)

1987년 6월민주화운동은 전개양상과 성격에서 한국 사회운동의 새로운 변화를 창출했다. 반독재·민주화투쟁은 반외세 구호와 결합해 전개됐고, 노동자들의 생존권요구가 민주화운동으로 발전하면서 각 분야의 운동이 하나의 전선으로 결집돼 '대중노선'의 기치하에 대중조직의 강화, 대중운동의 고양이라는 성과를 획득했다.

6월민주화운동 이후 가장 두드러지고 급격한 움직임을 보인 것은 '6·29선언'에서 소외된 노동대중의 광범위하고 폭발적인 진출이었다.22) 7~9월 노동자 대중운동은 군부정권이 6월민주화운동에 밀

---

19) 경찰 집계는 5만 8천 명이었고, 동아일보의 집계는 20만 명이었다.
20) 6월민중항쟁의 전개과정에 대한 체계적인 정리는 기독교사회문제연구원, 『기사연리포트』 2호(1987) 참조
21) 이에 대해서는 "6·29선언과 미국의 대한공작," 『말』 12호 참조

려 그 억압기구를 더 이상 밀고 나갈 수 없게 된 상황에서 체제의 균열된 틈을 바로 비집고 나온 노동대중의 '생존권요구'가 '민주노조 건설', '임금인상', '근로조건 개선' 요구로 표출된 전국적인 파업이었다.

현대재벌에서 터져 나온 노동자들의 파업은 8월 초에 울산 및 온산공단 대기업에서 임금인상과 노조민주화, 노동조건 개선 등의 요구로 번져 갔으며, 곧 하청 중소기업체로 확산됐다. 또한 7월 하순경부터 부산지역 대기업체에서도 불붙기 시작했으며, 8월 초순에는 창원기계공단 대부분의 사업장으로 들불같이 번져 나가 마침내는 경인지역으로 옮겨 붙었다. 그 결과 노동자대투쟁은 마산, 대구, 구미, 광주, 전주 등 전국 각지의 공단에서 맹렬한 기세로 확산됐다.[23] 폭발적으로 증가된 파업은 8월 28일 최고조에 달해 하루에 무려 200개의 사업장이 신규 참여했고, 파업의 함성에 묻힌 공장도 전국적으로 759개에 달했다.

7~9월 투쟁에서 특징적인 것은 전국적 규모에서 전 산업에 걸쳐

---

22) '6·29선언' 이후의 주요 사건일지는 다음과 같다. 7. 3 연세대 시국대토론회 개최(15,000여 명 참석). 7. 10 김대중 등 2,335명 사면복권. 7. 16 김대중 '대선 불출마선언 무효' 선언. 8. 5 민정당 노태우 총재권한대행을 총재로 선출. 8. 8 김대중 민주당 입당, 총재 상임고문. 9. 29 김영삼, 김대중 후보단일화 담판 결렬. 10. 10 김영삼 총재 후보출마 선언. 10. 27 직선제개헌 국민투표(78.2% 투표, 93.1% 찬성). 10. 28 김대중 고문, 대통령 출마 및 신당창당 선언. 10. 30 신민주공화당 김종필 총재를 대선후보로 선출. 11. 9 민주당 전당대회 김영삼 대선후보 추대. 11. 12 평민당 창당, 김대중 총재 및 후보에 선출. 11. 29 KAL858 버마 상공 추락(115명 사망). 12. 26 제13대 대통령선거(노태우 후보 당선).

23) 7~9월 노동자 대중운동의 구체적인 전개과정에 대한 체계적 정리는 기독교사회문제연구원, 『기사연리포트』 3호(1987) 참조.

짧은 시기에 집중적으로 폭발했으며, 여러 가지 형태의 연대투쟁과 연대조직이 결성되어 통일적인 투쟁이 전개됐다는 점이다.24) 투쟁의 기본형태는 거의 전부가 노동쟁의조정법을 무시한 총회투쟁, 파업농성, 가두시위가 기본을 이루는 공세적인 것이었다. 이 과정에서 중장비를 동원해 경찰력을 무력화시키는 등의 실력행사가 시도된 것은 특기할 만한 점이다. 투쟁의 강도도 10일을 넘어선 장기투쟁만도 43건에 달할 만큼 완강하고 격렬했다. 노동자들은 '대동단결 대동투쟁'을 통해 의식화·조직화됐고 노동대중의 요구도 상당히 높았다.25)

그러나 '87년 노동체제'는 자본과 노동 모두에게 불만족스러운 한 것이었다. 다만 작업장의 갈등이 전체 산업의 갈등으로 항상 전이될 수 있는 체제였고, 그런 만큼 노동운동은 사회운동적 성격을 갖 됐다.26) 7~월 노동자 대중운동을 계기로 한국의 노동자들은 사회운동의 중심세력으로 등장할 수 있었던 것이다.

---

24) 노동부, 『1987년 여름의 노사분규 평가보고서』, 1988.
25) '민주헌법쟁취 전국노동자공동위원회'는 6·29 이후 고양될 노동자투쟁에 통일적으로 대처하기 위해 7월 6일 결성됐다. 이 단체는 7월 19일 '노동기본권 쟁취대회'를, 8월 16일에는 '민족해방을 위한 노동자결의대회'를 개최했다. 그리고 <노동자신문>을 발행해 자주화, 민주화, 통일을 위해 투쟁할 것을 선전했다.
26) 김종엽, "노동운동의 성숙을 위해," 『창작과 비평』(2004년 가을), 19쪽.

3. 6월민주화운동을 둘러싼 쟁점

대중운동은 각계각층 다수 주민의 힘을 목적의식적으로 동원해 그들의 요구실현을 통해 운동의 목표를 실현하는 과정이다. 1987년 6월민주화운동은 "지도된 것이 아닌 자연발생적 성격의 것"이었다.27) 당시에 유포된 문건들에서도 6월민주화운동을 '자연발생적인 것'으로 규정하고 '지도의 부재'를 그 한계로 지적했다.

그런데 대중운동의 전개에만 한정해 논의하는 기존의 한계에서 벗어나 대중운동에 대한 '지도'의 문제를 제기하기도 했다.28) 그렇지만 그것은 1980년대 민족민주운동을 '빛나게' 하기 위해 그 이전 시기를 되도록 무시하고, 한국 민족민주운동의 흐름을 인공적으로 분리해 서로 대립시키면서 1980년대 운동이 거둔 성과를 자기 중심적으로 문제 제기한 후 해결한 것에 불과하다.29) 그가 설정한 "조직에 대한 목적의식적 건설, 변혁전략에 대한 과학적 정립의 노

---

27) 박현채, "국가독점자본주의하에서의 노동운동,"『노동문학』(1988년 창간호).
28) 강형민, "1980년대 조직운동의 전개과정에 대한 연구,"『경제와 사회』 제6호(이론과실천, 1990).
29) 우리 운동의 전반적 흐름과 기본줄기를 체계화하는 문제와 관련해 1980년대 이전의 운동을 단절, 공백으로 파악하는 인식태도에 대한 비판은 도진순·정창현, "1950~70년대 한국사회운동에 대한 연구동향과 과제,"『역사와 현실』제4호(1990) 참조.

력, 목적의식성에 의한 대중의 지도라는 문제"는 '민추위' 단계에 와서 새삼스럽게 반성된 것이 아니라 이전부터 고민됐던 문제이다.

1987년 6월민주화운동의 한계는 대중운동의 '자연발생성' 탓도 아니고, '목적의식성' 결여에서 온 것도 아니다. 문제의 핵심은 운동 주도세력이 대중과 결합하는 데 제한성과 오류가 있었고, 그 결과 대중의 역량을 제대로 성숙시키지 못한 데 있다. 대중화 실현의 높이가 민중의 이해와 요구를 옹호하는 만큼 자라지 못한 상태였던 것이다. 앞으로의 연구에서는 당시로서는 어쩔 수 없는 '잘못된 점'을 반복적으로 지적하기보다는 당시 운동 주도세력이 어떤 생각을 갖고 운동의 대중화 실현 등을 위해 활동했는가를 충분히 밝혀내야 할 것이다.

이제 1987년 6월민주화운동에 참가했던 대중에 대한 논의로 옮겨 보자. 당시 운동의 고양은 시민의 적극적인 활동의 결과로 가능했다. 이에 대해 박승옥은 1980년대 후반기 노동운동의 상대적 침체와 관련해서 "87년 7·8월 투쟁에서 그 정당성이 입증된 '대중주체의 투쟁방식'을 일정 정도 이탈한 데에 기인한다고 볼 수 있다"고 진단해 다시 한번 1987년 6월민주화운동에서 확인했던 '대중주체의 투쟁방식'의 중요성을 강조했다.[30]

사회운동에서 결정적 역할을 하는 것은 민중의 역량이다. 즉 민중의 정치적 자각, 정치적 역량, 조직적 역량이 사회운동의 승패를 결정하는 것이다. 그런데 '민중'이란 역사적인 정치적 크기로서 사회변혁의 깊이 및 규모와 더불어 변화하고 또 확장된다는 점을 우리는 1987년 경험을 통해서 확인했다. 따라서 1987년 6월민주화운

---

30) 박승옥, 앞의 글, 178쪽.

동에 참가했던 시민들을 구성한 다양한 계급, 계층의 위치와 성격 그리고 그들의 세력배치를 파악하기 위한 논의가 필요하다.

한국사회 변혁의 기본성격을 자주화운동으로 파악했던 측은 자주성을 유린당하는 노동자, 농민, 청년학생, 지식인, 도시 소자산계급, 애국적 군인과 민족자본가 등이 동력이며, 이들 계급과 계층이 통일전선 형태로 묶여야 한다고 주장했다.31) 이와 달리 한국사회에서 자본주의 발전이 고도화되고 이에 따른 계급분화도 자본계급과 노동계급으로 양극화됐고 프롤레타리아화가 크게 진전됐다는 점을 강조한 견해도 있다.32)

이상과 같은 거의 상반된 사조들은 1987년 6월민주화운동 공간에서 노선과 정책의 차이로 분열되면서 정치적 대중조직의 조직적 통일이나 대중의 자주적 진출을 방기하기에 이른다. 객관적 정세와 대중의 정치의식과 행동의 변화에 결합하지 못했던 이론들이 춤추던 한때였다.33)

한국 사회운동의 발전과정을 보면 주된 사조와 함께 부차적 혹은 무의미한 사조도 나타났으며, 그로부터 운동노선과 방법에서 이런저런 편향이 있어 왔다. 그러나 그것은 어디까지나 일시적인 현상으로서 곧 극복됐다. 1987년 6월민주화운동을 경험하면서 한국의 사회운동은 대중주체의 자주적 성격의 단체들을 양산하며, 자주·민주·통일을 목표로 한 대중운동을 활발하게 발전시켜 나갔다.

---

31) 편집부 편, "민족과 경제,"『대동』(1988), 172-183쪽 참조.
32) 김용기, "변혁주체론과 민중사회학 논쟁,"『월간중앙』(1990년 신년호) 별책부록『80년대 한국사회 대논쟁집』(중앙일보사, 1990), 109쪽.
33) 통일전선운동의 쟁점에 대한 정리는 채만수·김장한 편,『한국사회 통일전선논쟁』(죽산, 1990) 참조.

한편 1987년 투쟁을 통해 대중의 의식화, 조직화 수준은 강화됐다. 민중은 변혁기 특유의 압축적 방식으로 학습과 경험부족을 채워 갔던 것이다. 그러나 일상적 투쟁 지도부의 역할에서 벗어나지 못했던 '국민운동본부' 등 상부조직과 부문과 지역의 대중성 취약 및 대중적 정치투쟁을 조직하고자 하는 구체적 방침 부재로 인해 군부독재와 운동진영의 역관계 속에서 후자의 상대적인 퇴조가 나타났다.34) 그리고 운동단체간의 내부이견과 차이점이 증폭되면서 결국 결정적인 정치적 영향력 행사에 실패했다. 의식화·조직화되지 않은 대중은 아무리 많아도 현실에서는 무력하다는 것을 1987년 6월민주화운동은 분명히 증명했다. 여기서 당시 김근태의 '두 개의 전선론' 제기는 주목을 받았다.35) 조직된 대중보다 미조직 군중이 많은 한국의 현실을 고려하여, 그는 대중의 사회경제적 처지와 정치적 태도를 직접 일치시키지 않고 각 계급의 내부를 정치적 태도에 따라 나눔으로써 연구에 신선한 자극을 불어넣었다.

6월민주화운동이 거족적인 반독재투쟁으로 발전하면서 나온 6·29선언 이후 운동단체들은 한동안 목표와 구심을 잃고 무수한 논쟁 속에서 허송세월을 보냈다. 그 대표적 논쟁의 하나가 노동자 대중운동에 따른 이른바 '중간층 이반현상'에 대한 해석의 문제였다.

혹자는 6·29 이후의 정세를 '개량의 시대'라고 규정하고 있다. 여기서 "6월항쟁의 주력이었던 도시 소생산자층은 '6·29선언'이라는 공세에 의해 투쟁의 전선에서 즉각 이탈했다"고 바라본다.36) 즉 중간층이 투쟁에 결합하지 못한 이유가 소부르주아계급의 당연한 개

---

34) 자세한 내용에 대해서는 『국본평가서』, 『민통련평가서』 참조
35) 민족민주운동연구소 편, 『민족민주운동』(1989년 창간호), 아침 참조
36) 인민노련, 『정세와 실천』 제5호, 5-6쪽.

량주의의 발현이라고 주장한다. 그리고 개량이 갖는 핵심적 의미로 남한 노동자대중의 계급적 단결과 투쟁이 새로운 국면으로 발전하고 있는 것과 맞물려 거의 동시적으로 진행된다는 점을 강조했다. 이상과 같은 내용을 갖는 개량국면의 도래에 따라 이들은 "공공연한 선동을 통해 노동계급에 내재한 유동하고 있는 힘을 전면적으로 발휘시킴으로써 계급투쟁의 대중적 기초를 강화"하는 사업을 가장 중요한 실천적 과제로 설정했다.37)

그러나 위와 같은 주장에 대해 중간층 이반현상을 지배세력의 공격적 대응에 따른 통일전선 구도의 일시적 이완 내지 지도핵심조직의 역량부족의 결과로 이해하면서 당시의 정세를 '비타협적인 대중운동'의 계속으로 인식하는 주장도 있다. 반군부독재연합 결성을 강조하는 후자는 비타협적인 대중운동과 군부독재에 반대하는 모든 세력을 규합해 낼 것을 자기의 임무로 상정하기도 했다.38)

이른바 '개량화논쟁'은 군사독재 정권의 민중항쟁에 대한 독특한 대응양식에 따른 것이었다. 그들은 6월민주화운동을 '6·29선언'으로 마무리하고자 유도했다. 이것은 이전의 물리적 폭압과는 분명 다른 개량적 방식이었다. 따라서 군사독재 체제에서 향후에도 이러한 방식이 계속될 수 있는가, 아니면 예외적인 경우인가에 문제의 본질이 있었다. 1987년을 경과하면서 중간층은 계급운동으로 분화·발전해 갔다. 이미 '4·13호헌조치'에 반대했던 '사무금융노련'을 필두로 사무전문직노동자, 교사 등은 노동조합의 틀 속에서 독자적 대중조직으로 자신들의 대오를 결속해 나갔다. 대공장 정규직

---

37) 인민노련, 『정세와 실천』 제5호, 8쪽.
38) 인준위, 『단결과 전진』 제2호, 48-52쪽.

노동자들도 이들과 함께 '민주노총'의 핵심으로 자리잡았다. 자본 측에서는 이들에게 일정부분 양보하는 대신 사회적 약자인 중소기업의 납품단가를 강제 인하해 기존 이윤을 유지했고, 비정규직 고용을 확대해 초과이윤 구조를 만들었다. 이른바 '대공장 정규직 조직노동자'보다 절반의 임금을 받으며 일하는 '중소 영세기업 비정규 미조직노동자' 계층이 2004년 현재 전체 노동자의 89%를 차지하는 사회적 양극화를 조장했다.[39] 이 과정에서 '대공장 책임론'이나 '대공장 이기주의' 논란이 빚어지기도 했다.

4. 6월민주화운동의 특징과 의의

1945년 8월 15일 이후 한국사회는 격렬한 대중운동을 몇 차례 경험했다. 1987년 6월민주화운동도 자주, 민주, 통일을 이념으로 한 대중운동의 맥을 잇는 것으로 40여 년간 지속적으로 전개된 민족민주운동의 성과와 한계를 집약적으로 반영한 것이었다. 여기서는 1987년 6월민주화운동에서 드러난 새로운 경향을 정리하기로 한다.

첫째, 투쟁의 대규모성과 지속성이다. 6월민주화운동은 연인원 4~5백만이 가두로 진출해 3주일 동안이나 가두집회와 시위투쟁을 전개한 커다란 규모의 시민운동이었다. 더구나 투쟁이 몇몇 대도시

---

[39] 2004년 현재 노동조합 조직률은 11%이다. 조직노동자도 대부분 '100인 이상' 사업장에 속해 있다. 노동자의 86%는 100인 미만의 중소기업에서 일하고 있는데, 이들 대다수는 노동조합으로 조직되지 않은 상태이다.

에 집중된 것이 아니라 전국적으로 20~30개 도시에서 동시다발적으로 전개됐고, 주변 군단위 농촌지역으로까지 확산되는 조짐을 보이기도 했다. 7~9월 노동자 대중운동 때에도 전국적으로 전 산업에 걸쳐 동시다발적으로 투쟁이 진행됐다. 이것은 투쟁이 양적 성장의 측면에서만이 아니라 질적 측면에서도 한층 발전했음을 보여주는 것으로, 1987년 6월민주화운동이 갖는 특징이라고 할 수 있다.

둘째, 공격적인 성격을 띠고 격렬하게 전개됐다. '국민운동본부'가 행동강령으로 공식 발표한 비폭력투쟁 원칙에도 불구하고 투쟁현장의 시민들은 폭력투쟁과 비폭력투쟁을 배합해 경찰에 대응했다. 노동대중의 투쟁방식은 대부분 "노동쟁의조정법"을 아예 무시한 '선파업 후협상'의 양상을 띠었다. 그런데 1987년 투쟁은 다른 시기와 달리 객관적 정치정세의 변화에 따른 투쟁이 아니었다. 대중이 주체적으로 쟁취해 조성한 정치정세에 따라 전개된 공세였다. 그 완강함을 측정할 수 있는 투쟁의 계속일수가 대단히 길어졌고, 또한 집요하고 반복적으로 전개되는 가두시위와 파업투쟁이 증가됐다는 데서 격렬성을 확인할 수 있다. 노동대중이 중장비를 동원, 경찰력을 무력화시키는 등 '폭동화' 조짐은 그 대표적인 예이다.

셋째, 투쟁의 목표는 운동이 확산되면서 본질적 문제에 구체적으로 접근해 나갔다. 6월민주화운동 초기 "호헌철폐, 직선제쟁취"를 구호로 내걸었던 시민들은 7~9월 대중운동으로 이어지면서 처음에는 민주노조 설립, 어용노조 민주화를 목표로 삼았다. 이 시기 다양하게 제기된 요구 중에는 두발 자율화, 간부식당 폐지, 생산직·사무직간 복장차별 철폐 등 봉건적 잔재의 청산과 억압된 노무관리방식 타파, 인사고과제 폐지 같은 직장 내의 민주적 인간관계 수립요구도 있었다. 한편 운동단체들의 선전선동에 의해 "호헌이 웬

말이냐, 군부독재 끝장내자," "군사독재 지원하는 미국은 물러가라" 등의 주장이 나오기도 했다. 그런데 이 모든 다양한 요구는 한국 민족민주운동의 본질적 과제인 자주·민주·통일을 실현하는 문제로 점차 모아져 갔다. 물론 광범한 대중을 운동에 끌어들이는 데는 한계가 있었지만, 투쟁목표를 공개적으로 제기하는 중요한 계기였다는 것만은 확실하다.

넷째, 투쟁전술이 다양하게 개발·실천됐다. 대중의 정치적 진출=가두시위 참여를 견인하기 위한 차량 경적시위, 손수건 흔들기, 벽보, 대자보, 스프레이를 이용한 구호낙서 외에도 학내 출정식, 연좌시위, 철야농성 등의 지속적 전개가 있었다. '총회투쟁'과 '대중정치집회'는 일반대중에 대한 정치적 선전선동의 공간과 대중의 자발적인 시국성토의 장을 마련해 주었다는 점에서 이 시기 투쟁전술의 꽃이었다고 할 수 있다. 지역별 시위투쟁의 '상징적 중심지'를 만든 것도 이채로운 것이었다.

다섯째, 1987년 6월민주화운동은 한국 사회운동의 흐름에서 볼 때 바로 전 시기, 즉 1984~86년의 수도권을 중심으로 한 '선도적 정치투쟁'과는 연속성이 거의 확인되지 않는다. 1980년대 들어 급속히 성장했다고 자부하는 각종 노동운동 단체들은 6월민주화운동에서 대부분 소극적인 자세로 일관했다. 7~9월 노동자 대중운동에 대해서도 개별 민주노조에 대한 지원과 지도, 협력을 구축해 내지 못했다.[40] 이 점은 당시까지 각종 노동운동 단체들이 인텔리 중심의

---

40) 여기서 노동운동에 대한 파쇼적 탄압인 '구사대활동'이 경인지역에서 집중적으로 발생한 이유를 올바로 인식하는 것은 중요하다. 경인지역에는 구사대의 활동기반이 있었다. 그것은 이전 시기 '선도적 정치투쟁'의 악영향과 학생운동권 출신자의 노동운동 투신이 갖는 부정성, 즉 대중

가두활동 체제에 지나지 않는다는 비판을 초래했다.

이처럼 1987년 6월민주화운동은 다른 어느 때보다 더 많은 특징을 보여주었다. 논자에 따라 강조점이 달라질 수 있으며, 각 부문운동이나 지역적 특성에 따라 더 많은 특징상의 편차를 보일 수도 있을 것이다. 앞으로 확인 가능한 모든 자료를 통해 당시의 경험 전체가 밝혀져야 할 것이다.

한국에서 대중운동은 가장 광범한 사람들이 참여하는 민중운동이며, 민중의 당면한 정치·경제적 요구의 실현을 목적으로 하는 민주화운동이고, 한국사회가 갖는 근본적 모순관계 해결을 목표로 하는 역사적 운동이다. 대중운동을 통해 주체역량은 부단히 성숙·강화됐고, 기득권을 옹호하려는 반민주세력은 위기에 빠져 왔다. 이것은 대중운동만이 한국에서 가능하고 현실적인 투쟁형태이며, 전체운동을 추진하는 힘이라는 것을 말해 주는 것이다.

지금까지 살펴본 1987년 6월민주화운동의 성과 뒤에는 분명 한계가 있었다. 물론 그 한계는 투쟁에 참여한 시민의 몫이라기보다 주로 운동단체의 몫이다. 1987년 6월민주화운동이 이전 시기 민족민주운동의 계승이었듯이 투쟁의 한계 또한 한국 민족민주운동의 도달점이 지닌 한계의 연장선에 있었다. 다만 운동 주도세력의 노력에 의해 실현 가능했던 것을 하지 못한 '오류'에 대해서 살펴보기로 하자.

1987년 당시 민족민주운동의 임무와 과제에 대해 한 문건에서는 "노동자계급의 대투쟁에 결합하는 투쟁, 언론 및 정권의 탄압을 분쇄하는 투쟁, 공명선거 감시운동, 거국내각 쟁취투쟁, 후보단일화

속에 뿌리박지 못한 채 활동한 잘못의 또 다른 반영이라고 볼 수 있다.

쟁취투쟁, 민주연립정부 수립을 목표로 하는 각계 구국운동 조직들의 단결강화" 등으로 정리한 바 있다.[41] 그런데 이러한 임무와 과제는 어느 하나도 제대로 실현되지 못했다. 오류의 근본적인 원인을 찾기 위해서는 1987년 투쟁이 이루어질 수 있었던 주·객관적 조건, 민족민주 운동단체들의 방침과 실현 정도, 전술의 문제 등이 구체적 실천과정에서 어떻게 나타났는가 하는 데 대한 치밀한 분석이 이루어져야 할 것이다.

그러나 그와 같은 분석은 제출된 바 없다. 따라서 여기서는 1987년 상황의 연속성을 고려해 7~9월 노동자 대중운동에서 나타난 '잘못된 점'을 제한적이나마 지적할 수밖에 없다. 7~9월 노동자 대중운동이 6월민주화운동의 규정력 안에서 출발했기 때문이다. 덧붙인다면 7~9월 노동자 대중운동에서 범한 오류가 이후 운동의 한계로 작용한 결과 대다수 운동단체들이 특정인에 대한 '상황적 지지'를 선택했다고도 볼 수 있다.

모두가 인정하듯이 운동 주도세력이 노동자대투쟁시에 범한 실천상의 오류는 노동대중과 결합하지 못한 점이다.[42] 앞서도 언급했듯이 6월민주화운동 당시 구심이었던 '국민운동본부'는 물난리 뒤치다꺼리에 열중했고, 운동단체들은 논쟁에 몰입돼 있었다. 당시 논쟁의 중심적 내용이었던 '범국민과도정부', '임시혁명정부', '거국과도내각' 등은 노동대중을 적극 지지·지원하는 것과 실천적으로

---

41) 『단결과 전진』 제2호

42) 한편 노동자들도 이후 비슷한 오류를 반복한다. 즉 정규직 조직노동자만을 위한 조합활동이 국민들로부터 외면당하고 고립됐으며, 비정규직과 함께 가는 산별노조로 전환을 하지 못했고, 상층 간부들의 관료화와 주도권 다툼까지 보여주었다.

는 직접 관련이 없는 주장이었다.

한편 6월민주화운동 당시 가장 조직적인 역량을 꾸리고 있던 학생들도 '노학연대'를 말로는 외치면서도, 실제로는 그것을 노동대중에게 선전선동 전단을 뿌리는 일이나 농성시위장에서 화염병, 돌 등을 던지는 것으로 왜소하게 인식하고 있었다. 학생들은 노동대중이 열어 놓은 큰길을 민주승리로 장식하는 데 복무했어야 했다. 그러나 당시 대부분의 운동역량은 노동자 대중운동에 대한 왜곡선전과 직접적인 관권개입에 제대로 대응하지 못했으며, 550여 노동자의 구속사태에도 효과적으로 대항하지 못했다. 결국 7~9월 노동자 대중운동에서 6월민주화운동을 지속적으로 발전시키지 못한 결과 1987년 하반기 투쟁은 본질적인 한계를 안은 채 진행될 수밖에 없었다.

결론적으로 1987년 6월민주화운동은 "직선개헌, 민주쟁취"의 구호를 중심으로 중산층 일반시민까지 참가한 '시민혁명'이었다. 6월민주화운동의 최대 결실로 받아들여졌던 '6·29선언'은 군사독재 정권이 위기를 모면하기 위해 국민을 상대로 한 속임수였다. '6·29선언' 8개항 가운데 대통령직선제 개헌 외에 지켜진 것은 없었다. 군부는 선거를 통해 계속 집권할 수 있었고 민주화의 길은 열리지 않았다. 6월민주화운동은 1960년 4월의 민주화운동처럼 '미완의 시민혁명'으로 끝났던 것이다. 이후 현실은 여전히 '저임금 장시간노동'에 시달리는 노동자와 생산비도 못 맞추는 농작물을 경작하는 농민 및 기름 값에도 못 미쳐 출어를 포기하는 어민의 질곡이 계속되고 있다. 국가보안법은 여전히 유지되고 있으며, 학원은 족벌경영과 봉건적 질서가 계속되고 있다. 언론의 상황도 아직 개선되지 않고 있다. 60여 년을 미뤄 온 '과거사'도 여전히 청산되지 않았다.

그렇다면 현재 일부 정치권과 언론에서 논의되고 있는 좌우 대결구도 설정은 무리한 것일 수밖에 없다. 6월민주화운동을 통해 군부를 비롯한 '수구 기득권세력'을 확실하게 종식시켰다면, 그 토대 위에서 향후 한국사회의 발전전망과 관련해 '전투적 조합주의' 혹은 '사회적 합의주의' 등 '좌·우' 또는 '보·혁'의 정치지형을 마련할 수 있었을 것이다. 그런데 민주화가 지연되면서 한국의 기본 정치구도는 아직도 민주 대 반민주의 갈등이 지속되고 있다. 일반민주주의의 공감대를 갖지 못한 정치세력 사이에 '좌·우' 또는 '보·혁'의 정치지형은 원론적으로 성립되지 않는다. 민주주의의 발전을 가로막으면서 자기들의 기득권만을 지키고자 하는 세력이 교과서적 의미의 보수세력일 수 없을 것이기 때문이다.

6월민주화운동의 힘으로 대한민국은 민간정부를 세웠고 민주화와 개혁을 추진했다. 지난 시기의 민주적 성과가 있다면 그것은 전적으로 6월민주화운동으로 표출했던 민주화를 위한 국민의 요구에서 비롯된 것이다. 6월민주화운동은 우리 시대의 민주주의와 개혁의 원천이자 원동력이었던 것이다. 이제 우리는 결코 끝나지 않은 1987년 6월민주화운동을 전진시켜 해방공간에서 왜곡된 좌·우 대결 및 보·혁 갈등에 대한 인식을 민주 대 반민주의 정치지형으로 바로잡고, 민주주의를 성숙시켜 나가야 할 것이다. 그때까지 1987년 6월민주화운동의 역사적 경험은 몇 번이고 새롭게 씌어질 수밖에 없을 것이다.

1980년대 교사운동의 전개과정

이 길 상

1. 문제의 제기

　민주화에 대한 기대와 군부독재의 재등장으로 시작한 한국의 1980년대는 정치적·사회적·경제적·문화적 측면에서 질적인 변화가 두드러졌던 시기로 평가된다. 이 시기의 변화는 사회변동의 일반적 원칙이거나 보편법칙의 자연스러운 발현이거나 아니면 세계사의 거대한 흐름에 따른 불가피한 변화가 아니라, 우리 민족이 당시의 특수한 상황에 대한 주체적 이해에 기초해서 의도적으로 만들어 낸 변화라는 측면이 더욱 강하다.

　1980년대는 국가주의적 발전 동원체제가 더욱 권위주의적인 방향으로 경화돼 가고, 그에 따라 저항도 보다 대중화돼 가는 시기였다. 저항이 지배를 압도함으로써 1987년 이후 민주주의이행이 가능하게 된 조건이 형성된 시기이기도 했다.[1] 일부에 의해 '한국적 시민혁명'이라고 명명된 1987년 6월 민주항쟁을 포함한 이 시기는 그

---

1) 조희연 편,『한국민주주의와 사회운동의 동학』(나눔의집, 2001), 52-53쪽.

야말로 사회의 다양한 영역에서 각종 불평등과 차별을 없애려는 민주주의투쟁이 본격화된 민주화로 가는 길목이었다. 이런 투쟁을 주도한 것이 바로 다양한 사회운동이었으며 교육운동도 그 한 부분으로서 일정한 역할을 담당했다.

교육운동이란 개념은 비교적 최근에 사용되기 시작한 것으로, "교육문제와 교육문제를 규정짓는 모순을 해결하기 위해 교육의 주체인 교사·학생·학부모가 집단적이고 지속적이며 계획적으로 활동하는 것"[2] 혹은 "교육을 둘러싸고 있는 교육현상의 제모순을 개선하고 해결하고자 하는 총체적 활동이며, 또한 교육주체들의 권리인 학생들의 학습권, 교사의 교육권, 교육주체의 시민적 권리, 민주적 권리의 확보 등을 조직적·집단적·계획적으로 개선하려는 노력"[3]이라고 정의되고 있다. 교육운동의 3요소는 집단성, 지속성, 계획성이다. 여기서 중요한 것은 다른 사회운동과 마찬가지로 어떤 교육운동이든 새로운 교육질서의 수립을 목적으로 한다는 점이다. 따라서 기존의 체제와 질서에 대해서는 부분적으로 적대적일 수밖에 없고, 이러한 구질서를 유지하려는 세력들과의 갈등은 불가피하다는 것이다.

교사운동이란 교육주체 중 특히 교사들에 의해 주도되는 교육운동을 일컫는다. 교사들이 새로운 교육질서를 창출하기 위해 일정한 계획하에 집단적으로 장기간에 걸쳐 기울이는 노력이 교육운동의 한 부분으로서 교사운동이다. 한국교육사에서 교육운동의 핵심주체는 오랫동안 교사나 학부모가 아닌 학생집단이었다. 1960년대 초에

---

[2] 한국Y교사회, 『민주교육』 제15호(1987), 19쪽.
[3] 이용관, "1980년대 교사의 교육운동에 대한 연구," 한국교육문제연구회, 『한국교육문제연구』 제2집(1989), 215쪽.

잠시 교사들에 의한 교육운동이 조직화되기는 했으나 일시적인 사건이었으며 이후로 계승되지는 못했다. 1970년대까지도 교육운동의 주체는 여전히 학생이었다.

1980년대에 이르러 비로소 지속성이 엿보이고 집단성이 확연한 교사운동이 등장했다. 그 결실로서 전국교직원노동조합이 1989년에 결성됐고 10년 후인 1999년에 이르러 비로소 국법에 의해 인정을 받는 합법적 단체가 됐다. 이 글은 1980년대의 교사운동을 개관하고 그 역사적 공과를 검토하는 데 목적이 있다.

1980년대 교사운동의 역사성을 이해하기 위해서는 해방 이후 전개됐던 대표적인 교사운동, 특히 전환기의 교사운동에 대한 이해가 필요하다고 본다. 이전의 교사운동에 대한 검토를 통해 교사운동 실패의 한국적 특수성이나 시대적 특수성을 이해하는 것은 1980년대 교사운동에 대한 올바른 평가에 도움이 될 것이기 때문이다.

2. 역사적 경험

1) 해방과 조선교육자협회 사건

일제 식민지배에서 벗어나자마자 교사들은 교육이야말로 자주독립국가 건설의 초석이라는 인식하에 교육 바로 세우기 운동을 전개했다. 물론 이런 운동을 주도한 것은 진보적 성향의 교사들이었다. 이들은 교육자 자치단체를 조직하고 교육계에서 반민족적 행위자를 추방하는 정화운동을 본격화했다. 서울에서는 이미 1945년 8월 하순에 초등교육건설회가 민주주의교육을 추진하는 것을 목표로 조직됐다. 1945년 9월 2일에는 서울 시내 소학교, 중학교, 전문학교의 각교 책임자 40여 명이 모인 교육문제대책위원회가 열렸고, 초등교육자동맹도 대규모 교사대회를 개최해 신국가 건설기의 교육자 자격문제, 지역간 협력문제 등에 대해 토론했다. 중등교사들 또한 1945년 9월 15일 중등교육자대회를 열어 조선임시중등교육협의회를 결성하고 9월 19일을 기해 전 중등교원 명의로 성명을 발표해 과거 일제하에서 행했던 반민족적 교육의 죄를 민족 앞에 사과하고 전원이 총사직을 단행했다. 각 학교에는 자치회 또는 자치위원회가 조직돼 학교 운영을 담당함으로써 교육민주화를 조직적으로 준비했고 각 지방별로도 부족한 교원 보충문제 등 시급한 교육현안에 대처하기 위해 각 도 교육협회가 조직됐다. 교과서 편찬이나 민주적 교수법 도입에 관심이 있던 교사들에 의해 많은 교과별 교사모임이 조직되기도 했다.[4)]

그러나 갑자기 등장한 미군정이 예상과 달리 친일분자에 대해 원만한 태도를 보임으로써 많은 지식인, 교장 및 교감급 교육자들은 교사운동으로부터 이탈하기 시작했다. 이로 인해 남한 교육계에서는 그 주도권을 두고 제도권 밖의 진보세력과 제도권 내의 보수세력간의 갈등이 표면화되기 시작했다. 진보적 교사들은 1945년 12월 27일의 전국초등교육자대회, 46년 1월 3일의 전국교육자대회준비회, 46년 1월 8일의 전국초등교육자대표대회 등을 통해 전국적인 교육자단체 결성을 모색했다. 그 결과 1946년 2월 17일에 조선교육

---

4) 이길상, 『미군정하에서의 진보적 민주주의 교육운동』(교육과학사, 1999) 29-31쪽.

자협회(혹은 남조선교육자협회)가 결성됐다.

조선교육자협회는 민주주의민족전선의 하부조직인 문화단체총동맹에 가입함으로써 그 정치적 지향성을 분명히 하는 동시에 "학원의 자치와 교육의 민주화"를 주장하면서 미군정 교육정책에 대한 비판활동을 전개했다. 1946년 봄부터 이어진 청주일중과 광주일중 동맹휴학, 숙명여전과 경기여중 교사파면 갈등, 법정전문학교 폐쇄에 따른 동맹휴학 등은 이들 진보적 교사집단과 보수적 교육 주도 세력 사이의 충돌의 결과였다.

1946년 4월 17일에는 각 대학의 자치위원회가 연대, 전문대학교 수협의회를 조직해 학원에 대한 경찰간섭 배제, 학생 생활대책 강구, 전문대학 맹휴사태에 대한 대책마련 등을 촉구했다. 1946년 7월 13일 국립서울대학교 설립안(국대안)이 발표되자 전문대학교수협의회는 조선교육자협회와 공동으로 남조선교육자대회를 7월 31일과 8월 17일에 개최해 반대성명을 채택하는 등 공동투쟁을 벌였다.

이들 교사운동 집단에 대한 군정청의 탄압이 본격화된 것은 1947년 1월 14일에 있었던 남조선교육자대회부터였다. 이 대회에는 전국에서 1,000여 명의 교사들이 참가해 '학원의 민주화', '교원생활문제', '국대안문제' 등에 관해 토론하고 군정청의 정책을 강력히 비판했다. 이들과 갈등을 보이던 미 군정청은 1947년 9월에 이 협회를 적색단체로 규정하고 관련교사들에 대한 전국적 검거에 나섰다. 당국에 의해 교원적화 사건이라고 규정된 교육자협회 사건으로 검거된 교사 중 18명이 기소됐고, 10명은 약식 기소, 그리고 30명은 기소유예 처분을 받았다. 직장별로 보면 대학 강사 2명, 중학교장 1명, 중등교원 8명, 초등교원 41명, 기타 6명이었다. 초등교원 중에는 11명이 여성이었다. 교육자협회 사건은 정치적 이유로 교육자를 교육계에서 추방한 해방 후 최초의 대규모 사건이었다. 이 사건으로 인해 조선교육자협회는 활동력을 상실하게 되고 이후 교사운동은 활성화되지 못한 채 50년대를 보내게 된다.

2) 4·19와 교원노동조합

교원도 노동조합법이 규정하고 있는 근로자라는 인식하에 노동조합을 조직하고자 하는 움직임은 이미 한국전쟁 직후인 1953년경부터 교원에 의한 노동조합 조직의 합법 여부를 묻는 형태로 나타났다. 구체적으로는 1958년과 59년에는 일부 사립대학 교수들에 의해 교원노조 결성이 시도되기도 했으나, 단순노무 종사자 이외에 공무원은 노동조합을 조직할 수 없다는 정부측 태도로 인해 실천되지는 못했다.[5]

4·19혁명은 교사들로 하여금 스스로의 단체를 만들어야겠다는 의식을 다시 드러나게 하는 결정적인 계기가 됐다. 1960년 4월에 시작된 대구시 교원조합이 그 첫 결실이었다. 5월 7일 대구시내 43개 중등학교 교원 284명과 초등학교 교원 1,300여 명은 별도로 모임을 갖고 대구시 중고등학교 교원노동조합과 초등교원노동조합을 동시에 결성했다. 이어서 부산에서도 5월 15일에 부산지구 중등교원노동조합 결성대회가 열렸고 같은 달 21일에는 초등교원노동조합이 결성됐다. 과도정부의 탄압에도 불구하고 경북과 경남지방에서는 시군 단위조합이 활발하게 조직됐으나, 가장 핵심적 역할이

---

5) 이목, 『한국교원노동조합운동사』(도서출판 푸른나무, 1989), 15쪽. 이하 4·19교원노조에 대한 설명은 이 책에 수록된 내용을 요약했다.

요청되던 서울을 비롯한 수도권 지역에서는 매우 부진한 양상을 보였다.

단위조합 활동의 활성화를 토대로 경상북도를 시작으로 경남, 전남, 충남, 전북, 경기, 제주도의 순으로 도단위 연합회가 조직됐으나 서울과 강원, 그리고 충북에서는 연합회가 구성되지 못했다. 이후 이들 연합회는 전국단위 조직체 구성을 모색했고, 그 결과 7월 17일 전국대의원대회를 계기로 한국교원노동조합총연합회가 출범했다. 20여 개의 지역노조에 전국의 8만여 교원 중 약 4만여 명이 가입했을 정도로 당시 교원노조에 대한 지지는 매우 높았다.

교원노조는 당시 결성돼 있던 4개 공무원노조와 연대해 총동맹 파업을 시도하기도 했으나 성공하지는 못했다. 뿐만 아니라 국제자유노련(ICFTU) 산하의 국제자유교원노동조합연합회(IFFTU)와 연대활동도 벌였으나 정부측의 방해로 공식가입에까지는 이르지 못했다. 당시 국내언론의 태도는 대체로 동아일보를 제외하고는 교원노조에 대해 지지하는 입장을 표명하고 있었다.

이러한 교원노조 운동에 대해 과도정부는 해체지시, 불법선언 등으로 탄압을 가했다. 대한교육연합회를 부분 개편하는 것으로 교원노조 운동을 차단하려고 시도하거나 교원노조 설립신고서를 반려하기도 했으며 해당 교사들을 위협하는 방법을 동원하기도 했다. 과도정부나 민주당정부 내부에서도 교원노조의 합법성에 관해서는 상당히 상충하는 의견이 표명돼 혼선을 빚기도 했다. 결국 6월 22일에 민주당정부는 공식적으로 교원노조를 인정할 수 없다는 입장을 발표함으로써 교원노조와 정부의 갈등이 표면화되게 됐다. 이병도 문교부장관에 대한 규탄이 이어졌고, 이에 비례해 교원노조에 대한 탄압과 파괴공작 또한 강화됐다. 일선교사들에 대한 파면위협

등으로 상당수의 교사들이 교조에서 이탈하기도 했으며, 인사권을 통해 교사들의 불안감을 가중시킴으로써 노조활동을 고사시키고자 했다. 특히 교원노조 활동이 가장 활발했던 대구와 경북지방에서는 이러한 노조활동 방해에 맞선 교사들의 투쟁이 매우 적극적이어서 경북지역 9,000여 교사 총사퇴 사태로까지 확대됐다.

새로 들어선 민주당정부는 노동관계법 개정 및 새로운 법률 제정 등을 통해 교원노조 활동을 저지하려고 했고 이에 대한 교원노조의 반대투쟁 또한 조직적으로 진행됐다. 민주당정부의 쟁의권 없는 교원노조 결성권 인정정책에 대해 교사들은 교원노조 운동의 합법성을 주장하며 반대했다. 구체적으로 노동조합 결성 금지대상에 교사를 추가하는 방향으로 노동조합법을 개정하려는 정부와 교사들의 정면충돌을 가져왔다. 전국대회, 단식농성 등 교사들에 의한 극한 반발로 인해 법개정은 유보됐다. 이후 문교부는 다시 교직단체법을 제정해 교사단체의 단체교섭권을 제한하려고 했으나 이 역시 교원노조의 반대투쟁으로 인해 유산되고 말았다.

4·19교원노조 운동의 영역은 크게 경제투쟁, 민주화투쟁, 교육실천 운동으로 나누어 볼 수 있다. 1960년대 초의 교사들의 경제상태는 최소한 교사로서의 품위는커녕 생존권조차 위협받는 수준이었다. 그럼에도 불구하고 교원노조는 임금인상과 같은 초보적인 경제투쟁을 우선할 수는 없었다. 경제투쟁으로 유일하게 제기한 문제는 교육공무원법에 이미 규정돼 있던 제수당(보건수당, 교육연구비, 가족수당, 조산비) 등을 법규정대로 지급하라는 정도였다. 또한 수익자부담이라는 이유로 징수되고 있던 사친회비, 기타 잡부금을 폐지하라는 주장을 했는데, 이는 교사들의 경제적 지위향상을 위해서가 아니라 학원정상화 차원의 요구였다는 측면에서 순수한 경제투쟁이

라고 할 수도 없다.

교원노조의 두 번째 활동은 이른바 사회실천으로서 민주화투쟁이었다. 우선 민주화투쟁은 우선 학원정화투쟁의 형태로 나타났다. 교원노조는 사회민주화의 1차적 과제로서 각급 교육위원회 교육감, 도시 일류학교의 교장들, 교육 행정관료 등 일제시대와 이승만정권하에서 특권적 지위를 누렸던 개인들의 교육계로부터의 추방, 그리고 대한교육연합회, 학교사친회, 사립학교재단 등의 해체를 주장했다. 각종 교사모임 및 대중행사를 통해 이들 반민주적 인사 및 단체들을 규탄했으며 대표적인 사이비 교육자들을 특별검찰에 고발하기도 했다. 교원노조는 정치적 오해의 소지가 있었음에도 불구하고 1961년 3월부터 정치적 현안으로 등장한 이른바 '반공임시특별법'과 '데모규제법'을 저지하는 공동투쟁에도 참여했다. 교원노조가 전국총연합회로 개편된 1960년 7월 이후 투쟁은 부당인사 반대투쟁, 노동조합법 개악 반대투쟁, 교원법정수당 쟁취투쟁, 학원정화투쟁, 반민주악법 반대투쟁으로 이어졌다.

그런 가운데 교육실천 운동도 게을리 하지 않았다. 가장 관심을 기울였던 것은 검인정교과서 공급문제였다. 가격인하, 교과서 자유판매 허용 등을 통해 중간업자들의 치부 수단화돼 있던 교과서 공급제도를 개선할 것을 주장했다. 교원노조의 비정치적·교육적 성격을 대외적으로 드러내기 위해 웅변대회 등 종합예술제를 실시한 것은 당시 교원노조 집행부가 노조 외부의 인식에 매우 민감했음을 보여주는 사례이다. 교육연수분과위원회나 학생생활지도위원회 같은 교사 소양교육을 목적으로 한 자체 교육프로그램을 운영해 교원노조 내부의 결속을 다지는 동시에 대외적으로 이미지를 개선하는 노력도 게을리 하지 않았다. 이러한 교육실천 노력과 함께 사회실천 운동으로서 조합원의 복지향상 노력이나 신생활운동의 전개 또는 문맹퇴치운동 등에도 적극 참여했다.

민족통일 운동에 대한 참여 여부는 매우 미묘한 사안이었다. 교원노조의 민족문제에 대한 시각이 정립돼 있지 않았던 데다 통일문제도 정치문제라는 일부의 우려를 무시하지 못함으로써 이에 대한 논의나 관련운동에의 참여는 기피하는 경향을 드러냈다.

이러한 다양한 활동을 전개하던 교원노조는 결국 5·16군사쿠데타 세력에 의해 강제로 해산을 맞게 된다. 5·16군부세력은 쿠데타 직후 2천여 명을 용공혐의로 구속했는데 그 중 1,500여 명이 교원노조 간부였다. 이들은 반민주적 소급입법인 특수범죄 처벌에 관한 특별법 제6조의 특수 반국가행위를 한 혐의를 받아 해직되고 기소되고며 실형을 선고받는 등 정치집단의 권력강화를 위한 참극의 희생양이 됐다. 이렇게 해서 교육의 민주화와 자주화를 목표로 평교사들이 주체가 되어 일으킨 우리 역사상 최초의 교육민주화 운동은 실패하고 말았다. 이후 20여 년간 끊겼던 교원노조의 정신은 1980년대에 이르러서야 다시 부활의 움직임을 보이기 시작했다.

3. 1980년대 교사운동

1) 80년대 초반의 교사운동: 사건으로서의 교사운동

1980년대에 이르러서 이 땅의 교사들은 비로소 변혁적 지성인, 사회적 지성인, 사회적 비판자(Henry Giroux)로서의 역할에 눈을 뜨기 시작했다. 물론 1970년대에도 교사들에 의한 조직운동, 그리고 이에 대한 국가권력의 탄압은 이미 있었다. 1975년에 국어교사 양성우 시인이 '겨울공화국'이란 시를 발표했다는 이유로 해직된 사건, 1978년에 있었던 진보적 교수들이 '우리의 교육지표'를 발표해 구속됐던 사건, 그리고 1979년에 일부 교사들이 '남조선민족해방전선'의 산하단체였던 '한국민주투쟁국민연맹'에 가입했다는 이유로 구속됐던 이른바 남민전사건 등을 통해 1980년대 교사운동 대중화의 기반은 조성돼 가고 있었다.

1981년에는 이른바 아람회사건으로 '민중교육청년협의회'를 구상했던 교사 6명이 수사를 받았고, 부림사건에 연루돼 부산지역 교사 4명이 구속되기도 했다. 1982년에는 제도교육의 모순을 토로한 교사 다수가 용공협의로 구속돼 재판을 받았던 오송회사건이 벌어졌다. 이런 사건을 통해 이 땅의 의식 있는 교사들의 소모임이 하나 둘 활동공간을 넓혀 가고 있음이 세상에 드러나기 시작했으며, 그 결과는 1982년에 이르러 'YMCA중등교육자협의회'로 결실을 보게 됐다. 이 협의회는 학교교육의 반성과 새로운 교육자상의 정립을 기본과제로 설정하고 있었다. 창립 이래 각 지방별로 지역협의회가 다수 탄생해 지역 교육현안에 관해 활발한 토론과 실천운동을 추진했다.

Y중등교협 출범 이후 Y초등교협이 서울(1983년)과 부산(1985년)에서 창립돼 별도의 활동을 전개했고, 서울지역 여교사들은 1983년에 별도로 YWCA사우회를 조직했다. 1984년 1월에는 흥사단에 교육문화연구회라는 교사 공개단체가 결성돼 교사들을 위한 민속강습회의 개최, 교사한마당 행사 주관, 신임교사 환영회 등의 활동을 전개하는 등 조직과 활동이 확대됐다.

이러한 공개단체와 달리 비공개로 교사들 사이에 문제의식을 공유하고 조직활동의 필요성을 다지는 모임이 다수 존재했다. 여기에는 단위학교를 넘어 지역별, 교과별, 집단별로 모이는 형태와 단위학교 내 소모임 형태가 있었다. 이러한 비공개 소모임이야말로 교육운동의 저변확대에 크게 기여했다.

이런 조직활동과 함께 연구활동도 활발하게 전개돼 교사의 사회적 지위문제나 교권문제에 대해 진지한 논의가 벌어짐으로써 이후 교육운동의 이론적 기반을 다져 갔다. 조직활동이나 연구활동의 결과를 일반교사나 대중에게 확산시키는 데는 회보나 신문 혹은 공청회 등이 활용됐다.

교사들은 자연스럽게 운동의 성과를 보다 생생하게, 그리고 이론적으로 정리해 보급할 필요성을 인식하게 됐고, 이에 따라 대두된 사업이 바로 교육 출판사업이었다. 준비과정을 거쳐 1985년 5월에 학교교육에 대한 비판, 교육이론, 교육 실천경험 등을 담은 교육무크지 『교육현장』과 『민중교육』이 출판됐다. 교육현장은 '교사와 학생의 참 삶을 찾아서'라는 부제가 보여주듯이 교육현장의 문제를 생생하게 전달하는 것을 지향했던 반면, 『민중교육』은 '교육의 민주화를 위하여'라는 부제가 상징하듯이 교육문제를 이데올로기적으로 접근하고 비판적으로 분석하는 데 초점을 맞추었다.

문제가 된 것은 『민중교육』이었다. 출판된 지 2개월이 지난 7월 중순부터 이 책에 글을 쓰거나 출판에 관여했던 교사들에 대한 대대적인 탄압이 벌어졌고, 그 결과 파면 10명, 강제사직 7명, 감봉 2명, 경고 1명이라는 비극을 빚어냈다. 제호에 민중이란 단어가 들어간 것이 좌경용공으로 매도할 수 있는 빌미를 제공했던 것이다.

더욱이 이 책에 기고한 대학 교수들에 대해서는 공식적인 탄압을 가하지 않은 채 초·중·고 교사들만을 대상으로 강력한 공권력을 발동시킨 것을 보면 당시 국가권력이 어떤 전략으로 교육문제에 접근했는지 여실히 알 수 있다. 그러나 이 사건은 오히려 교육운동의 확산에 도움을 주었다. 첫 번째는 부당한 탄압에 대한 교사·학생집단의 저항을 불러일으켰기 때문이다. 즉 이 사건에 대한 조직적인 대응과정에서 강력한 교사단체의 필요성을 인식하게 하는 효과를 불러일으킨 것이다. 다음으로는 관련단체와의 연대의식을 강화시켰다. 민중문화운동협의회, 민주언론협의회, 자유실천문인협의회 같은 재야단체나 정당 등과 학부모 등이 교사운동을 지지하고 연대하게 만드는 계기로 작용했다. 나아가 사회 전체가 교육문제를 새롭게 인식하게 하는 중요한 전기가 됐다는 점에서 민중교육지 사건은 오히려 교육운동의 질적 성장과 양적 확대를 가져왔다고 평가할 수 있다. 권력이 교육운동을 탄압함으로써 도리어 교육민주화 운동이 대중화되는 길을 열어 주었던 것이다.[6)]

2) 민주화추진교사협의회: 조직운동으로서의 교사운동

1985년 11월에는 『민중교육』지 사건으로 인해 피해교사들을 중심으로 교육운동을 전개할 수 있는 새로운 공간으로 교육출판기획실이 창립됐고, 이것이 모태가 되어 86년 5월에는 민주교육실천협의회가 탄생했다. 1987년 9월의 전교협 창립 이전까지 교사운동을 이끌었던 민교협은 다양한 사업을 통해 교육운동을 전개했다. 이를 정리하면 다음과 같다.7)

첫째, 『교육현장』과 『민중교육』의 정신을 계승한 『교육과 실천』을 발간해 교사운동에 자양분을 제공했다.

둘째, 신문 형식의 『민족과 교육』을 발간해 현장교사들의 교육적 입장을 대변하고 당시 사회모순을 교사들에게 전달하는 기능을 담당했다.

셋째, 교사운동의 중심기구로 각종 집회와 행사를 주관했다. '민주교육탄압저지대회', '민중교육지 사건 1주년에 즈음한 민주교육실천대회' 등이 대표적이다.

넷째, 각종 교권탄압에 대한 투쟁과 지원활동을 전개했다.

다섯째, 비록 참여율은 저조했으나 교사들을 대상으로 한 교육강

---

6) 이용관, "1980년대 교사의 교육운동에 대한 연구," 한국교육문제연구회 편, 『한국교육문제 연구』 제2집(1989), 236쪽.

7) 전국교직원노동조합, 『한국교육운동백서, 1978~1990』(풀빛, 1990), 42-43쪽.

좌를 개설해 운영했다.

여섯째, '민주언론협의회' 등 재야민주화 단체와 연대활동을 전개해 민주화과정에서 교육의 중요성을 인식시켰다.

일곱 번째, 교사들의 정치투쟁에서 구심점 역할을 하는 등 1987년 상반기 정치투쟁에 적극 참여했다.

여덟 번째, 시위나 집회 등을 통해 해직교사 복직투쟁을 전개했다.

호남과 충청지역을 비롯해 지방 단위로도 민주교육실천협의회가 창립돼 지역별 교육민주화 운동을 전개해 큰 성과를 거두기도 했으나, 1987년 9월 전교협이 창립된 후로는 형식적인 조직으로 남아 있다가, 89년에 전교조가 건설됨으로써 공식적인 활동이 종료됐다.

1986년에는 교육민주화로 가는 여정에서 매우 중요한 또 다른 사건이 발생했다. 이른바 '교육민주화 선언'사건이었다. 민교협 창립을 눈앞에 둔 1986년 5월 10일 서울, 부산, 광주, 춘천의 교사들은 Y중등교협 주최로 '제1회 교사의 날' 집회를 갖고 '교육민주화 선언'을 발표했다. 이 선언문에 담긴 5개 요구사항은 당시 교육문제의 본질을 잘 보여주고 있다. 교육민주화 선언의 핵심인 5개 요구조건은 다음과 같다.

1. 헌법에 명시된 교육의 정치적 중립성은 실질적으로 보장되어야 한다. 교육은 정치에 엄정한 중립을 지켜 파당적 이해에 악용되어서는 안 된다.
2. 교사의 교육권과 제반 시민적 권리는 침해되어서는 안 되며 학생과 학부모의 교육권도 최대한 보장되어야 한다.
3. 교육행정의 비민주성, 관료성이 배제되고 교육의 자율성이 확립

되기 위해 교육자치제는 조속히 실현되어야 한다.
4. 자주적인 교원단체의 설립과 활동의 자유는 전면 보장되어야 하며, 이에 대한 당국의 부당한 간섭과 탄압은 배제되어야 한다.
5. 정상적 교육활동을 저해하는 온갖 비교육적 잡무는 제거되어야 하며, 교육의 파생성을 심화시키는 강요된 보충수업과 비인간화를 조장하는 심야학습은 철폐되어야 한다.

이러한 일련의 교사운동에 대해 당시의 언론이나 교육 수혜자 다수가 지지했음에도 불구하고, 군사정권은 이를 교육민주화를 향한 순수한 노력으로 보기보다는 소위 의식화교육이라 매도해 1986년 8월부터 관련교사들을 파면, 해임, 구속, 부당 전출시키는 등의 방법으로 탄압했다. 이러한 반민주적 탄압에 대해 관련교사뿐 아니라 일반교사, 학부모, 그리고 학생에 이르기까지 다양한 방식으로 저항했다. 호소문이나 성명서 발표 등 온건한 방법으로부터 단식투쟁 같은 극단적인 투쟁방식이 모두 동원됨으로써 교육문제에 무관심했던 많은 국민들에게까지 교육문제의 심각성을 알리는 역할을 했다. 이렇게 결집된 교사들의 투쟁의지는 1987년 6월의 민주항쟁으로 자연스럽게 연결됐다.

3) 민주교육추진전국교사협의회: 민주화시대의 교사운동

6월항쟁 이후 교사들은 지역별 교사 대토론회를 개최해 현안 교육문제를 협의하는 과정에서 교육과 교권을 수호하기 위해서는 자주적인 단체를 결성해야 한다는 데 인식을 같이하게 됐다. 많은 토론 끝에 자주적 교원단체를 장기적 전망으로 하는 한시적인 매개 단체로 '민주교육추진전국교사협의회'를 결성하기로 하고 발기대회 등 일련의 준비과정을 거쳐 1987년 9월 25일에 정권의 방해에도 불구하고 창립대회를 개최했다. 전교협은 창립선언문을 통해 "우리를 믿고 따르는 사랑하는 제자들과 우리에게 귀여운 아들딸을 맡긴 학부모들 앞에서 떳떳할 수 없었던 지난날의 부끄러움을 떨쳐 버리고 새로운 교육을 실천하는 새로운 교사"로 새로 태어날 것을 선언했다. 새로운 교사가 실현할 미래 교육의 좌표로 민족·민주·인간화교육이 채택됐다. 그리고 결의문은 통해 구체적인 교육실천 방침이 발표됐다.

전교협 결성을 전후로 각 시도협의회가 급속하게 조직되면서 일반교사들의 참여가 확대됐다. 1987년 9월 5일부터 11월 22일까지 약 2개월 반 만에 14개 시도협의회 조직이 완료돼 88년 상반기에는 8천여 명이던 회원이 88년 하반기에는 1만 5천 명으로, 그리고 89년 상반기에는 3만여 명으로까지 증가했다. 여기에 그치지 않고 시도협의회와 단위학교 교사협의회를 매개하는 시·군·구 교사협의회도 활발하게 구성됐다. 학교별 평교사회는 1987년 10월에 50여 개 학교이던 것이 89년 5월에는 750여 개 학교로 확산됐다. 지역과 학교단위 조직뿐 아니라 학교급별 조직도 결성됐다. 유치원교사협의회, 초등교사협의회, 사립중등교사협의회, 국립중등교사협의회 등이 탄생했다.

전교협이 전개한 활동 중 가장 큰 비중을 차지했던 것은 교육법개정운동이었다. 이는 교원노동조합으로 가는 기반조성과 관련된 핵심운동으로서 전교협 창립 이후 지속적으로 이어졌다. 교사의 단결권을 제약하고 교권을 유린할 수 있는 근거로 작용하고 있던 각종 교육 및 노동관계 법률들이 개정투쟁의 대상이 됐다. 1987년 하반기에는 '교육관계법 개정을 위한 공청회'를 시작으로 '교육악법 철폐 촉구대회' 개최 및 서명운동을 벌였다. 이런 노력에도 불구하고 집권여당은 교육자치제와 관련된 반민주적 교육법 개정안을 야당을 무시하고 단독으로 처리함으로써 교육운동 단체들의 반발을 불러일으켰다. 이에 전교협은 교사들의 의견 수렴과정을 거쳐 독자적인 교육법 개정안을 만들어 교사 및 국민 일반을 대상으로 홍보운동을 벌여 나갔다. 공청회, 토론회, 결의대회, 촉구대회, 가두행진, 서명 등 다양한 투쟁을 통해 독자적인 교육법 개정안을 추진했으며, 이에 대한 민주화단체들의 지지도 매우 강했으나 결국은 실현을 보지 못했다. 교육법 개정운동 실패와 이에 대한 실망감은 1989년 초에 이르러 직접 교원노조를 결성하자는 움직임으로 전환됐다.

이밖에도 전교협은 각종 교육운동으로 해직된 교사들을 위한 복직투쟁,[8] 근무평정 폐지운동, 보충·자율학습 철폐운동, 도학력고사 폐지·개선운동, 관제연수 개선투쟁, 인사위원회 설치운동, 장학지도 개선운동, 법정교원수 확보운동, 각종 지정학교제도 개선운동, 촌지없애기 운동, 채택료 거부운동, 육성회 찬조금 부당징수 반대운동, 교련탈퇴운동, 안전공제회제도 개선운동, 유치원교사 신분보장운동, 교사의 날 및 학생주간 제정운동 등 당시 교육현장의 모순을 해결하고 교권을 확보하기 위해 다양한 투쟁을 전개했다.

이러한 교육운동과 교원확보 투쟁에 대해 군사정권은 탄압으로 일관했다. 특히 국공립학교 소속교사보다는 사립학교 교사에 치중해 탄압했으며, 대학교수보다는 초중등학교 교사를 대상으로 탄압

---

[8] 1989년 6월항쟁 이전에 각종 교육민주화 운동에 참여했다는 이유로 인해 해직된 교사는 146명이었다.

을 했다. 전교협 결성 자체에 공권력을 투입한 방해부터 시작해서 관련교사에 대한 파면, 해임, 전보조치 등이 광범위하게 행해졌다.

4. 전국교직원노동조합: 민족, 민주, 인간화교육을 위한 투쟁

1) 결 성

1987년 전교협을 결성할 당시 이미 교원노조의 필요성에 대한 논의가 있었다. 그후 공식적으로 이 문제가 제기된 것은 1988년 7월에 열린 전교협 제2차 임원연수회에서였다. 이때는 교원노조 결성을 전제로 교육법 개정운동이 강력히 전개되고 있던 시기였다. 전교협 제2차 임원연수에서는 '전교협의 조직적 전망'이란 발제를 통해 노조건설을 지지하는 입장과 '자교단 건설에 관한 제안'이란 발제를 통해 협회 형태의 자주적 교사단체를 건설하자는 주장이 제기돼 열띤 토론을 벌였다.

교원노조 즉각 결성 반대는 주로 교원노조에 대한 철학적·이론적 비판에 기초하고 있었다. 교원노조론이 잘못된 운동론을 기반으로 하고 있음을 다음과 같은 여러 가지 이유를 들어 주장했다.

① 교사의 반노동자성을 고려할 때, 그리고 한국적 상황에서 교사는 인텔리겐차로 보아야 하는 특수성에 비추어 볼 때 교사가 노동자이기 때문에 당연히 노조를 만들어야 한다는 것은 잘못된 생

각이다.

② 교사의 모순은 여타 노동자의 모순과 질적으로 다르다. 즉 이는 잘못하면 경제투쟁을 교사운동의 기본으로 오인하게 할 우려가 있다.

③ 교원노조론은 단순히 교사가 임노동자라는 사실에 기초할 뿐, 한국사회의 성격과 교사의 역할에 대한 과학적 사고가 부족하며, 교사=노동자라는 등식으로 교사의 본질적 요구 중의 하나인 교육의 자주성을 과소 평가하고 있다.

④ 내용과 형식에 대해 교원노조론은 전도된 사고를 하고 있다. 즉 노조가 아니면 대중조직의 자주성과 노동3권을 보장받을 수 없다는 것이 그것이다.

⑤ 노조에 반대하는 것은 개량주의가 아니다. 오히려 교사운동을 이기적 차원의 편협한 직업적 이해투쟁으로 매몰시키는 것이야말로 개량주의 그 자체이다.

⑥ 연구직 노조에 대한 무비판적 선망은 위험한 발상이다.

⑦ 교원노조론은 전술적 판단에서도 주관주의적 오류를 범하고 있다. 주요지역의 조직역량이 미약한 상태이며 교사 자신도 냉전이데올로기에 일정부분 영향을 받고 있는 실정이다.

⑧ 지금 할 일은 교사조직의 필요성과 절실성에 대한 교사대중의 인식을 이루어 내는 일이다.

⑨ 섣부른 교원노조론은 전교협 내부의 혼란을 가져오고 대중과의 괴리를 자초할 우려가 높다.

이런 이유로 인해 교원노조 건설을 전면에 내세우는 것보다는 노동3권 쟁취투쟁이 효과적이라는 주장이었다.

이런 강력한 반대에도 불구하고 대세는 노조결성 조기추진이었다. 임원연수회 토론결과는 단일한 결의사항으로 정리돼 각 시·도, 시·군·구 교협의 토론자료로 제공됐으며, 그 핵심적인 내용은 "노동3권을 실질적으로 행사할 수 있는 것은 노동조합뿐이며, 교원노조를 통해서만이 교사대중의 민주적 권리를 올바로 보장받을 수 있으며, 또한 참교육을 위한 자주적 교육활동권 역시 확실하게 확보할 수 있다는 역사적 사실에 대한 인식의 통일이 이루어졌다"는 것이었다. 그러나 이를 추진하기 위한 준비위원회 구성과 관련해서는 신속하게 추진하자는 안과 이에 대한 반대안으로 갈라져 있어 합의를 보지 못한 상태였다. 1988년 12월에 있은 제3차 임원연수회에서는 법개정 등을 통한 노동3권 쟁취투쟁이 아니라 교원노조를 실제로 결성해 힘을 바탕으로 법개정을 이루어 내는 것으로 의견의 일치를 보았다.

1989년에 접어들어서는 구체적으로 교원노조 결성을 위한 절차와 방식에 대한 논의가 본격화됐다. 1989년 2월 2일에는 전교협 회장단이 기자회견을 통해 1989년 상반기중 노조를 결성하기로 천명했다. 노조결성에 대한 전교협의 첫 공식선언이었다. 이어 전교협은 2월 19일에 정기 대의원대회를 열어 교원노조 건설을 공식적으로 의결했다. 3월 14일에는 '교원노조건설특별위원회 발족 및 학교교육 정상화 결의대회'를 개최했고, 이어서 각 지역별로 노조건설 특위가 구성돼 기초적인 준비가 순조롭게 이루어졌다. 4월 8일 제9차 중앙위원회에서는 조직형태를 전국 단일조직으로 할 것과 5월 14일 발기인대회에 이어 5월 28일에 결성대회를 갖기로 결정했다.

교사의 노동3권을 보장하는 것을 내용으로 한 교육법 개정안은 1989년 3월에 야 3당의 합의로 국회를 통과했으나 당시 대통령의 거부권행사로 공포되지 못했다. 1989년 초의 교원노조 결성 움직임에 대해 군사정권은 두 가지 방향으로 방해를 했다. 한편에서는 대한교련을 중심으로 이른바 '교원지위법'을 제정해 교사들의 교육권 제한을 합법화시키려는 시도를 노골적으로 진행시켰다. 그리고 다른 한편에서는 교원노조 건설을 추진하는 교사들을 용공, 좌익 또는 의식화 교사로 매도했다. 일부 언론도 이러한 탄압에 가세했으나 큰 흐름을 제어할 수준에 이르지는 못했다.

각 시·도별 결의대회를 거쳐 5월 14일에는 발기인대회 및 준비위원회 결성대회가 개최돼 교원노조 건설열기가 고조됐다. 각 지역별로 열린 발기인대회에 대해서는 경찰이 적법한 절차에 따른 행사라는 판단에 따라 저지하거나 봉쇄하지 않아 모든 절차가 평화롭게 진행될 수 있었다. 물론 정권은 과거와 같이 노조결성이 실정법 위반이라는 기존의 태도를 견지하고 결성을 막으려는 각종 방법을 동원했다. 관련교사를 구속하고 간부들에게는 사전구속영장을 발부했다.

5월 28일로 예정된 결성대회는 교사들뿐 아니라 전 국민의 관심사가 돼 있었다. 문교부에 의한 징계방침 발표, 검찰과 경찰에 의한 처벌방침 발표, 극우단체의 관제시위에도 불구하고 결성대회가 장소를 바꾸는 어려움 속에서 개최됨으로써 거의 한 세대 만에 교원노조가 다시 이 땅에 닻을 내리게 됐다.9)

전교조 결성에 대해서는 당시 민주화운동을 추진하고 있던 각종 교육·사회·문화단체로부터 지지성명이 발표되는 등 큰 호응을 얻었다. 각 시도지부 결성도 빠른 속도로 진행돼 6월 7일과 17일 사이에 전국 15개 시도지부 결성이 완료됐다. 이어서 시·군·구지

---

9) 물론 6월 1일에 제출한 전국교직원노동조합 설립신고서는 노동부에 의해 실정법 위반이라는 이유로 접수되지 않고 우편으로 반려됐다.

회가 결성되고 학교별 분회 결성도 신속히 추진됐다.10)

2) 정권의 탄압

전교조가 결성되는 과정에서 정권은 다양한 방법으로 이를 억압했다. 가장 광범위하게 동원된 방식은 다름 아닌 의식화 매도였다. 교원노조 추진교사에 대해 '의식화 교사'라는 낙인을 찍어 처벌함으로써 교직원노조 추진교사들을 일반교사 및 대중들로부터 심리적으로 격리시키려 했다. 반상회를 통한 의식화 교사 매도 유인물 배포, 학부모들에게 가정통신문을 통한 학부모들 설득작업 등에 문교당국이 직접 앞장섬으로써 많은 비난을 샀다.11) 교원노조 결성을 저지하기 위한 정권차원의 노력은 1989년 초에 있었던 문익환 목사의 방북사건이나 임수경양의 평양축전 참석을 계기로 더욱 강화됐다. 결국 노조결성을 전후해 구속된 교사는 26명, 파면·해임 15명, 직위해제 61명에 이르렀다.

이런 강압조치와 함께 정부는 '교원지위 향상을 위한 특별법'과

---

10) 89년 6월 한 달 동안 시·군·구지회 111개, 그리고 학교분회 495개가 결성됐다.

11) 심지어는 문교부의 지휘감독을 받고 있던 정부출연연구소 한국교육개발원 노조에서조차 성명을 통해 "현정권은 조작된 여론을 동원, 교육자적 양심에 따라 이루어지는 교사들의 노력을 좌경 의식화로 매도하고 있으며 교사 의식화 활동카드를 작성, 참된 교육활동을 통제하려 하고 있다"고 지적하며, "민주적 교사들의 노력을 좌경용공으로 매도하는 정부의 시대착오적 탄압을 단호히 배격하며 이를 시정할 것"을 촉구하기도 했다. 전국교직원노동조합,『한국교육운동백서』(1990), 387쪽.

'교육환경 개선을 위한 특별회계법'을 제정해 교사들의 환심을 사기 위한 유화정책도 병행했다. 이에 대해 대한교련을 비롯해 자유총연맹, 초중고 어머니회연합회 등에서 지지성명을 발표하기도 했으나, 국민 일반이나 교사들의 지지를 얻어내지는 못했다.

전교조는 출범과 함께 더 큰 시련을 맞게 된다. 조직의 확산과 활동을 억압하려는 정권의 탄압과 이를 저지하고 합법성을 쟁취하려는 전교조 사이의 충돌은 1989년 여름에 교육계뿐 아니라 전 사회적인 관심을 끌었다. 정권의 탄압하에 6월 25일의 제1차 대의원대회에 이어 7월 9일에는 '전교조탄압 저지 및 합법성쟁취를 위한 범국민대회'가 개최됐다. 특히 범국민대회에 참석한 교사 1,800여 명이 경찰에 연행됨으로써 전교조문제의 심각성은 교사와 학생사회를 넘어 전 국민에게 확산됐다.

문교부는 7월 1일 전교조의 모든 가입교사를 파면·해임시킬 것이라고 발표해 교사들의 노조가입을 원천 차단하려고 했다. 이어서 서울시교육위원회에서도 전교조에 가입하는 교사에 대해서는 여름방학중에 파면·해임하고 모든 징계절차를 7월 20일까지 종결하겠다는 방침을 발표했다. 7월 17일에 문교부는 자체조사 결과 중징계 대상자가 4,900명이라고 발표했다. 당시 전교조 가입교사 2만여 명의 1/4 수준에 해당했다.

2만여 명의 가입교사에 대한 징계가 사실상 불가능하기 때문에 당국은 전교조 탈퇴각서를 받아 내기 위해 온갖 수단을 동원했다. 조합원 본인에 대한 협박과 회유에 그치지 않고 그 가족이나 동료교사들에게까지 가정파괴 수준의 협박과 회유극을 벌였다. 문교부 발표에 따르면 1989년 8월 2일 현재 탈퇴각서를 제출한 교사가 8천여 명에 이르렀다고 한다.

정부의 탄압에 대해 전교조는 조직을 지키고 가입교사들을 보호하기 위해 항의농성, 단식수업, 조합원명단 공개, 일괄사직서 제출 등으로 맞섰다. 전교조측의 대화제의를 거부한 문교부는 8월 5일까지 조합 가입교사 모두에 대한 징계를 완료하라고 지시했다. 이에 대해 공·사립학교별로 징계지연 및 저지투쟁을 벌여 나갔다. 징계지연 투쟁은 특히 공립학교 조합원이 많은 지역에서 큰 성과를 거두었다.

7월 13일에 있은 이부영 전교조위원장직무대리에 대한 강제연행으로 명동성당 단식농성이라는 극한투쟁의 막이 올랐다. 문교부가 조합탈퇴의 일차시한으로 설정한 7월 15일을 전후해서 조합원의 대거이탈과 이에 따른 동요가 발생하기는 했으나, 7월 26일부터 8월 5일까지 11일 동안 600여 명의 조합원이 단식농성에 참여했다.

단식농성을 전후해 탈퇴각서를 제출했던 교사들 다수가 집단적으로 탈퇴 무효화선언을 하면서 발표한 성명서에는 당시 조합원들의 심정이 잘 드러나 있다.

> 우리를 전교조로부터 이탈시키기 위해 가족을 협박하여 노부모를 병석에 눕게 하고, 상가집까지 찾아와서 탈퇴를 종용할 때 그들은 이미 인간이 아니었다. 저들의 광란적 행동에 우리의 가정은 혼란에 빠졌고, 가족의 고통을 외면할 수는 없었다. 그러나 그 굴욕적인 탈퇴각서에 서명을 할 때 우리의 손은 떨렸고, 우리는 아이들 앞에 바로 설 수 없었다.
> 1989. 8. 3 탈퇴무효화 선언교사 360명의 성명서에서

전교조가 내건 민주, 민족, 인간화를 지향한 참교육은 많은 학생과 학부모들로부터 지지를 받았다. 특히 학생들의 동참은 여론의 관심을 끌기에 충분했다. 유인물 배포와 대자보 등을 이용한 선전·홍보활동, 농성과 시위, 항의와 격려, 기타 집단 자퇴서 제출 등 여러 가지 수단을 동원해 스승을 지켜내려는 노력을 학교별·지역별로 벌였다. 전교조의 조직사수 투쟁과 참교육운동에 대해 학생들뿐만 아니라 비조합원 교사들의 지지도 이어졌다. 탄원서 및 성명서 발표, 후원금 모금행사가 일반교사들에 의해 추진됐으며, 전교조 해임교사 자리로의 발령거부 등이 발표되기도 했다. 각 학교 동문회 및 학부모회에서도 징계교사에 대한 징계철회, 전교조 인정, 참교육 지지성명이 잇달아 발표됐다. 언론노조연맹, 전국농민협회, 병원노조연맹 등에서도 당국에 전교조와의 대화를 촉구했으나 실현되지 못했다. 전교조가 '전교조 탄압저지 및 참교육실현을 위한 공동대책위원회'와 함께 지지 서명운동을 전국적으로 전개해 8월 16일까지 30만여 명이 서명에 참여하기도 했다.

대학교수들의 지지도 다양한 방식으로 표출됐다. 460여 명이 전교조에 정식으로 가입했으나 정부도 이들에 대해서는 당초 발표와는 달리 아무런 징계 조치를 취하지는 못했다. 1989년 8월 9일에는 전교조 초등위원회가 발족되어 총교원의 45%를 차지하는 초등교원들의 활동을 강화하려는 내부노력도 경주됐다.

조합원들의 조직사수 투쟁과 학생, 학부모, 사회단체, 나아가 전국민적인 관심과 우려 속에서도 전교조 가입교사들에 대한 가혹한 징계는 정부의 의지대로 행해졌다. 전교조 결성을 전후해 취해진 전교조 가입교사에 대한 징계현황은 다음의 표와 같다(1989년 9월 현재).

	파면	해임	직권면직	직위해제	계
문교부발표	153	877	377	-	1,407
전교조발표	156	925	380	250	1,711

정권의 탄압은 가입교사들에 대한 파면, 해임, 직권면직 등의 인사조치에 그치지 않고 많은 교사들을 구속하는 사태로 발전했다. 1989년 9월 초까지 구속된 교사는 총 42명이었으며 구속사유는 대개 국가공무원법 제66조 위반과 집시법 위반이었으며, 일부는 출근투쟁으로 인한 업무방해죄가 적용됐다. 이들은 대부분 재판과정에서 집행유예로 석방됐다. 교사들의 투쟁에 동조했던 일부 학생들까지 불법 연행하고 구속하는 사태가 벌어졌다.

전교조 가입교사와 지지자들에 대한 정권의 탄압에 동원된 논리는 몇 가지 유형이 있었다. 교육법 개정투쟁 시기에는 파업으로 인한 학습권 침해가 내세워졌고, 노조결성 준비시기에는 교원노조 결성이 의식화교육을 합법화시킬 우려가 있다고 주장됐으며, 전교조 결성 이후에는 교사의 비노동자성과 실정법위반이 강조됐으며, 전교조가 주장하고 실천하려던 참교육에 대해서도 그 내용이 좌경과 용공으로 흐르고 있다고 비판했다.

3) 합법성 쟁취투쟁으로의 전환

1989년 8월 말 2학기 개학과 함께 각급 학교에서는 해직교사들에 의한 출근투쟁이 벌어졌다. 징계의 부당성을 알리고 당국 조치의 부도덕성을 드러내기 위한 출근투쟁은 10일간 지속됐고, 교사뿐 아니라 학생들도 동참해 세간의 많은 관심을 불러일으켰다.

9월 20일 문교부는 전교조 가입교사 중 11,079명이 탈퇴해 현직교사 중 가입자는 49명뿐으로 전교조가 사실상 와해됐다고 발표했다. 이에 대하 전교조측은 10월 말 현재 10,300여 현직교사가 활동하고 있으며 신규 가입교사가 235명에 이르고 있다는 상반된 내용을 발표함으로써 전교조의 실체에 대해 대립적인 해석을 했다.

9월 24일에 개최된 '전교조 탄압저지와 합법성쟁취를 위한 제2차 범국민대회'를 계기로 전교조측의 투쟁은 과거의 조합사수 투쟁에서 합법성 쟁취투쟁으로 전환하게 된다. 타 단체와의 연대투쟁 등을 벌여 나가던 전교조는 10월 28일과 29일에 걸쳐 교사, 시민, 학생 등 4만여 명이 참석한 가운데 '참교육을 위한 국민걷기대회'를 개최했는데, 이 행사는 전교조 최초의 합법집회로 기록됐다. 이후 1989년 하반기의 투쟁은 전교조 합법성쟁취 및 해직교사 복직을 위한 다양한 사회단체들과의 연대활동으로 집중됐다.

또 다른 방법으로 법률투쟁도 이어졌다. 파면 또는 해임의 부당성을 가려 달라는 소청제기가 1989년 8월부터 집단적으로 총무처에 접수됐다. 그 중 극소수의 소청이 받아들여지기도 했으나 대부분의 교사들의 소청은 이유 없다는 결정이 내려졌다. 해직교사들은 이에 불복해 고등법원에 파면이나 해고처분의 무효나 취소를 구하는 소송을 제기했다. 사립학교 교사들의 경우에는 주로 민사소송을 통해 징계의 부당함을 주장하는 절차를 취했고, 사립학교법에 대한 위헌제청을 신청해 이유 있다는 결정이 내려지기도 했다. 1990년 2월 현재 800여 건의 행정소송과 700여 건의 민사소송이 진행중이었다. 이와는 별도로 전교조 윤영규 위원장은 정원식 문교부장관을 직권남용 및 명예훼손 혐의로 고소했다.

출근투쟁 이후에도 해직교사들은 사제 만남의 날 행사, 열린교실 운영, 각종 문화행사 등을 통해 학생들과의 교류를 지속했다. 학생들 또한 출근투쟁 이후에도 구속학우 석방과 부당징계 철회를 주장하며 단식농성을 벌이는 등 참교육운동을 억압하려는 공권력에 저항했다.

대량해직 이후에도 계속되는 전교조와 지지단체들의 합법성 쟁취투쟁에 대해 문교부를 중심으로 한 정권은 본인의 의사에 반한 부당전출, 출근투쟁 등을 주도한 교사에 대한 구속, 관련학생들에 대한 구속과 징계 등의 조치를 통해 탄압을 지속했다.

전교조는 국내활동에 그치지 않고 계속 세계 각국 교원노조와 연대활동을 모색했다. 독일 교육·학술노동조합의 대의원대회(1989. 11. 18~22)에 위원장 메시지와 함께 전교조 활동사진을 보냈고, 이에 대해 국제자유교원노동조합연맹(International Federation of Free Teachers Union)에서는 적극적인 지지의사를 밝혀 오기도 했다. 1990년 1월에는 유네스코 교육분과와 국제사면위원회에 1,500여 해직교사의 복직과 구속교사 석방에 대한 협조를 구하기도 했다.

4) 1989년 전교조운동에 대한 자체 평가

1990년 2월 15일부터 3일에 걸쳐 치러진 전교조 제2대 집행부 선거에는 조합원 1만 1,423명이 참가해 82.6%의 투표율을 보였다. 전국 15개 시도지부도 경선 등을 통해 지부장이 선출되는 등 민주적 교원단체로서 새로운 면모를 갖추게 됐다.

이어서 개최된 제3차 중앙위원회와 제2차 정기대의원대회에서는

1989년 전교조투쟁에 대한 자체 평가를 실시하고 향후 과제를 제시했다. 전교조 정책실에서 작성한 '89년 전교조투쟁의 평가와 과제'에 따르면 1989년 투쟁은 다음 네 가지 역사적 의미가 있었다. 첫째, 전교조투쟁의 역사적 의의는 노조원들조차 짐작하지 못할 정도로 매우 컸다. 전교조 건설의 역사적 의의를 스스로 깨닫지 못했기 때문에 권력의 탄압 정도를 바로 예측하지 못했다. 둘째, 정세인식이 불철저하고 낙관적이었다. 전교조 건설에 따른 독재권력의 일정한 탄압은 예상했지만 그 정도를 훨씬 넘어 진행됐다. 이는 전교조의 역사적 의의에 대한 저평가와 독재권력의 본질에 대한 불철저한 인식에서 나온 결과였다. 셋째, 전교조 승리는 교사대중의 몫이다. 교사대중의 투쟁력이 지도력의 부재를 극복하고 전교조의 1차적 승리를 가져온 원동력이었다. 넷째, 권력의 탄압으로 붕괴됐던 전교조의 지도력은 회복되고 재구축되고 있다.[12]

이러한 총체적 평가에 이어 시기별 활동에 대한 평가, 활동영역별 평가가 내려짐으로써 1990년대 전교조운동의 방향을 설정할 수 있었다.

5) 합법성 획득과정

1990년 5월에는 창립 1주년 기념행사를 6천여 명의 교사 및 학생, 그리고 학부모들이 참석한 가운데 공권력의 방해 속에서 치렀다. 5월 초에 서울을 시작으로 진행된 해직교사 원상회복 촉구서명

---

12) 전국교직원노동조합, 『한국교육운동백서, 1978~1990』(1990) 635-637쪽.

에는 서울에서만 8천여 명의 교사들이 참여하는 등 전국적으로 4만여 명이 동참했으며, 이를 토대로 7월 10일에는 국회에 해직교사의 원상복직과 보상에 관한 특별법 제정을 청원했다.

이렇게 문을 연 1990년대의 전교조투쟁은 91년의 교육자치 실현투쟁과 초등 교과전담제 투쟁, 92년 전교조 합법화 및 해직교사 복직투쟁으로 이어졌다. 그리고 1993년에는 드디어 새로 구성된 문민정부와의 협상을 통해 "학교현장으로 돌아가 동료교사, 학생, 학부모와 더불어 교육개혁을 실천하고, 전교조 합법화를 앞당기기 위해 복직"하기로 결정하고 해직교사 1,500여 명 대부분이 1994년 3월을 기해 교단으로 복귀하게 됐다.

이후의 전교조는 조직 재정비를 통해 전교조 제2기로 접어들었고 1995년의 "현장교사들을 개혁의 주체로 내세울 것"을 촉구하는 교사선언을 비롯해 교육개혁에 관한 구체적인 대안제시 활동을 펼쳐 나갔다.

결국 전교조가 결성된 지 10년 만인 1999년 1월에 교원의 자주적 단결을 법으로 보장받게 됐다.

5. 맺음말: 1980년대 교사운동의 공과

사실구명 및 역사적 평가가 미약하기는 하나 해방 직후의 교사운동과 4·19 직후의 교원노조 운동은 우리 사회에서 교사가 지니는 계급적 위치의 특수성을 보여준 역사적 사례였다. 당시에는 매우 오랜 교육의 역사 속에서 교사직을 성직으로 보거나 전문직으로 보는 견해가 일반 봉급생활자나 노동자로 보는 관점을 압도하고 있었다. 서구적 자본주의의 영향을 받으면서도 이런 관점의 변화는 쉽게 드러나지 않았다. 해방 직후 교사운동과 1960년대 초의 교원노조 실패는 또한 사회제도로서 교육이 지니는 한국적 특수성을 보여준 사례이기도 하다. 교육은 인권의 발현수단이거나 개인적 삶의 권리를 실현하는 도구라기보다는 사회질서의 유지 혹은 사회발전의 수단으로 강하게 인식되고 있었다.

1980년대의 교사운동 또한 교사직의 성격이나 교육의 기능에 대한 우리 사회의 특수한 인식태도가 60년대 이전과 비교해서 크게 변하지 않았음을 보여주었으며, 과거와 마찬가지로 교사 스스로나 일반대중의 전통적인 교직관 혹은 교육관에 의해 그 운동과정과 성격이 규정됐다.

1980년대까지의 한국사회에서 국가 공공기능으로 규정된 교육은 민족국가의 이상을 실현하는 도구였을 뿐이다. 사회적 목적에 맞게 개인을 구별짓고 걸러 내는 일이 바로 교육이라고 이해한 플라톤식의 지적 전통에 의해 암묵적으로 지배를 받아 온 교육이었다. 인간교육보다는 시민교육에 좀더 많은 가치를 부여했던 유럽, 특히 독일의 교육전통이 강하게 작용하고 있었다. 1980년대까지 교육현장에서 교사와 학생들은 교육의 주체로서 그들의 정치적 역량을 제대로 인정받아 왔다기보다는 오히려 피동적 존재로서 정치현장의 도구로 활용돼 왔다. 지배집단에 의해 요구되고 부과되는 교육과정이나 익히며 정치현장에 투입되는 그런 수동적 존재로 인식돼 왔다. 그럼에도 불구하고 정치적 위기나 도덕적 위기가 고조될 때면 교육의 위기를 매개로 교사들은 위기조성의 한 축으로 비판을 받아야 했다. 교사들은 학생들의 정치적 능력과 문화적 경험을 평가 절하해 온 장본인들 중 하나였다. 이론적으로는 학교교육 문화의 주체는 교사와 학생이어야 함에도 불구하고 실제로는 학교교육 문화의 객체에 불과했다. 이러한 플라톤식의 교육전통에 대한 비판이 1980년대에 닻을 올린 교사운동의 사상적 기초이며 본질이라고 하겠다.13)

이러한 희생양 혹은 교육현장에서 주체의 대우를 받지 못해 왔던 교사와 학생 중 자신의 지위를 벗어 던지려는 노력을 먼저 기울인 것은 학생들이었다. 이 땅의 학생들은 근대 초기부터 사회변혁의 비판자로서의 모습을 하나의 전통으로 지녀 왔다. 멀리는 3·1운동과 6·10만세운동, 그리고 해방 직후의 국대안 반대투쟁이나 친일교사 추방을 위한 동맹휴학을 거쳐 4·19와 군사독재하에서의 민주화운동과 최근의 통일운동에까지 이어져 오고 있다.

1980년대의 시대적 요청, 그리고 학생운동을 통해 배양된 사회운동 능력의 신장에 따라 교사들도 사회변화를 능동적으로 추진하려는 정치세력화의 길을 걷게 된 것이 바로 1980년대였으며, 그 결실이 1989년에 결성된 전국교직원노동조합(전교조)이었다. 전교조는 1980년대 교사운동의 가시적 성과이기도 하지만, 또한 우리 나라 교사운동의 한계를 다양하게 노정시킨 사례이기도 하다.

전교조 결성으로 대변되는 1980년대 교사운동은 몇 가지 측면에서 긍정적 평가를 할 수 있다.

첫째, 교사의 사회경제적 지위문제에 대해 전 사회적으로 고민을 할 수 있는 계기를 부여했으며, 그 결과 교직 자체에 대한 전통적

---

13) 한준상, 『한국교육의 민주화』(연세대학교 출판부, 1992), 60-64쪽.

인식에 작은 변화를 가져왔다.

둘째, 교사집단이 사회변혁 운동의 한 축이 될 수 있음을 보여주었다. 교육개혁이나 사회변혁 운동에서 항상 주변적이고 종속적인 지위에 있었던 교사들이 1980년대 교사운동을 통해 중추적 운동세력으로 성장함으로써 앞으로의 교육개혁 과정에서도 현장의 목소리가 긍정적으로 반영될 수 있는 가능성을 열어 놓았다.

셋째, 교사운동 전개과정에서 학부모운동의 정치력이 크게 성장함으로써 이후 교육민주화 혹은 참교육 실천과정에서 교육수요자들의 의견이 교육현장에 반영될 수 있는 공간과 여지를 확대했다.

넷째, 교직단체의 단원화는 양가적 측면이 있다. 교직단체의 분열로 이해할 수도 있고 다원화로 이해할 수도 있다. 교직단체의 다원화는 교직의 전문성 향상과 교직단체의 정치력 증진에 분명 기여할 수 있을 것이란 측면에서 1980년대 교육운동이 남긴 긍정적 효과로 해석할 수 있을 것이다.

반면에 1980년대 교사운동은 몇 가지 측면에서 예상하지 못했던 부정적 결과를 가져왔다는 평가를 받고 있다.

첫째, 무엇보다도 우려가 됐으며 현실로 드러난 것이 교직단체의 분열과 갈등이다. 이미 1960년 4·19교원노조 결성 당시에도 경험했듯이 대한교련과 교사운동 단체의 갈등이 심해짐으로써 현직교사들 사이에서도 적지 않은 문제점으로 남게 됐다.

둘째, 교사운동의 본질이 교육운동이 아닌 정치세력화 운동 혹은 직업이익 관철운동으로 해석돼 교사에 대한 사회적 인식을 부정적으로 변화시킨 측면이 있다. 비록 교육운동을 주도한 교사들이 의도하지는 않았더라도 교사운동이 정권과의 충돌과정에서 정치적 경향성을 드러냄으로써 일반대중 사이에 교사운동에 대한 부정적

인식이 싹트게 됐다. 한편 교사들의 투쟁방식이 지닌 비교육적 성격이 부각됨으로써 교사운동의 지향점이 교육문제 해결보다는 교직 종사자들의 집단이익 관철이라는 해석을 낳았던 점도 지적될 수 있다. 이에 대해서는 교사운동에 대한 대국민 홍보부족이라는 전략적 오류가 그 원인이라는 지적이 많다. 학부모들의 건강한 비판조차 수용하지 못할 정도로 일반대중과 유리된 운동으로 인식됐다는 비판을 받고 있다.

전반적으로 볼 때 1980년대 교사운동은 우리 교육의 이념부재가 가져온 갈등의 한 표현이었으며, 동시에 이런 갈등과정을 통해 교육민주화의 가능성을 확대시킨 중요한 사회운동이었다.

참고문헌

김경숙, 1988, "미군정기 교원조직 운동,"『민중교육』2, 222-48.
문교부, 1990,『교육백서』.
민주교육추진협의회, 1988,『교육판례』, 미래사.
셀리아 루이스 지트론 지음, 강경수 옮김, 1989,『세계 교원노조 운동사』, 사계절.
손인수, 1999,『한국교육운동사 4』, 문음사.
유상덕, 1996,『교육개혁과 교육운동의 전망』, 내일을 여는 책.
이길상, 1999,『미군정하에서의 진보적 민주주의 교육운동』, 교육과학사.
이목, 1989,『한국교원노동조합운동사』, 도서출판 푸른나무.
이은숙, 1985,『교육운동론』, 아침.
전국교직원노동조합, 1990,『한국교육운동백서, 1978~1990』, 풀빛.

전국교직원노동조합, 민주화를 위한 전국교수협의회, 전국대학강사협의회 공동편집, 1989, 『민주화를 위한 교육백서』, 풀빛.
정기평, 1989, 『80년대 후반 교육운동사』, 형성사.
조희연 편, 2001, 『한국민주주의와 사회운동의 동학』, 나눔의 집.
참교육연구소, 2000, 『참교육』 창간준비 1호.
_____, 『참교육』 창간준비 2호.
한국교원단체 총연합회, 1991, 『교권사건판례집』
한국교육문제연구회, 1989, 『한국교육문제연구』 제2집, 도서출판 푸른나무.
한국교육연구소 편, 1993, 『한국교육사-근현대편』, 풀빛.
한준상, 1992, 『한국교육의 민주화』, 연세대학교 출판부.

한국현대사의 재인식 26
1980년대 한국사회 연구

초판 제1쇄 찍은날 : 2005. 5. 25
초판 제1쇄 펴낸날 : 2005. 5. 31

지은이 : 이완범 · 박호성 · 정용욱 · 김광운 · 이길상
펴낸이 : 김 철 미
펴낸곳 : 백산서당

등록 : 제10-42(1979.12.29)
주소 : 서울 서대문구 홍제동 330-288
전화 : 02)2268-0012(代)
팩스 : 02)2268-0048
이메일 : bshj@chollian.net

※ 저작권자와의 협의 아래 인지는 생략합니다.

값 12,000원

ⓒ 한국학중앙연구원

ISBN 89-7327-363-9 03300
ISBN 89-7327-212-8(세트)